改變歷史的
風雲人物

風雷一聲響，憾山千仞崗，氣蓋山河，風雲因而變色，寰宇為之改變！
旭日海中升，朝霞滿山林，雲淡風清，社會因而祥和，人類為之燦爛！
或叱吒風雲如希特勒，或教化人類如釋迦牟尼。**不同的抱負，各異的實踐**；各擅專長，成就了功業，改變了歷史。

難免的，滿懷熱情改革、堅持奉獻者有之；**夾雜權力和野心，亦不乏其人**。且留後人評斷。

經由風雲人物的真實故事，瞭解其人行為背後原因、動機，詮釋其人的經歷和遭遇，甚至生命的意義。讓我們快速穿透一位前賢的行誼；甚至於別人知道他有多麼偉大，而你卻知道他在別的一面沒那麼偉大！**看清一生的過程與真實**，讓他的生命在我們的時空多活一次，**助解我們自己的問題**。

閱讀吧！「**今人不見古時月，今夜曾經照古人**」，「傳記」給你！

改變歷史的
風雲人物007

Deng Xiaoping
The Man who Made Modern China
鄧小平

著｜麥克・狄倫（Michael Dillon）
譯｜蔡心語

謝詞

感謝下列人士提供蒙塔基（Montargis）方面的資料：中國旅法勤工儉學蒙塔基紀念館（Association Amitié Chine Montargis）館長王培文博士，市長辦公室主任史蒂芬・柏松（Stéphane Poisson），以及市長辦公室暨祕書處全體職員協助整理鄧小平和中國留學生當年參與勤工儉學計畫的資料。感謝喬伊斯・狄倫（Joyce Dillon）提供鄧小平旅居法國的調查資料，並爲我製作索引。感謝法國國際廣播電臺（Radio France International）的簡・凡・德・梅德（Jan van der Made）好心從北京提供他爲荷蘭廣播電臺所做的鄧小平過世專題報導。

位於五道口成府路的萬聖書園，除了有北京最新、最好的學術叢書，若想利用午餐或休息時間好好研讀或沉思當代中國史與鄧小平及其同儕的生平，這裡也是個理想去處。感謝王府井的新華書店全體職員，他們提供了非常寶貴的建議與協助。至於四川方面，感謝牌坊村的小平故居與重慶沙坪壩的新華社提供鄧小平的相關資料與當地歷史。至於大英圖書館（British Library）與利茲大學（University of Leeds）布勞瑟頓圖書館（Brotherton Library），這兩個地方向來是查找舊史料的好地方。

提到本書的出版商I・B・塔利斯（I.B.Tauris），我要再次感謝編輯部、發行部與行銷部全體職員與幾位不具名的讀者。自從我開始撰寫本書，里斯特・庫克（Lester Crook）始終給予鼓勵和具有建設性的評論，我也由衷感激喬安娜・果德弗瑞（Joanna Godfrey）提供的支持與建議。

序

「鄧小平的中國」從未如一九六〇和一九七〇年代「毛澤東的中國」那般普遍爲人民所接受，但有一點毋庸置疑，若非鄧小平親自坐鎮指揮，一九八〇年代的中國不可能開啓經濟復甦榮景。「毛澤東的中國」並非由毛澤東獨挑大梁，而在他一九七六年死後陸續出現的改革政策，也並非鄧小平一人所爲。一九四九年中國共產黨建立政權，無論建國前或建國後，多年來鄧小平始終是毛澤東最忠實的擁護者，儘管兩人有許多共通點，但說到名垂後世，鄧小平仍比毛澤東略勝一籌。後毛澤東時代的中國掀起一波波改革，鄧小平絕對不是這些改革政策的「唯一發起人」，其他中共高層如周恩來、陳雲和朱鎔基等人，也在其中扮演了重要角色，但唯有鄧小平鞏固了共產黨的政治支持，少了這個基礎，也不可能實現經濟改革。鄧小平曾積極推動經濟改革開放政策，而且締造空前成功，但他頑強阻擋任何有意義的政治改革。若要探究他在經濟上爲何成功？狹隘的政治觀又爲中國帶來何種衝擊？就必須仔細查考他的生平和功業。

鄧小平的性格與政治觀形成於革命與內戰風起雲湧的年代，如今這個時代或許已經終結，但是自一九七六年文化大革命結束與毛澤東逝世後，鄧小平開始對全中國發揮強大影響力，至今不輟。四川省位於中國西南方，地處偏遠，人口稠密，鄧小平漫長而起伏的一生始於一九〇四年清末的四川鄉間，最後他進入北京，躋身領導階層，爲祖國的經濟和社會帶來歷史性轉變。事實上，即使並非以中共與國家領導人的名義發動改革，當時的中國也正經歷一連串變化，使它後來順利邁入二十一世紀。鄧小平在黨與政壇的地位始終不明確，外國觀察家於是以中國「最高領導人」來稱呼他。中國政府與共產黨沒有這個頭銜，鄧小平也並未接下毛澤東的主席大位，但「最高領導人」這個稱呼等於承認他統領中國的事實。儘管鄧小平被認定是地位最高的政治人物，但他始終未能全權執行政策，一九九二年，他以八十八歲高齡踏上南巡旅程，便是爲了貫徹改革開放政策。

一九八九年秋天，鄧小平正式告別政壇，此後大多數時間都在打橋牌，這是他畢生愛好的活動之一。他唯一堅持保有的正式頭銜便是中國橋牌協會榮譽主席，這是他擁有的少數主席頭銜之一。事實上，身爲備受尊崇的資深政治家，他依然是政壇諮詢的對象，而且直到一九九七年於北京逝世前，他在檯面下仍能發揮某種影響力，儘管影響程度有待商榷。

本書著重描寫鄧小平一生中最重要的幾個階段與生涯轉折：從革命者到政治鬥士，再到數度大起大落的政治家。此外，本書也著眼於那些塑造鄧小平性格、態度與信念的人生經歷，以及他對當代中國影響最爲深遠的數個時期。本書以鄧小平起伏的一生中幾個主要階段做爲劃分依據：在清末民初四川的客家人家庭中長大並受教育；一次世界大戰剛結束，他做出重大決定，於一九二〇年代初期遠渡重洋，在法國北部展開半工半讀的留學生涯，就在這個時期，他開始接觸歐洲與中國的馬克思主義者；一九三四至一九三五年，他以軍人身分參與長征，後於二次大戰爆發前數年，中國共產黨成立，成爲新興的政治勢力；一九四五至一九四九年間國共內戰；一九四九年後，他開始累積政壇實務經驗，在中華人民共和國領導階層占有一席之地；一九五〇年代，他在毛澤東手下擔任總書記；一九六〇年代，文革期間他受到內部排擠與放逐；一九七〇年代，他重新掌權，決心把握良機改變中國歷史，最後在一九七八至一九九七年過世這將近二十年間，成功推行改革開放。

本書是政治人物的傳記，除了著眼於鄧小平的政治生涯，對其生平也多所著墨。雖然他的一生可以說幾乎離不開政治，但是有一點至關重大，當我們試圖了解此人，必須將他視爲引領中國政壇變革的完整個體，不能僅止於一窺他在官方文獻中的刻板形象。對於撰寫政治人物傳記，尤其是像鄧小平這樣的重量級人物，若說有任何必要，那就是絕對避免將其神化或妖魔化（不論中外，只要提及中共領導人，往往會流於二者之一）。還是那句老話：魔鬼就藏在細節裡。

鄧小平本人遠比當代中國人刻板印象中的鄧小平複雜得多。他在一九八〇年代改造中國，少了他，這個國家不可能享受今日經濟與外交的甜美果實。就經濟發展和外交關係來看，毛澤東採取封閉與孤立主義，鄧小平則更爲開放，這種比較很恰當，而且精準。然而，鄧小平在幾次重要關頭阻擋進一步的開放與民主政治，這是他爲人詬病之處，支持者卻往往避而不談。

中國知識分子嚴厲批判毛澤東推動大躍進帶來的弊端與腐敗，尤其是那些浮誇而毫無意義的政策。一九五六至一九五七年，鄧小平擔任中共中央委員會總書記，默許一項全國性政治運動，好讓這群知識分子乖乖閉嘴。這場「反右運動」牽連甚廣，許多作家、學者、記者、各界菁英及其家人均受害，有些人甚至性命不保。事隔多年後，鄧小平終於勉強承認，這次運動過於激進，而且牽連過多知識分子，使得他們被打爲「右派分子」，即使如此，他依然認爲有必要及早展開這項運動。不過，不可否認，鄧小平爲自己辯白時，有一點說對了，多虧他於一九七〇年代重新掌權後便撤銷這群人「右派分子」的罪名，否則他們一輩子也撕不掉這張標籤。

一九五〇年代早期，中國社會至少還能容許有限的反對運動，但反右運動興起後，從此任何形態的反對運動便銷聲匿跡。鄧小平不容許死灰復燃，儘管他替「右派分子」平反，但一九七八至一九七九年間，西單街民主牆上陸續出現對黨的批評，他無法容忍。在這場被稱爲北京之春的運動中，大衆齊聲要求「第五個現代化」——民主，最後爲首的魏京生與大批抗議分子均遭到關押。

一九八九年六月，北京天安門廣場的民主運動遭到武力鎮壓，手無寸鐵的中國公民傷亡慘重，死亡人數沒有數千也有數百。除了北京之春，這次的武裝鎮壓也讓鄧小平飽受批評，輿論認爲他在一定程度上難辭其咎。當時的鄧小平已經正式退休，儘管仍是中央軍事委員會主席，但職權有限，沒有人知道他的影響力是否足以阻止這場血腥鎮壓，這一點必須再深入調查。

如果說，中國經濟的改革開放應歸功於鄧小平，那麼政治上未能改革開放，他也應該負部分責任。以西方標準來看，他絕對稱不上自由派，但他也不是粗魯野蠻的史達林派。此人性格複雜，總是能靈活運用現有資源及組織（不管是他主動或被動加入）。宦海浮沉多年後，他成爲政黨領袖與政治家，但一個人再怎麼天縱英才仍有缺陷。比如和中共其他領導人（尤其是毛澤東）相較之下，鄧小平可以接受更大程度的內部討論和反對聲浪，然而，一旦他發現任何人危及中共政權，便無法容忍異己。或許不同領導人看重的事物不盡相同，但這不代表他（就當時的中國而言，幾乎沒有機會以「她」來稱呼領導人）在經濟上採取改革開放政策，政治上也會推行民主制度。即便到了二〇一二年秋與二〇一三年春，習近平和李克強接班成爲中國第五代領導人，這道難題依舊無解。

方勵之（一九三六～二〇一二）自一九八〇年代中期便是著名的天體物理學家與民主鬥士，他曾指出多位傳記作者沒有探討鄧小平對人權的看法，而在傅高義（Ezra Vogel）撰寫的皇皇巨著《鄧小平改變中國》（*Deng Xiaoping and the Transformation of China*）[1]當中，「人權」一詞甚至沒有編入索引。二十一世紀的人權觀念並沒有出現在鄧小平的政治考量中，他仍是守舊的馬克思主義者，他在史達林時期接受訓練，始終認爲革命是解決社會問題的終極手段。鄧小平晚年致力於推動經濟改革開放政策，深信經濟發展將爲中國提供一切所需。他不明白中國需要解決人權問題，他自己則需要解決畢生因打壓人權而備受批評的問題。許多中國民主主義者都曾批評他，但並沒有每次都公開，當中有些人甚至曾經追隨他[2]。

一九二〇和三〇年代，鄧小平公開追隨馬克思主義，此後他是否還有可能走上另一條路？在一九四六至一九四九年的長征與國共內戰中，仕途上他節節高升，軍事上他則是建軍元老，小至自身大至國家都在黨的帶領下漸趨強大，他除了成爲忠貞堅毅的資深幹部，一肩挑起殲滅共黨大敵的重任，他是否還有可能成爲另一種人？然而，既身爲決策核心的資深幹部，又是什麼因素促使他於一九六〇年代洞悉中國已陷入僵局，進而堅決踏上與毛澤東對立的險路，不惜遭受昔日同志的強烈反對，甚至被迫害？究竟是其性格或背景當中的哪個部分，使他認清中國不僅需要改變路線，而且深知共黨組織和共黨政府有機會實現經濟改革？

既然他已認清經濟上中國非變不可，但就同等重要的政治來看，又是什麼原因使他決定不採行政治改革與更宏大的民主制度？今日的中國可以說是他一手打造而成。

中共於一九四九年取得政權，在共產黨高層中，就屬鄧小平與周恩來最積極尋求與國際接軌及經濟改革，這當中有個令人嘖嘖稱奇的巧合，兩人年輕時都曾旅居法國，這段生涯對他們造成深刻影響。相較之下，毛澤東始終堅持中國應該走自己的路，避免與外界接觸。毛澤東在一九四九年之前不曾離開中國，後來僅在史達林統治時期造訪莫斯科兩次，艱困的旅程不僅毫無收穫，而且時間太短，他沒能對外界留下客觀而積極的印象。當然，單憑旅居海外不可能就讓鄧小平和周恩來形成開放的政治觀，但是鄧小平於一九二〇年代在法國北部的旅居經驗確實對他的世界觀有重大影響。

鄧小平生平新資料來源

鄧小平的改革開放政策掀起中國改革開放新頁，相關出版品也如雨後春筍般問世，中國和香港出現許多探討鄧小平生平與思想的中文書籍。這些作品大多著眼於鄧小平最後二十年的生涯，特別是他自一九七八年起推動改革開放的決心、才能及傲人成就。另外，有幾本書專門探討一九九二年的南巡，藉由這趟旅程，他設法平息了來勢洶洶的反對勢力。一時間，「書寫鄧小平」成了新興小型產業，在中國政治人物當中，傳記數量媲美鄧小平的只有周恩來，他是鄧小平的同輩兼好友，兩人偶爾也會攜手合作。

自一九七〇年代起，鄧小平的英文傳記大量問世，如今還能有什麼新鮮題材？傅高義不久前出版《鄧小平改變中國》，本書充滿大量寶貴的研究資料，但幾乎都在探討鄧小平文化大革命之後的生涯，至於他的前半生，包括在四川的童年、法國的工讀、革命和國共內戰，以及自一九六九年起踏上政治坦途等等，該書僅以三十頁篇幅大略交代。傅高義的資料來源最新年分是二〇〇九年（該書沒有附上完整的參考書目，很難確認），但隨著大量中文出版品問世，其他資料來源顯得過時。一直以來，在中國出版的鄧小平傳記由官方一手掌控，這些書只有一個目的：把鄧小平抬上中共殿堂的寶座。因此內容流於偏頗狹隘。這當中倒是有個耐人尋味的例外，鄧小平的小女兒鄧榕（小名毛毛）爲父親寫了一系列傳記，這幾本書

（在本書撰寫期間，該系列只有一本已經發行英文版）既引人入勝又令人憤怒。鄧毛毛的出發點是基於孝心與父女之情，這無可厚非。她在中國外交和軍事部門擔任要職，無法公正客觀地描寫父親的生平和工作，這也在意料之中。該系列的第一冊已經發行英文版，由一組中國譯者負責翻譯，讀後令人心生感慨：這本書還需要一位高明編輯來大力整頓。儘管如此，比起其他來源提供的資料和看法，本書仍有許多可貴的細節和觀點[1]。

隨著時代進步及新資料問世，鄧小平對中國發展的貢獻有可能也有必要重新評估。然而，一來中共的機密檔案不可得，二來鄧小平依然留存在中國人心中，那些熟知他的人至今仍不願在訪談中暢所欲言。儘管如此，還是有一些資料於二十一世紀初的中國問世，由於細節更多，比以前大多數經過嚴格審查的鄧小平傳記更為實用。

當中最特別的是二〇一一年出版的三種著作，試圖為不同讀者群囊括鄧小平的一生和政治生涯，分別是：趙曉光與劉杰的《鄧小平的三落三起》、史全偉主編的兩冊《實話實說鄧小平》，以及最詳盡的《鄧小平紀事》，作者是劉建華與劉麗。《鄧小平紀事》是寶貴的資料大全，由不同作者概略描述鄧小平生平和職涯的各方面與各階段，也收錄了鄧小平昔日同僚的回憶錄。各人的描述偶有重複，可用於評估作為資料來源的準確性。當中幾篇回憶錄的作者是大有來頭的政治人物；其他則是曾在職業生涯中與鄧小平接觸的助理、工作人員和記者。上述各書的回憶錄幾乎都採正面肯定的態度，對許多人來說，和鄧小平的互動是一段溫馨回憶，他在各方面既是同僚又是好友。有一點值得注意，這些人談及過往時不需要阿諛奉承。各種評論散見於這些從各方蒐羅而來的文章，如果不是事實，引用時務必謹慎，但是許多鄧小平的軼事包含口耳相傳甚至帶有啓示意味的細節，而且在別處看不到。這種內容很難查證，也很難判斷造假的原因。

在上述提及的各種資料當中總有幾處空白，或者至少有幾個部分草草帶過，缺少細節描述，這種情形在艱困的反右運動和大躍進時期尤爲明顯，畢竟相關資料很少。鄧小平的政治地位很難界定，特別是誰都不能信心滿滿地指出他的政治影響力到底有多深厚。而在文革時期（大約一九六六至一九七六年間），尤其是鄧小平被下放到江西的那段日子，可用的資料就多了。自一九七五年起，鄧小平逐漸掌權，改革開放政策也漸被接納，相關的文字紀錄開始顯著增加。官方爲鄧小平最後二十二年的活動出版編年史，書名是《鄧小平年譜：一九七五～一九九七》，分爲上下兩冊，由冷溶和汪作玲（主編）編纂。

以上列舉的各書和其他中文著作，加上在海外不易取得的出版品，這些都是這本鄧小平全新政治生涯傳記的依據。它們爲鄧小平的生涯提供自家人的觀點，當中有些人曾與他共事，有些在中國政治的溫室中曾近距離觀察他，絕非僅止於外國政要對他的刻板印象，在他們心目中，他是個堅毅的小個子，像是各方面都在和毛澤東唱反調。

爲了提升可信度，這些書節錄了許多鄧小平的談話與演講內容，儘管很多沒有公開發行的文本可供查考。歷經數十年後，要能百分之百想起某段談話確實強人所難，因此這些談話內容的眞實性值得懷疑，但不要忘了，中共和政府官員向來都要做會議紀錄，尤其是對參訪的高層舉行簡報時，必須如實記下高層的指示，以便將來推行地方政策。中國人開會時習慣拿一塊塑膠板（通常是紅色）墊在筆記簿底下，從頭到尾振筆疾書，和他們開過會的人對這種景象應該不陌生。本書的資料沒有具體指明來自這些會議紀錄，即使用了也不必訝異，畢竟這是一個必須時時提高警覺的社會，而且政治風向瞬息萬變。就以文革爲例，當時擁有鄧小平演講紀錄可能會被紅衛兵當作反毛澤東或多愁善感的鐵證。

目次

第一章　四川的驕子：成長於牌坊村

（一九〇四～一九二〇）

我一生問心無愧，讓歷史去評價吧[1]。

四川是中國西南方內陸省分，以麻辣美食聞名於世。在當地的平價餐廳裡，餐桌中央擺著一盆鋪滿紅辣椒的沸油，裡面烹著薄肉片。四川辣椒的麻辣程度就連中國其他地區的觀光客也難以承受（可能只有湖南旅客例外，湖南省與四川東邊接壤，也是毛澤東的故鄉），更別提外國人。四川在整個中國來看特別與眾不同，考古遺跡證實此地曾出現獨立的史前文化，使得當地人對自身特有文化更為自豪。

地處偏遠的四川省

四川位於中國西半部，與廣東、福建、江蘇和浙江等沿海經濟重鎮相隔上千公里。

一九七八年，經過一番激烈辯論後，中央委員會終於採納鄧小平的意見，認爲中國應該改變路線，朝「改革開放」前進，幾個沿海省分便是第一批受惠的對象。四川向來是中國人口最多的省分，直到一九九七年政府將重慶劃分出去爲止。在中國人心目中，不管從哪個層面來看，四川都不算是貧困地區，但它仍與幾個省分共同被列入西部大開發政策，這項計畫於一九九九年開始執行，目的是解決中國西部地區貧困和發展落後等問題。四川與中國西部地區都有許多窮鄉僻壤，特別是在與鄰省交界的山區，山上的居民多半是藏族和其他少數民族。然而，整體來看，四川的發展並沒有鄰近的甘肅、貴州和西藏那般落後，這一點可以說部分歸功於趙紫陽。一九七五年，趙紫陽接任中共四川省委第一書記，引進市場改革政策，比國家推行的改革開放還要早。他在四川的改革大獲成功，爲鄧小平增添強大助力，得以說服中共高層的反對派揚棄一九六〇與一九七〇年代過度中央集權經濟形態。因此，四川省有充足的理由榮登中國經濟現代化先鋒的寶座。

四川地處偏遠，當地人和大多數中國人一樣，都認爲自己是漢族的一分子，但他們和中國其他地區的漢人大不相同。從四川人的居住地放眼望去，四周群山環繞，他們說著一口西南版中國國語，外人很難聽懂。四川人或許都會說普通話，但就和鄧小平一樣口音很重。

四川人的祖先可以追溯到兩個古王國，也就是巴國和蜀國。公元前二二一年秦始皇統一中國，巴國和蜀國在此之前便已孕育出與北方平原和長江谷地不同的文明。有些考古學家認爲，四川盆地是中國文明另一個搖籃。歷經數世紀的移民與發展，尤其是在戰火綿延的一九四〇年代，大批官員、軍人和難民從中國各地湧入蔣中正設立的陪都重慶，使得四川不再與衆不同，但當地人依然對本地文化相當自豪。還有一件事令他們更加自豪，那就是他們的老鄉鄧小平因打造中國現代經濟奇蹟而聞名於世。鄧小平爲了從軍和從政，年紀輕輕便離開故鄉，遠渡重洋前往法國，回國後參與長征，一路登上中南海的權力核心。在如此漫長的歲月裡，他不僅保有四川口音，在四川中部農村養成的堅毅與獨立個性也未曾改變。

成都是四川省會，也是解放軍成都軍區總部。成都軍區是軍事重鎮，負責指揮派駐西藏的軍隊。儘管貴爲省會，成都卻因重慶而黯然失色。重慶是中國二十一世紀迅速發展的大都會之一，與勁敵上海競爭中國第一大都會的頭銜。二次大戰期間，日軍節節逼進，蔣中正被迫撤離南京，以重慶作爲國民政府的臨時首都。一九四九年十一月二十七日，重慶發生國民政府屠殺共黨囚犯事件。爲了紀念戰時重慶共黨地下組織的諸多事蹟與屠殺事件，當地成立一座博物館，展出內容令人印象深刻，吸引許多人前來參觀。此外，小說《紅岩》也描述了當時的情景，本書於一九六一年出版，共青團出版部近年重新發行，在博物館的販賣部列爲重點展示品[2]。

重慶在改革開放初期便迅速擴張，一九九七年升格爲直轄市，直接受中央政府管轄，地位等同於省。中國只有四個直轄市，另外三個是北京、天津與上海。儘管如此，由於和東邊繁華的大都會相隔遙遠，一般人依然多少把重慶視爲窮鄉僻壤，直到二〇一一年，重慶一躍成爲全國目光焦點。當時市委書記薄熙來欲藉唱紅打黑運動（恢復文革時期的「紅色文化」及剷除惡勢力）拉抬政治聲望，卻落得臭名遠播，因爲他和妻子谷開來捲入英商海伍德（Neil Heywood）謀殺事件。谷開來因殺害海伍德而被判處死刑，緩刑兩年，後改爲無期徒刑。二〇一三年九月，薄熙來因貪汙、收賄與濫用職權等罪名，遭判無期徒刑。自從新市委書記上任後，重慶重新聚焦於商業活動，繼續吸引無數觀光客遊覽長江三峽。

牌坊村與鄧家老宅

從重慶乘火車北上可達鄧小平的故鄉。火車從貴州省貴陽市發車，開往北方的陝西省西安市，重慶是中途停靠站，再往北開一個多鐘頭便能抵達廣安站。這座火車站有幾家餐廳和店鋪，離廣安市區還有三十公里，往南邊一百公里可抵重慶，往西兩百公里可抵成都。牌坊村距離市區十公里，位於協興鎮郊區地帶。顧名思義，「牌坊」這個名字來自當地人興建的一座牌坊，藉以紀念清初鄧氏家族某位祖先的學術成就，據說他是翰林院一員，專為朝廷效力。一九六〇年代初期，一位官員為了拍鄧小平馬屁，把這裡改名為偉人村。幾年後文化大革命爆發，鄧小平淪為批鬥對象，紅衛兵又把它改為反修村。後來再度正名為當地人一直沿用的牌坊村。

鄧家在牌坊村綿延三代。鄧小平生於一九〇四年八月二十二日，在此度過十五年光陰。如今這座質樸的村子籠罩在鄧小平紀念園區的光環中，位於園區中央的鄧家老宅已改建為博物館，紀念鄧小平早年在四川的生活，以及他晚年的政治成就。他在某次視察中談到：「一定要把廣安建設好。」這句話反覆出現在博物館各處的牌匾與資料中，從當地的產業發展與私人住宅普及率來看，鄧小平當年發下的豪語至少實現了一部分。歷經數十載戰亂與革命，鄧家與親戚長久失聯。鄧小平十五歲離家，前往法國與蘇聯留學並就業，此後再也不曾住在牌坊村。但他成為國家領導人後曾回鄉訪視，而且從不忘本[3]。

牌坊村的鄧家老宅（小平故居）起初只是簡單樸素的平房，有傳統木造庭院，外加磚瓦屋頂，這是四川富農的典型住宅樣式。雖然外觀簡單，規模可不小，共有十七間房，占地八百平方公尺。一九四六至一九四九年國共內戰，鄧小平於戰爭後期被任命為共產黨在西南地區的負責人，總部設於重慶。一九五〇年代初期，他說服繼母搬離老家，與他和家人一起在城市定居，接著他將老宅交給當地政府。一九七〇年代，鄧小平重新掌權，重慶和廣安的官員想將老宅改建為博物館，遭到鄧小平拒絕，他堅持將這個地方留給當地人民。老宅就這樣繼續歸牌坊村官方所有，至少有九戶人家住在十一棟建築內（自從鄧小平離家後，房子多年來陸續增建），留下三個房間供遊客參觀，室內陳列鄧小平與外國政要的合照（包括兩位美國總統尼克森和卡特）；此外有一張清朝時期的床，據說是鄧家人留下來的；還有一些鄧小平早年用過的物品。博物館一開始僅有這些展示品，藉以紀念鄧小平，然而，他從未親眼見過，因為自從一九二〇年離家後，他再也沒有踏進這棟老宅，只是偶爾從廣安的地方官口中聽見老家的消息。此外，妻子卓琳也和他母親的親戚淡氏家族保持聯繫，這些人依然住在老家。前來博物館參觀的人愈來愈多，大門兩旁掛著稱頌鄧小平的對聯捲軸。一九九四年春節期間，四川楹聯學會會員送來全新春聯，數千名參觀者聞風而至。廣安官員決定重整鄧小平的出生地，當時這裡已經殘破不堪，亟待修復。二〇〇一年，地方政府在鄧家老宅旁興建牌坊新村，當中包括數家飯店與餐廳，以便應付日益增加的觀光客，並為居民開創全新榮景。附近還有一家購物中心，遊客可在此購買紀念品與其他商品。

一九九七年鄧小平過世後，整個地方已被澈底改造為紀念園區。如今鄧家老宅座落於寬闊的場地上，周邊綠樹成蔭，濃密竹林環繞。從現今的規模來看，已難判斷老宅當初的面積。主建築是一棟完全現代化的展示廳，但依稀可見老宅的昔日風貌，包括家中接待訪客的公共區域，以及全家人住過的房間，還有一張書桌與據說是鄧小平用過的文具，這些都公開陳列。展示廳於二〇〇四年八月十三日開放參觀，占地三千八百平方公尺，共分爲六個展區，展示鄧小平在軍事和政治生涯中的重要階段。每個展區都擺滿了鄧小平的照片、遺物、文件與紀念物，此外館方持續播放一部紀錄片，刻畫鄧小平在中國革命中擔任的角色。二〇〇四年八月十三日，展示廳舉辦開幕儀式，同時也紀念鄧小平百歲冥誕，由當時的國家主席胡錦濤主持。他在儀式中爲一尊銅製鄧小平坐像揭幕，基座上簡單刻著一行字：「鄧小平銅像」，由前任國家主席江澤民親筆書寫。兩位國家領導人共襄盛舉，意味著傳承鄧小平遺志乃是中共接班人的要務。

這座銅像成爲開幕儀式的焦點。二〇〇九年二月十九日，鄧小平逝世十二週年，當地人和遊客在銅像周邊擺滿花圈與花籃。二〇一一年八月，大批民衆在此緬懷鄧小平，感念當地因大量遊客湧入而帶來蓬勃發展。地方官員白平帶領數百村民向銅像鞠躬並獻花，還有一群朋友每年都會從重慶前來鄧小平的出生地；知名演員蒲述先曾在電視劇中扮演鄧小平，專程從四川仁壽縣趕來。牌坊村小型旅館經理蘇小勇表示，他會爲客廳牆上的鄧小平肖像獻上一炷香，因爲改革開放政策幫助社區脫貧，他們會永遠感激鄧小平。此處儼然已經成爲聖地[4]。

成長於牌坊村

鄧小平在牌坊村的童年可以說平凡無奇。在大清帝國日漸衰敗的年代，誕生於一般農村家庭的數百萬孩童都有類似童年，沒有跡象表明鄧小平將在多年後爲中國留下深深的烙印。他在農村度過生命中最初的十六年，卻僅僅在女兒的書中占據兩頁篇幅，其他中文傳記的相關描述同樣乏善可陳。

鄧家在牌坊村已經繁衍三代，由族譜可知，祖先是在明朝初年（約爲十五世紀）由江西遷入四川。然而，他們的遠祖很可能來自廣東東部的梅州，此地從古至今住著大量客家人，他們爲了謀生在中國乃至世界各地到處遷徙，擁有悠久的移民傳統，而鄧家便是客家人。在中國，客家人（意爲「作客的家庭」）是與衆不同的族群，一般認爲是漢人的分支，但與漢人有所區分。客家話是北方方言的變種，相傳於十二世紀隨著移民進入廣東，將客家人和操持各種南方方言的鄰居區隔開來。此外，客家婦女也讓客家人更加與衆不同，因爲她們不像漢族女子般裹小腳。客家人以刻苦勤奮和善於經商而聞名，在中國軍事和政治領域往往扮演重要角色，就連激進的政治運動也不例外。不管客家人是否眞有敏銳的生意頭腦，這就是他們在大衆心目中的形象，但他們也遭到邊緣化，深知必須自立自強。二十世紀客家出身的政治名人當中，最知名的例子便是中華民國開國元勳孫中山；此外還有與孫中山及蔣中正聯姻的宋家；新加坡的李光耀，鄧小平便是受到他的影響而決心發展經濟；胡耀邦，一九八〇年代中國致力於改革的總書記；以及臺灣兩位總統李登輝和馬英九。

根據族譜記載，鄧家幾位遠祖曾在科舉考試高中進士，其中一位還在翰林院擔任編修，並由族人豎立牌坊以茲紀念。鄧家後來家道中落，儘管鄧小平的祖父生活貧困，他還是勤奮耕作，存了點錢購置一小塊地，其後努力擴張土地面積。他的兒子，也就是鄧小平的父親鄧紹昌（又名鄧文明），生於一八八六年，卒於一九三六年，墳墓至今仍保存在牌坊村。他受過一點初等教育，據說還在成都上過法政學校，但他最在乎的還是那片耕地，而且他手頭寬裕，有能力聘請長工從事最粗重的勞務。按照後來中共的階級劃分制度，他會被劃為小地主，或者至少是「富農」。鄧紹昌既不是知識分子，思想也不激進，很多方面都和當時典型的農夫一樣。但是到了世紀交替的年代，他對中國現況極為不滿，於是加入意圖推翻滿清統治的祕密組織哥老會，或許他還當上了幹部。此外，他也加入革命軍，意欲對抗朝廷武力。一九一一年辛亥革命爆發，不久四川脫離清廷統治，鄧紹昌在廣安的革命軍擔任營長，七歲的鄧小平曾到軍營探望父親，還住了兩天，這是他軍旅生涯的啓蒙。民國成立後，鄧紹昌在地方官組織的警衛隊中擔任隊長，後來升任團練局長。

鄧小平是鄧紹昌的長子（上面還有一個一九〇二年出生的姊姊，名叫鄧先烈），母親則是鄧紹昌的第二任妻子，她出身廣安大家族淡氏。她的名字已不可考，人雖聰明伶俐但不曾受過教育，不確定她究竟是鄧紹昌續弦的正妻還是妾。淡氏後來又生了兩個兒子，她於一九二六年逝世，此後鄧紹昌娶了第三任妻子，並生下兩個兒子及一個女兒（譯注：作者資料有誤，鄧紹昌共有四任妻子，第一任張氏無後；第二任淡氏生三男二女；第三任蕭氏生一子；第四任夏氏生三女）。

這是一個典型的鄉下大家庭，身為長子的鄧小平在子女當中地位最高，享有特權，家人也對他寄予厚望。他五歲開始上學，起初就讀傳統私塾，接受嚴謹的儒家思想教育，而這間私塾就設在鄧家翰林院編修祖先的房舍內。鄧小平出生時，父母為他取名鄧先聖，有「聖人」之意（或許是指那位翰林院編修祖先），但是在守舊的私塾先生眼中，這名字大不恭敬，於是將他改名為希賢（意為見賢思齊，比較適合五歲小孩），於是他在二十歲前都用這個名字。在這所私塾裡，幼童最主要的就是學習書寫和背誦數千個中文字，以便閱讀古籍。學習過程相當辛苦，甚至可以用痛苦來形容。每天都有功課要做，鄧小平常和同學比賽誰得到的圈（〇）最多，誰得到的叉（×）最少。圈代表字寫對，叉代表寫錯。每當鄧小平帶著畫滿圈圈的本子回家，母親就會煮雞肉大餐獎勵他。

鄧小平六歲時進入初等小學就讀，學校位於較大的鄰村協興，課程仍是以背誦和朗讀儒家經典爲主。鄧小平和中國其他小男孩（當時只有少數女孩能上學）一樣，要開始天天背誦入門經典《三字經》，接下來是更複雜的《千字文》與《百家姓》，之後則是儒家經典的根本——四書與五經，包含歷史和詩詞。鄧小平從未以學者或知識分子自居，但他年少時接受扎實的傳統教育，學過書法、中國文學和儒家經典。

鄧小平的童年有許多軼聞，他上學後則有一件事最爲大衆津津樂道。有一年，父母請當地一位教育程度很高的鄉紳爲家裡寫春聯，打算貼在大門兩側。大家都知道此人思想守舊，作風保守，不曉得爲什麼鄧家會找上他。由於鄧紹昌長年參與反清組織，此人便利用寫春聯的機會嘲笑鄧紹昌的改革思想。這位保守派學者自以爲鄧家沒人看得懂他寫的東西，鄧紹昌雖然聰明又受過教育，但知識水準不高，妻子更是目不識丁。鄧小平放學回家後看見這副春聯，對父母遭受這等卑鄙的欺凌氣憤填膺，憤而撕下春聯，買了新的紙來親筆書寫。當時他大約只有十歲，書法練得不夠好，但至少能夠發揚鄧家的精神。鄧小平的書法後來大爲精進，練就一手爲人稱頌的好字，儘管與毛澤東那大開大闔、自由揮灑的風格大相逕庭（或許正因如此才會爲人稱頌）。

鄧小平十一歲時已經讀遍儒家經典，並獲准進入廣安縣城唯一的高等小學。他通過入學考，證明自己的能力和用心，於一九一五年邁入人生下一個階段。新學校除了教授傳統經典之外，也包含一些現代科目，但是依然採取傳統教學方式。鄧小平應付課業遊刃有餘，學費卻成了鄧家的重擔，雖然家裡有地，但還是經常缺錢。鄧紹昌把所有希望都寄託在兒子的未來，因此全力支持他上學，哪怕變賣部分家產也在所不惜。一九一八年，鄧小平十五歲，進入廣安縣立中學就讀，但只維持了一段很短的時間。看來他恐怕無法按照父親的期望，當一個偉大的學者或高官。然而，正值動盪不安的年代，鄧小平的心蠢蠢欲動，滿腦子想著遠渡重洋，而前往法國留學的機會就在此時降臨[5]。

第二章　追憶鄧小平的年華：一次大戰後中國共產主義在法國扎根（一九二〇～一九二六）

我在法國做過各式各樣的工作，而且都是雜工[1]。

蒙塔基是法國中部羅亞爾地區（Loiret）的小城，只有大約一萬五千人；它位於巴黎以南，奧爾良（Orléans）以東，依傍著塞納河左側支流魯應河（River Loing）的谷地。此地屬於農業區，以盛產蜂蜜聞名。大約在十七世紀時，胡桃糖在這座小城問世，從此它的「甜美」名聲不脛而走，市中心有一家糖果店可能從那時起就開始販售甜食。布里亞爾運河（Canal de Briare）流經本城，它於一六〇四至一六四二年間建成，連接羅亞爾河與塞納河河谷，對城裡和整個地區的工業發展來說至關重大。

一九二〇年代，這座法國典型鄉村城鎮成爲一群中國青年的目光焦點。他們懷抱理想，積極進取，被出國留學工作的機會深深吸引。在當地人心目中，蒙塔基是「加蒂奈的威尼斯」（la Venise du Gâtinais），以此盛讚它的中世紀復古風情，但對這群剛踏上本地的中國人來說，這裡看起來有種奇異的熟悉感。從中國遠渡重洋來到法國小城，一開始難免感受到強烈的文化衝擊，但即使邁入二十一世紀，蒙塔基依然讓人想起中國南方的鄉村與小鎮。市中心被運河、魯應河的古河道與歷史悠久的護城河環繞，全城共有一百三十一座橋梁，在水氣氤氳的夏天與薄霧瀰漫的秋天中，微微拱起的小橋每每讓疲累的工人心生恍惚，以為自己還在中國長江以南的某個水鄉。有位蒙塔基名人是中國移民，這裡的景象總令她想起故鄉杭州的小橋流水與鄉間風光[2]。

勤工儉學運動

勤工儉學運動吸引中國年輕知識分子來到法國蒙塔基，這個構想源自李石曾（一八八一～一九七三），他是名門之後，家境富裕，父親是清朝同治皇帝的太傅。他原本是政治思想家，也是富有同情心的無政府主義者，後來投效擁護國家主義的國民黨，並以高齡九十二歲卒於臺灣。一九〇二年，李石曾遠赴巴黎，原定攻讀植物學與農業學，但他渴望平靜的鄉村生活，偶然發現蒙塔基這個小地方正合心意，於是決定就讀位於羅亞爾的協努瓦農業專科學校（École Pratique d'Agriculture du Chesnoy）[3]。一九〇四至一九〇六年期間，李石曾都在協努瓦就讀，接著回到巴黎的巴斯德學院（Pasteur Institute）繼續深造，期間他致力於開發大豆產品，打算將相關知識帶回中國。憑藉此基礎，他有意在巴黎西北方的科倫布（Colombes）設立豆腐工廠，這個心願終在一九〇八年實現，而且所有勞工都是中國籍。這正是勤工儉學運動的開端。李石曾在蒙塔基的據點位於甘貝達街（rue Gambetta）

三十一號，他曾在此與許多訪客會面，當中包括孫中山與後來的教育部長蔡元培。時至今日，這棟房屋的外牆依然嵌著一塊告示牌，宣告他與蒙塔基的淵源。蒙塔基還有另一個地址與中國留學生密不可分，也就是特里爾街（rue Tellier）十五號〔當時是烏什橋街（rue du Pont de l'Ouche）十五號〕，當年有多位中國留學生在此租屋，包括李維漢，他曾參與長征，後來擔任中共中央黨校校長、中國人民政治協商會議副主席；李富春，後來擔任副總理與國家計畫委員會主任；他的妻子蔡暢也是房客。甘貝達學院（College Gambetta）爲男學生提供教育環境與樓上的住宿空間。這間學校的歷史至少可追溯至十六世紀，在一場大火後重建，並於一九八八年改爲市政廳。它的中國籍男校友也包括陳毅，此人後來成爲中國外交部部長，於一九六四年代表中方，與法國總統戴高樂（President de Gaulle）簽署中法外交協議。還有蔡和森，他是毛澤東的老戰友，於一九三一年在廣州遭到警方槍決。大多數中國女學生都在欽瓊學院（College de Chinchon）就讀與寄宿，這是蒙塔基第一所女子中學。這裡的中國女學生包括蔡和森的妻子向警予，她也在一九二八年遭到槍決。

一八六〇年八月十四日，莫雷—納維爾線（Moret-Nevers）通車，第一班列車在蒙塔基停靠，從此有了便捷的火車網絡往返巴黎。搭乘火車前往首都只需四小時，若搭驛馬車則需十二小時。一九一二年十一月十六日，李石曾與蒙塔基市長蒂埃里・法洛（Thierry Falour）私下會面，提出允許中國青年進城的計畫。他的構想是讓他們在當地工廠學習並工作，住在學校或寄宿家庭。這個計畫頗受市議會議員歡迎，他們認爲這將爲城裡帶來經濟效益，同時也爲中國學子提供教育機會。一九一三年，第一批受益於勤工儉學運動的中國留學生抵達蒙塔基。一九一〇與一九二〇年代，共有兩千多位中國青年遠渡重洋，來到法國學習並工作，當中至少三百位在蒙塔基落腳。許多人和當地居民建立了久遠而深厚的關係，並享受到在中國未曾有過的自由，他們據此基礎衍生再造與革命思維，重新思考祖國與自身的未來。包括周恩來（後來擔任中華人民共和國總理）與鄧小平在內，許多人後來回到中國，於一九二七至一九四九年間投入中國革命。

一九二一年三月，一個祕密共黨組織在巴黎成立，成員包括哲學家張申府（一八九三～一九八六），他後來成爲中國研究伯特蘭・羅素（Bertrand Russell）思想的第一把交椅；劉清揚，她可能是中國共產黨第一位女性黨員；還有兩位嶄露頭角的學生領袖，周恩來與趙世炎（一九〇一～一九二七）。趙世炎和鄧小平都是四川人，組織能力強，一九二七年，國民黨在上海掃蕩共產黨，趙世炎遭到處決。一九二一年七月，中國共產黨在中國正式成立，這個剛萌芽的組織不久便蓬勃發展。一九二二年六月，組織代表與其他來自法國、比利時與德國的各方人士在巴黎布隆公園（Bois de Boulogne）會面，成立中國共產黨歐洲分部。這個時期的精神領袖是趙世炎，他擔任書記，組織據點設於戈德弗洛依街（rue Godefroy）十七號的一家小旅館。一九二二年夏，周恩來成爲執行委員，在組織中漸具聲望。同一時期，鄧小平由他人引介，開始接觸共產黨，並於同年秋天入黨[4]。

鄧小平前往法國

一九一九年夏天，鄧紹昌造訪重慶，返家時爲鄧小平捎來最新消息：國家正在推動勤工儉學運動，重慶爲意欲參加的年輕學子開設預備課程。鄧紹昌與一般父母不同，他非常支持兒子赴海外留學，因爲他自己就在成都受過新式教育，對時下傳統的教育方式及四川的軍閥統治極爲不滿。於是鄧小平和幾位堂兄弟及同學前往重慶，爲赴法深造做準備。一九二〇年八月，鄧小平回廣安向母親道別，母親深知今生恐難再見兒子一面，一想到他再過幾天才滿十六歲，不禁痛苦萬分。她堅決反對鄧小平遠渡重洋，做兒子的苦勸幾週後，她只能勉強同意，並給予祝福。

一九二〇年八月二十七日，鄧小平與八十二位來自四川東邊的同學一同啓程前往法國。他在長江口岸萬縣（現已劃入重慶直轄市）搭乘下午三點啓航的輪船，往東經過宜昌、漢口與九江，直達上海。九月十一日上午十一點，他和大約九十位從未離家的同學，在黃浦江碼頭搭上法國輪船安德爾．勒鵬號（André Lebon），從上海前往法國。歷經三十九天航程，輪船終於在十月十九日抵達法國馬賽（Marseilles）。鄧小平和二十一位同伴接著搭車前往巴黎，耗費十六小時車程。他們於十月二十一日抵達諾曼第地區（Normandy）的巴約（Bayeux），一下車便受到強烈衝擊，貧窮落後的中國與法國相較宛如天壤之別。一次大戰後，日本鯨吞蠶食中國領土，中國知識分子於一九一九年五月四日發起抗爭運動。鄧小平就和這群「五四世代」一樣，成長於愛國意識高漲的年代，他深切體認到中國亟需發展及興旺，並深信唯有向西方取經才能成就大業。

然而，鄧小平在法國的生活並不順遂。雖然置身於發展成熟的社會和經濟體系，但他只是一個移民兼臨時工。後來憶起這段求學生涯時，他表示自己當年只能打打零工，和其他投入勤工儉學計畫的同學一樣，錢始終都是問題。儘管他已經過得非常刻苦，依然繳不起學費。他是一般的自費生，不像某些關係比較好的同學可以向政府申請學貸或獎學金。他離開家鄉時，家中經濟非常拮据，因此旅費少得可憐。有些經濟狀況較好的同學一個月有三十至五十法郎生活費，但鄧小平剛到法國時，一個月只有十八法郎。即使如此，他的錢也支撐不了多久，幾個月後便身無分文。當初半工半讀的美夢很快破滅，他發現若要在法國生活，除了做全職工作別無他法。離開故鄉時，他從未料到有這麼一天，生活的困頓使他轉而投入法國方興未艾的共產主義運動。日後回想起來，鄧小平對於自己的留學生涯感到失望，但他始終把西方社會與經濟體系當作中國發展的榜樣，這一點相當耐人尋味。一九七〇年代中期，鄧小平終於躋身足以左右中國未來的大位，便全力推動經濟改革。然而，包括黨內同志在內，一些政治思想家要求中國脫離自一九四九年以來的一黨專政體制，並遵循西方模式建立多黨民主政體，卻遭到他斷然拒絕。早年的旅法經驗與西方民主工業社會最底層的窮困生活，都在他心頭留下了深刻的烙印。

勒克索與施耐德臨時工

為了解決財務問題，鄧小平和一些四川同鄉在勒克索的施耐德鋼鐵廠擔任臨時工。這家工廠位於小山丘頂端，有一條主要道路通往市區，遠遠望去倒像是貴族的鄉村別墅。此處原本是維爾里城堡（Chateau de la Verrerie），十八世紀時，由法王路易十六的王后瑪麗・安東尼（Marie Antoinette）資助，主要生產水晶玻璃。勒克索從小村莊發展為工業城，可以說歸功於施耐德公司；在一次大戰爆發前與戰爭期間，它一直都是法國的主要武器公司。鄧小平來到法國時，施耐德已經轉型爲一般的工廠，生產鋼鐵與電機設備。施耐德最有名的是一八七七年打造的克索蒸汽鎚，它至今依然屹立於工廠原址，並成爲知名觀光景點。一九二一年四月二日至二十三日，鄧小平在軋鋼廠工作，員工編號是○七三九六；當初工作的車間如今已改爲工業博物館的一部分。這裡的工人每週工作超過五十小時，經常需要輪值夜班，工作非常辛苦，而且環境惡劣，溫度高達攝氏四十度，這是軋鋼廠的常態。在工頭的監督下，工人要不停地將鋼材送進滾軋機，稍有鬆懈便會遭到咒罵。工人時時刻刻都有燒傷與骨折的風險，對年僅十七歲的鄧小平來說，這工作既危險又艱苦，但他需要這筆微薄的收入。一般中國工人一天僅能領到十法郎，只夠勉強溫飽，中午吃的是麵包配自來水。鄧小平離開勒克索時，不但沒有領到最後一筆薪水，反而被廠方要求償還溢領的一百法郎，但他有沒有還無從查考。

第一次受僱的經驗雖然短暫，卻爲習慣學校生活的年輕人帶來深刻影響。鄧小平初次接觸到現代工業化機器生產，但也領教了工業經濟體系下，大量工人貧困的慘狀。西方社會在他心目中向來繁榮、自由、民主而友愛，如今他換了一個角度重新看待這個世界。鄧小平在這裡也接觸到年輕的中國社運人士，包括趙世炎（後來的總理李鵬的舅舅），此人在北伐時成爲工人領袖，一九二七年在上海被國民黨處決。對於鄧小平現實生活的種種問題，這批社運人士都能提供有力而迷人的理論與系統性解決方案，中國共產黨於焉成形。鄧小平日後經常談起，當年他在政治意識形態萌芽階段，曾經親身經歷「資本主義的黑暗面」[5]。

巴黎與人造花

鄧小平離開勒克索，前往巴黎，經過長達五個月的失業期，終於在塞納河畔的第十區香布倫工廠找到工作。新雇主專門製造扇子和人造花，鄧小平成了「捆花工」，也就是以鐵絲捆紮棉布和薄紗，做成假花。這個工作不比前一個強多少，而且薪水依舊微薄。整個工廠以女工居多，一天做一百朵也只能拿到兩法郎，就算動作快、做得多，頂多領到十法郎。此外，鄧小平還擔心這工作不穩定，果然不到兩週，他和其他中國工人都遭到解僱，「再度加入失業大軍」，這次的失業期長達三個月。

蒙塔基與霍金森工廠

一九二二年二月十四日，鄧小平在蒙塔基找到第三份工作，這次是在盧萬河畔沙雷特（Châlette-sur-Loing）的霍金森橡膠工廠製鞋間製作防水鞋，比上一個工作穩定。當時整座工廠約有數千名工人，大多是婦女和年輕人，廠房至今仍在運作。沙雷特距離蒙塔基市中心不遠，鄧小平住在工廠後方的小公寓（當時稱爲「棚屋」）。一八五三年，美國企業家海姆・霍金森（Hiram Hutchinson）將沙雷特的朗里（Langlée）皇家紙廠改建爲橡膠工廠。一次世界大戰後，法國經濟漸漸從蕭條中復甦，霍金森開始招募外籍勞工，包括印度人、越南人、白俄羅斯人和智利人。一九二〇至一九二七年間，廠裡有兩百一十四名中國工人，包括中共早期黨員王若飛，此人於一九四六年死於空難。大多數工人每天工作八小時，晚上是讀書時間，但在鄧小平的記憶中，他每天要上十小時班，一週工作五十四小時。這份工作比鋼鐵廠輕鬆一點，但是步調相當緊湊，工人必須敏捷又仔細。由於論件計酬，鄧小平適應得很好，一天至少可以做十雙鞋，偶爾還能做二十雙，每天大約能領到十五或十六法郎，扣掉基本生活開銷，他一個月的結餘有兩百多法郎。還有一點也很重要：這份工作很穩定。透過鄧小平同事的回憶，我們得以一窺中國勞工當年在沙雷特的生活點滴。晚餐後直到睡前的兩小時最爲珍貴，儘管他們理論上都是學生，但很少讀書，「木棚」裡的氣氛總是熱鬧不已。他們「一同聊天、開玩笑、互相揶揄及爭論，幸而從未拳腳相向」。

> 有個矮矮胖胖、四川來的小夥子，大概只有十八歲。每天到了這個時候，他就會蹦蹦跳跳進來，到這個角落說笑一番，再到另一個角落捉弄人。

這位四川小夥子就是鄧小平。

日後鄧小平回憶這段五年兩個月的法國生活，其實有四年都在工作，儘管沒有正式上學，但他在霍金森工廠有系統地接觸了社運思想。當時一些在當地工作的中國青年已經投身革命，鄧小平也讀了工人之間流傳的五四運動雜誌《新青年》。

巴黎：比揚古的雷諾（Renault）汽車廠

鄧小平難以忘懷半工半讀的初衷，於是在一九二二年十月十七日離開霍金森工廠，打算進入塞納河畔沙蒂隆學院（College de Châtillon-sur-Seine）就讀。他於十一月三日註冊，不久便捉襟見肘，一九二三年二月二日再度回到橡膠工廠工作，對於沒能完成學業，他一直耿耿於懷。回到霍金森才短短一個多月，他便決定永遠辭職不幹。在管理階層的紀錄中，他的辭職原因是「拒絕繼續工作」，但他們不明白，這時的鄧小平已經加入中國少年共產黨，決定以革命作爲畢生職志。鄧小平的弟弟鄧先治表示，哥哥曾寫一封長信寄回四川老家，信中只有一小段提到這個重大改變，並聲稱他已經「走上革命的道路」，因此無法回家。這封信果然引起軒然大波，他的母親尤爲震驚，希望他能立刻回家。鄧小平和周恩來聯手創辦《赤光》雜誌，他寄了幾本回家，但鄧先治年紀太小，看不懂那些政治術語，也無法理解哥哥這麼做有何意義。

一九二五年七月三十日，鄧小平離開蒙塔基，回到中國社運人士在巴黎的根據地。他在布洛涅—比揚古（Boulogne-Billancourt）的警局登記，並進入雷諾汽車廠工作。這家大型企業共有上萬名員工，當中有六百多名是中國人。鄧小平被派到裝配間擔任實習生，協助維護設備與機器。他來到法國後從事多項工作，這是其中最先進的一項。雷諾汽車廠至今仍保存他當年的工作證，上面的編號是八二四〇九A，名字則是他在蒙塔基也用過的「Teng Hei Hien」。此外，上面也印著他後來用的「鄧小平」三個中文字，還有地址特維爾席爾街（rue Traversiere）二十七號，以及一小行註記，載明他在打磨車間的時薪是一法郎五生丁。四十年後的文革期間，鄧小平被下放到江西省南昌市近郊的新建縣，在拖拉機修配廠工作，當初在雷諾汽車廠的工作經驗竟在這裡派上大用場[6]。

中國共產主義在法國發展

在蒙塔基的這段日子，學生們總有無盡的政治討論會，包括下班後在學生宿舍時；鄧小平和同學在女生宿舍吃正宗中式湯麵時；放假在附近公園散步閒聊時；或者往返河邊的公共澡堂途中。然而，蒙塔基沒有任何政治組織，在法國半工半讀並投入社運的中國學生都集中在巴黎，或許這本來就是意料中的事。鄧小平除了在雷諾汽車廠工作，也加入周恩來提出的一項計畫。周恩來建議鄧小平開設豆腐坊，既能資助窮困的勤工儉學學生，還能與巴黎眾多的中國留學生緊密接觸。鄧小平原本的留學夢此時已煙消雲散，最初立志要學成報效國家，現在則以革命為職志，他積極投入革命事業，在中國人的圈子裡成立共產主義組織。巴黎人的日常生活脫離不了咖啡館，這個組織也一樣，所有活動都圍繞著十三區義大利廣場旁的小咖啡館，而周恩來便住在附近的戈德弗洛依街十二號。如今這棟房子的外牆有一塊牌子，載明周恩來在一九二二至一九二四年間定居於此。

一九二二年六月，包括趙世炎、周恩來與李維漢在內的十八名學生，向咖啡館老闆借了幾張椅子，在布隆公園的空地成立了旅歐中國少年共產黨。同年八月一日，他們在戈德弗洛依街十七號的咖啡館樓上發行《少年》創刊號。蔡暢表示，這本刊物是眾人通力合作的成果，由周恩來負責統籌；一九二三年二月，鄧小平在一次臨時會議中加入組織，此後他和李大章負責刻蠟板，李富春負責發行。一九二四年二月，《少年》雜誌改名爲《赤光》，從理論派轉爲激進好戰的務實派。他們原本打算發行半月刊，後來改爲不定期出刊。成員白天工作，晚上編雜誌並推展黨務。爲了趕上每半個月一次的發行，鄧小平常忙到深夜，甚至練就精湛的印刷技術，被大家封爲「打印博士」。周恩來白天不需要上班，他是這個新組織的全職工作人員及創辦人。一九二三年六月，組織舉行第二次大會，這時它已改名爲旅歐中國共產主義青年團。周恩來擔任書記，鄧小平負責「支部工作」，工作性質不明，推測應是組織並協調各分部的工作。由此可見，鄧小平在草創時期便開始負責組織事務。

中國意識形態之爭在歐洲

在中國的政爭中，一派支持國民黨，另一派效忠共產黨，而留法的學生也加入這場爭鬥。《赤光》是年輕共產黨員的意識形態武器，一九二四年二月以新頭銜正式問世，爲十六開本的半月刊，每期至少十頁，一九二五年停刊。讀者除了勤工儉學的留學生，也包括中國勞工及其他中國僑民。鄧小平曾以多個筆名在《赤光》發表多篇文章。日後他談及這段往事，表示他寫文章是爲了支持國家革命，也爲了打擊國民黨右翼分子曾琦與李璜創立的中國青年黨。這個組織擁護國家主義，反共也反法西斯，但成員對蔣中正的領導採取保留態度。曾琦當時是上海《新聞報》的駐法記者，儘管他鼓吹國家主義與共產主義以外的「第三路線」，卻在一九三七年日本侵華後投效蔣中正。曾琦與李璜擁護國家主義，反對共產黨的階級鬥爭手段，也反對國民黨在日本侵華期間與共產黨組成統一戰線。儘管如此，由於當時的政治形態詭譎多變，曾琦和周恩來曾合力創辦中國旅法聯合會。鄧小平為《赤光》撰寫的文章中，最重要的幾篇刊登於第十八至二十一期，他集中火力批判中國青年黨的反革命作風。

鄧小平晉升領導

一九二四年七月十三至十五日，旅歐共青團舉行第五次大會，鄧小平晉升領導階層的固定班底。他獲選為執行委員會委員，並與另外兩人負責管理書記處，召開第一次會議。鄧小平在書記處的主要工作是謄寫、印刷與管理委員會的財務。雖然年僅二十歲，透過辛勤工作與細心表現，此時的他已經開始展現過人的領導力，顯見日後在黨內勢必占有一席之地，果然到了一九五〇年代，他登上中共總書記大位。在各種不同的書記處工作後來成了鄧小平政治生涯中反覆出現的情形，此外，他也被派去各個工廠的工會，並於一九二五年春天奉命來到里昂地區，負責宣傳和組織工作。

鄧小平旅居法國的這幾年，除了接觸馬克思主義並累積組織經驗，最大的收穫或許是與周恩來之間的革命情誼。鄧小平五十年後談起當年的周恩來，誇讚他是既勤勉又負責的同志，每天工作至少十二小時，往往長達十六小時，而且從不逃避苦差事。鄧小平說，周恩來就像他的大哥。周恩來大他六歲，若按家庭輩分來看，足以擔當他的兄長，在學校和職場則是他的前輩。這時的周恩來在剛起步的中共組織中已經擔任領導階層，在巴黎是全職的黨務工作人員。不管是實際理論或工作方式，鄧小平都從周恩來身上學到很多，而且毫不保留地接受周恩來的領導。巴黎的中國社運人士起初都以哲學家張申府爲中心，他和劉清揚（中共第一位女性黨員）是周恩來入黨的介紹人。然而，由於張申府的私人恩怨和人格分裂，致使他的組織和鄧小平所屬的蒙塔基社運人士不睦，全靠周恩來重新締造團結局面。由此可見，周恩來早期便已展現機智的頭腦和高超的組織能力。

鄧小平對十三區的咖啡館有深厚感情，他在這裡度過了難忘的少年社運時期。多年後，他於一九七四年參加聯合國會議，途經巴黎時，他要求中國使館職員帶他去義大利廣場，但這裡的景物他再也認不得了，無法上當年的咖啡館喝杯咖啡。儘管如此，他還是請職員在附近的小咖啡館買了一杯咖啡，並且細數巴黎咖啡館與兒時記憶中的四川茶館有哪些不同。

受到警方監視及驅逐

年輕的共產黨員展開許多活動，免不了被法國警方盯上。一九一七年，俄國發生十月革命，自從沙皇遭到推翻，全歐洲進入警戒狀態，生怕革命餘波引發暴動。歐洲干預俄國革命失敗後，引發一連串「紅色恐懼」，比如一九二四年英國大選前出現「季諾維耶夫（Zinoviev）煽動英國共黨分子」的僞信事件，可以說整個歐洲都籠罩在被害妄想症的氛圍中。

一般認爲一九二〇年十二月召開的圖爾會議（Tours Conference）象徵法國共黨成立。會議中，社會主義者與共產主義者意見分歧，共產主義者支持俄國的布爾什維克革命（Bolshevik Revolution），主張成立第三國際執行委員會。在產業動盪與工運興起的階段，這種分歧持續存在。以法國共黨《人道報》（L'Humanité）的話來說，他們「每天都和資產階級的國家鬥爭」。法國歷史學家羅德·凱德沃（Rod Kedward）表示：「這不僅是單純的爭論，因爲參加共黨活動而遭到開除和拘捕的人比比皆是。」共產黨的幹部常淪爲階下囚[7]。

積極投入社運的中國學生同樣遭到長期監控。一九二五年六月二十二日，警方下令追查並逮捕核心成員。幾天後，二十多名最積極參與的學生便遭到圍捕及拘禁，還有四十七名勤工儉學學生被驅逐出境。共青團決定以國民黨的名義繼續活動，這在當時並不離奇，因爲國共本來就組成了統一戰線。鄧小平單獨留在里昂，連絡不上巴黎的共青團，顯然中央組織已瓦解。鄧小平回到巴黎籌組另一個團體，後來稱爲臨時執行委員會，他一肩挑起再造組織的大任。一九二五年六月，他與另外兩位成員組成新書記處。一九二五年七月一日，新組織在比揚古的咖啡館集會，店主告知警方即將進行突擊檢查，他們只好先行撤離。共青團開會時還能聚集三十至七十名成員，但在警方日漸嚴密的監視下，他們不得不暗中行動。祕密組織成員在這個階段力求保住共青團及組織再造。

鄧小平成了警方特別感興趣的目標。一九二五年八月，他們查出他的住處。後來在法國警方的檔案中，有一篇報告指出鄧小平九月和十月主持過幾次會議。他的名字雖被列入警方一九二六年一月七日的情報資料中，但他們一直找不到舉行這些會議的地點，也查不出領導的身分，由此可見共青團與其他旅法的中國團體保密到家。中國團體的排外特質加上語言隔閡，使得查緝工作異常艱困，但他們已經發現鄧小平收到中國寄來的大批信件與共黨宣傳手冊及報紙。一九二四年七月，周恩來奉命回中國接下新職務，許多社運人士體認到留在法國並不安全，紛紛返回中國。十一月與十二月，鄧小平收到中共旅歐支部的來信，命令他和另外四、五位成員離開法國，搭乘火車前往莫斯科，接受進一步訓練。他們於一九二六年一月七日離開巴黎，隔天晚上住所就遭到搜查，但此時衆人早已鳥獸散。根據鄧小平的女兒鄧毛毛陳述，一行人剛上火車就收到警方命令，上面特別註明「務必當面交給對方」，要將他們全都驅逐出境，終生不得進入法國。這個故事爲鄧小平的旅法生涯劃下戲劇性結尾。但根據警方檔案，這紙命令在他們離開隔天才擬定。一月八日當天，戈德弗洛依街咖啡館樓上遭到搜查，警方沒收印刷機和社運圖書室裡的藏書，包括布哈林（Bukharin）與普列奧布拉任斯基（Preobrazhensky）合著的《共產主義ＡＢＣ》（*The ABC of Communism*）、孫中山作品集，以及中共發行的報紙《中國工人》。然而，這批革命人士已先一步離開法國。五十年後，鄧小平以後毛澤東時代的中國領導人之姿回到巴黎，此時再追究這紙驅逐令是否有效並非上策。

鄧小平就這樣結束五年的旅法生涯。他對這段日子始終無法忘情，畢竟這是他政治生涯的啓蒙階段，而且從此確立了畢生職志。旅法經驗爲他一生的政治觀打下基礎（但未能發展爲成熟的思想）[8]。

第三章　莫斯科與中國革命（一九二六～一九三一）

我從來就未受過其他思想的侵入[1]。

對於一九二〇年代全球滿懷抱負的共產黨員來說，畢生一定要前往十月革命發源地與共產主義運動中心的俄國朝聖一次。革命在當時仍是新興產物，而且前途未卜，但支持者深信它終將自俄國擴散至全世界，莫斯科的布爾什維克政府決定將勢力範圍擴及帝俄時代的歐洲版圖與全亞洲。

一九二二年十二月，四個由布爾什維克政府控制的新蘇維埃共和國〔俄羅斯（Russia）、烏克蘭（Ukraine）、白俄羅斯（Byelorussia）與外高加索（Transcaucasia）〕派出代表，宣告成立蘇維埃社會主義共和國聯盟（Union of Soviet Socialist Republics）。這幾個地區的東邊屬於亞洲範圍內的蘇聯領土，但人民絕大多數不是俄國人，幾乎都說土耳其語和伊朗語，紅軍和白軍持續在西伯利亞大草原上對戰。蘇聯的亞洲領土與鄰國（比如中國），成為莫斯科新政府優先考慮擴張的目標。列寧（Lenin）在一九一七年的革命中成為布爾什維克領袖，到了一九二三年他已病倒，而蘇聯共產黨（布爾什維克）〔簡稱俄共（布）〕各派系都爭相取代他。他於一九二四年一月二十一日病逝，原本的政治衝突轉為史達林和托洛斯基兩人之間的爭鬥。史達林成功孤立對手，迫使托洛斯基流亡，就此鞏固個人權力地位，直到一九五三年逝世爲止。儘管內部出現激烈而具破壞性的鬥爭，對外國共產主義者而言，莫斯科和俄共（布）向來是共產世界的權威及源頭。他們積極訓練並教育外國新興共產黨，以確保對方按照俄共的模式運作，並盡可能將其納入莫斯科的掌控下。

莫斯科中山大學

早在一九二五年，中共旅歐支部便決定將鄧小平送到莫斯科受訓。他們於五月二十九日寄信通知旅莫支部，信上載明將派遣一批學生前往蘇聯學習，名單中就有他的名字（當時用的是鄧希賢）。十一月，雙方在往返的信件中，將鄧小平列入五人小組。一九二六年一月七日，共青團旅歐支部發出通告，宣稱「支部早先決定今日傍晚派遣二十位同志赴俄，他們已從巴黎出發，可能短期內就會回中國」。根據旅歐支部委員劉明儼的紀錄，當時共有二十一名同志前往莫斯科，包括鄧小平、傅鍾及鄧小平的叔叔鄧紹聖，他與鄧小平一起在法國工作。途中鄧小平在德國短暫停留，住在一位老工人家裡，對方還把床讓給他。

一月中旬，鄧小平抵達莫斯科，進入東方勞動者共產主義大學（Communist University of the Toilers of the East）〔又稱爲遠東大學（Far Eastern University），中國人稱爲東方大學〕就讀。學校於一九二一年成立，訓練蘇聯亞洲領土與各國新興共產主義的共黨幹部，直到一九三〇年底爲止。鄧小平很快便轉學到東方勞動者中山大學（Sun Yat-sen University of the Toilers of the East），學校於一九二五年從東方大學獨立出來，專門訓練中國共產黨與國民黨的幹部。在國民黨和共產黨第一次合作期間，第一批中國學生於一九二三年在孫中山的殷殷期盼下抵達莫斯科。

中山大學位於波卡瓦街（Volkhova Street）十六號，樓高四層，校長是卡爾．拉狄克（Karl Radek），一九二七年由巴威爾．米夫（Pavel Mif）接任。學校提供中國學生兩年教育訓練，學習革命理論與實務，以供其投身共產主義運動。由於教師主要是蘇聯當地人，學生必須緊鑼密鼓學習俄語，第一學期每天都要上四堂俄語課，一週多達六天。必修科目包括政治經濟學、歷史、當代全球問題、俄國革命理論與實務、國家與殖民問題，以及中國社會發展史。其他科目包括中國革命運動史、中國史、社會發展史、哲學（辯證唯物主義與歷史唯物主義）、政治經濟學〔以馬克思著作《資本論》（*Das Kapital*）爲主〕、經濟地理與列寧主義。俄共（布）與共產國際的高層也常到校演講，幫助學生連結學習內容與莫斯科的革命現況。校方鑑於大多數學生（包括鄧小平）回國後都將投入革命戰鬥的行列，因而增加了軍事課。

中山大學沒有提供全方位教育，但對於已經投身革命事業的學生來說，這裡的訓練符合實際需求。該校並不注重深入思考與比較性的學習，而是採取與眾不同的教育方針，啓發並加強學生對理論和實務的掌控力。授課方式雖然死板，但比起鄧小平上過的傳統小學，需要死背硬記的東西比較少，而且老師鼓勵大家踴躍參與討論。老師在課堂上授課（以俄語講授，再翻譯成中國話），下課前學生可提問，由老師回答。接下來學生進行深度討論，最後由老師總結，爲大家講解必要知識。一九二六年初，鄧小平進入中山大學，校內共有十一個班，三百多位中國學生，每班三十至四十人不等。隔年學生便暴增到五百多人。

學生的知識水準落差很大，有一些已經是中國共產主義運動的重要人物；有一些在中國上過中學和大學；還有一些所謂的「工農幹部」只有小學程度。學校根據學生的程度和經歷編班，並以預備課程作爲補救教學。學生的俄語成績若能達到令校方滿意的水準，就能立刻轉進資優班，接受翻譯訓練。鄧小平的教育程度屬於中等，但基於他在法國「爲革命奮鬥」的經歷，他被編進號稱「理論家班」的第七班。這個班匯集國民黨和共產黨最活躍的分子，班上的共產黨員除了鄧小平，還有傅鍾和李卓然；國民黨員則有谷正綱和鄧文儀，以及汪精衛祕書于右任（譯注：原文誤植爲 Yu Zuoren；編按：經查于右任並無當過汪精衛祕書，似爲作者筆誤）的女婿屈武。兩黨最傑出的學生共聚一堂，持續討論中國問題。蔣中正的兒子蔣經國（後來成爲中華民國總統）與鄧小平分在同一組，兩人的個子都不高，因此全班拍照時往往並肩而立。鄧小平年齡較大，經歷較同學豐富，加上喜歡說笑，個子雖小反而引人注目。他們利用課餘時間走訪莫斯科，鄧小平常在途中談起法國的經歷。他和另外兩位待過法國的同學常常圍著藍白相間的圍巾，這是在法國的習慣，以前他們常清理馬糞（因爲公園非常需要堆肥，所以待遇很好），法國的清道夫總是圍著這種圍巾。他對於自己曾經擔任清潔工而相當自豪。

中山大學學生直接受到俄共內部激烈的理念鬥爭影響，一些傑出的辯論家都曾在校中演講，宣揚個人的政治理念。儘管托洛斯基派與其他反對勢力最後遭到打壓，史達林大權在握，但反對派的主張仍吸引了一部分中國學生。不管他們最後接受哪一種政治立場，套一句珍・普萊斯（Jane Price）所說的話，他們「帶著處理理念鬥爭與淨化活動的豐富經驗回到中國」，後來在共產黨內部的衝突中，這些技巧一一派上用場。除了克里姆林宮的內部鬥爭，中國混亂的政治局勢也引發學生持續的辯論與激烈的爭執。國內的國民黨左右派之爭，以及國民黨與共產黨之爭，全都眞實反映在莫斯科這群學生身上[2]。

中山大學有中共支部（也有國民黨支部），傅鍾是支部書記，鄧小平則是第七班代表。黨員批評計畫案詳細擬定黨員的責任與活動，也包括對各人表現的評估。鄧小平獲得的評語如下：「在如此混亂的局面中能充分理解俄共的政治理念，實屬難得。」此外，他和同學關係良好，也因爲高出席率、與國民黨同學保持適當關係，以及被看好是宣傳和組織工作的人才，因而備受讚譽。

鄧小平在莫斯科寫過一篇自我批判的報告，坦承旅法期間因經驗不足而犯下許多錯誤。他早就想來莫斯科學習，以增進對馬克思主義和列寧主義的理解，並且盼望「受鐵的紀律的訓練，共產主義的洗禮」。如果這些描述眞實反映他當時的想法，那麼他已完全獻身於共產黨及中國革命，他在中山大學所受的訓練，加上他和蘇聯革命黨的聯結，讓他能滿懷信心回到中國。此時的他已準備好當一位忠誠的步兵，將共產主義帶回中國[3]。

投身中國革命

鄧小平原本打算在中山大學攻讀兩年，最後只待了一年，於一九二六年年底離開莫斯科。中國國內的政治危機愈演愈烈，共產黨派他回國與馮玉祥的國民軍合作。一九一一年滿清覆滅後，軍閥割據，馮玉祥便是其一，他統領北平（北京舊稱）所屬的直隸省，由於改信基督教（至少名義上如此），人稱「基督將軍」。他和直隸其他軍閥不合，便向孫中山靠攏。一九二四年十月二十三日，馮玉祥揮軍攻下北平，試圖說服孫中山在故都重建共和政府，但孫中山業已病重，於一九二五年三月十二日病逝。馮玉祥是一九二〇年代中國政壇的要角，後來開始向蘇聯靠攏。爲了統一中國，蔣中正於一九二六年率軍北伐，國共聯合的統一戰線此時岌岌可危。馮玉祥的國民軍於一九二六年從另一位軍閥手中搶下陝西省古都西安的控制權，他在北伐期間都與國民黨合作。共產黨打算利用馮玉祥對蘇聯的好奇心，便派建黨元老李大釗上北平遊說對方，馮玉祥同意一九二六年八月造訪莫斯科。

鄧小平和兩位同志在莫斯科搭上東行列車，經過一個多月艱苦旅程，終於在一九二七年二月抵達西安。他們下了火車後改乘汽車，偶爾換騎駱駝或馬，穿越蒙古和甘肅。他們在沙漠中整整騎了八天駱駝，途中完全無法清洗或沐浴。鄧小平在法國時結識同鄉劉伯堅，此人後來也在莫斯科東方大學留學，這次兩人在西安重逢。劉伯堅曾陪伴馮玉祥造訪蘇聯，基於這層關係，鄧小平很快被任命爲西安中山軍事學校的政治教官兼政治處處長。學校位於國民革命軍陝西司令部，由國民黨的左派于右任創設。校內許多重要幹部都是共產黨員，包括校長史可軒與副校長李林。李林是鄧小平在法國的舊識。

鄧小平來到西安後，在這所新成立的國共統一戰線學校擔任共產黨書記。在鄧小平的記憶中，這是一所「紅色學校」，因爲學生有許多都是共產黨員。政治教育的重要性僅次於軍事學習，任何人都可以公開談論馬克思主義與革命。鄧小平與志同道合的朋友和同志朝夕相處，也會上西安其他學校旁聽，拓展社交圈。他和幾位同志成功遊說住在鼓樓附近的校長，每週上他家吃一次飯，品嚐牛肉泡饃。這是西安特色小吃，將饃撕成片狀後泡在燉牛肉裡食用，有些人則喜歡吃羊肉泡饃。校長史可軒死於一九二七年的國共內戰，他的墓碑就在西安城外，上面還有鄧小平的題字。儘管革命事業無比艱困，長存鄧小平腦海的都是西安歲月的光明面[4]。

上海的悲劇與背叛（一九二七年）

一九二七年四月十二日，上海的政治局勢出現戲劇性轉變。國民黨以其掌控的軍隊與警察，加上當地幫派組織的協助，開始追捕共產黨與同情共黨的可疑分子。數百人被就地處決，更多人遭到逮捕，數千人只得倉皇逃命。上海的共黨組織瓦解，數月來劍拔弩張的國共合作至此結束。一九二七年五月，馮玉祥被編入國民革命軍的第二集團軍，他向東進軍，加入汪精衛在武漢的國民黨左派政府。汪精衛曾與共產黨合作，一些共黨領袖希望與他組成另一個統一戰線，以便對抗蔣中正，但未能如願。劉伯堅是鄧小平在西安的連絡人，為了繼續聯合馮玉祥，便跟著第二集團軍前往武漢，鄧小平和其他同志則留在西安的學校。馮玉祥的部隊經過鄧小平訓練三、四個月後，思想前衛且戰鬥力高昂，儘管鄧小平引以為傲，馮玉祥卻愈來愈反共。一九二七年夏，馮玉祥命令部隊中的共產黨員前往開封受訓，將他們迅速調離。儘管如此，共產黨依然認為馮玉祥是具有革命精神的軍閥，仍有希望與他結盟[5]。

部隊開拔後，鄧小平也離開陝西，前往中共中央所在地武漢。蔣中正發動「四一二事件」後，中共中央委員會便已迅速撤離上海，遷至武漢。鄧小平接著前往上海，打算重建地下共黨組織。這個工作讓他長期暴露在危險當中，不但要提防身分曝光，還要避免遭到國民黨當局與幫派黨羽的報復。鄧小平用過許多筆名，包括學生時代的名字鄧希賢。為了安全進行祕密任務，他將名字改為鄧小平。

對中共來說，一九二七是悲慘的一年，充滿悲劇又遭到背叛。對手國民黨認為已將共黨澈底掃蕩，使他們再也不能在城鎮與都市中公開活動。在接下來的二十二年裡，中共在廣大的鄉間培養政治及軍事力量，並組成游擊隊，但在都市只能以地下組織的形態運作。

陳獨秀是共產黨在這段創傷期的領導人，他既是建黨元老，也是第一位總書記。他是馬克思主義者，堅決擁護俄共的主張：共產黨的發展必須仰賴城市工人階級，但也要和國民黨資產階級合作。一九二七年上海發生「四一二事件」後，不管理論怎麼說，顯然中共已經無法在城市中公開組織工人。都市的地下工作固然重要，黨內還是漸漸出現另一種聲音：共產黨應該全力鼓吹農民展開革命運動。這並非新提議，畢竟某些黨員早就開始建立農民團體，組織貧農。一九二二至一九二三年，彭湃便在廣東組織海陸豐蘇維埃政權，但不久便垮臺，彭湃逃到上海後被捕，遭到處決。一九二七年，毛澤東在湖南家鄉推展農民運動，黨的發展策略轉向農民革命[6]。

新農村政策與毛澤東

一九二七年七月十二日，陳獨秀解除總書記職務，儘管中央委員會改組，組織依然混亂脫序。八月一日中共在江西省會南昌發起武裝行動，不幸宣告失敗，組織與部隊撤退至鄉間。中共只能退而求其次，在鄉下推展革命事業。南昌一役的失敗讓領導人體認到強大武力的重要性，後來便將八月一日這一天定為中華人民共和國解放軍建軍紀念日。

一九二七年夏，鄧小平前往武漢的中央軍事委員會總部報到。從國民黨分裂而出的汪精衛左翼政權依然把持武漢，中共盼望與之合作。鄧小平進入總書記鄧中夏（他是湖南人，不是鄧小平的親戚）管理的祕書處工作，負責黨內文書與連絡等事務。此外，他也會出席中央委員會的會議，並起草機密文件，但無權處理最敏感的政治文件。此時，鄧小平旅法時期的好友周恩來也來到武漢。周恩來在黨內的地位比鄧小平高，已經當上政治局委員與軍事部部長。

中央委員會由建黨元老陳獨秀統籌管理，直到他一九二七年七月十二日遭到解職為止。毛澤東提議將發展重心轉向農民革命，但陳獨秀不接受。在鄧小平的記憶中，陳獨秀是個武斷的人，開會時常發號施令，獨斷專行。他開會喜歡速戰速決，往往禁止與會者討論，若有人提出異議便立刻中斷會議。然而，鄧小平曾經被他批評為「起草文件太過簡潔」，實在諷刺。陳獨秀來自傳統的知識分子家庭，在書寫、建檔與通訊各方面都堅持正式嚴苛的標準。

鄧小平在武漢與瞿秋白夫婦及李維漢合住。瞿秋白是政治局臨時常務委員會的常委，陳獨秀被解職後，他成為中共臨時領導人。李維漢則是中央委員會書記。鄧小平年方二十三歲，在住處就能與黨中央核心人物直接接觸。此外，他也認識了年長十一歲的毛澤東，這位前輩正積極鼓吹黨中央下鄉建立據點及武裝農民。儘管無法證明毛澤東和鄧小平是否惺惺相惜，但日後兩人緊密的政治關係爲中國帶來了深遠影響【7】。

與汪精衛決裂

爲了因應汪精衛的國民黨左翼政府突然與中共斷絕關係，一九二七年八月七日，中共在漢口（武漢的一部分）緊急召開歷史性的八七會議。與國民黨「改革」派合作已經無望，先前極力擁護此一主張的陳獨秀受到嚴厲批判，新的臨時政治局遴選將他排除在外。鄧小平全力投入八七會議的籌備工作。喬治亞布爾什維克老兵維薩里昂·羅明納茲（Vissarion Lominadze）（一八九七～一九三五）代表共產國際出席會議，支持瞿秋白接任黨的領袖。共產國際仍然主張中共應找到國民黨適合的對象攜手合作，但這個看法明顯不切實際，因此會議決定繼續「開展土地革命，以武力對抗國民黨反動派，並以動員農民及策劃秋收起義作爲黨的第一要務」。

在鄧小平的記憶中，這次會議是在一棟西式建築中祕密舉行，位於漢口江漢商業區俄國租界的鄱陽街一百三十九號（舊址是三教街四十一號）。

會議代表二十多人，分三天三批由黨內交通員（譯注：泛指中共進行地下活動時負責通訊與連絡事宜的工作人員）帶進去的。中央負責人最後進，最早走。八七會議會址與餐廳相隔，兩處均有後門相通，會議代表全部從後門進入。

鄧小平身爲籌備會議的幹部，最早抵達會場，隨身帶著小行李箱。儘管會議只「開了一天一夜」，他卻要待上整整六天，睡覺就打地鋪。現場氣氛緊張，一來這是武漢全年最熱的時候，二來基於安全考量，必須緊閉門窗，代表們要等到會議結束才能離開。這座建築後來成爲紀念這場歷史性會議的博物館，一九八〇年，鄧小平的「八七會議會址」題字成爲此處的牌匾[8]。

會議中成立臨時政治局，由瞿秋白與李維漢共同擔任領導人。毛澤東在演說中強調武裝革命的重要性，以及領導階層必須「留心傾聽下級意見」，但到了一九五〇與一九六〇年代，他成爲中共領導人，對於當初的這項堅持，反而是違反得多，遵守得少。毛澤東與周恩來獲選爲臨時政治局候補委員。此外，爲了在全國各地拓展黨務，會中也成立了中央委員會的北方局與南方局。鄧小平既不是會議代表，也不夠格擔當中央委員會或政治局要職，但他是籌備文書與組織不可或缺的一員。

政治局和常務委員會是共產黨最重要的兩個部分，但這時只能成立臨時組織，說明了中共在上海「四一二事件」後依然不穩定。八七會議可說是中共發展史上的轉捩點，它代表陳獨秀舊式領導風格的終結，儘管這時毛澤東尚未取代他。鄧小平與毛澤東在八七會議初次見面，他對毛澤東十分景仰，兩人是否交談不得而知。

中共於會後不久發動兩次武裝行動。九月七日由毛澤東領軍，在湖南與江西交界處進行秋收起義。十二月十一日是張太雷領軍的廣州起義。雖然雙雙宣告失敗，但兩次農村起義代表中共決心從城市轉進鄉間，尋求農民的支持[9]。

與周恩來回到上海

一九二七年九月底或十月初，中央委員會將政治與軍事組織遷回上海，儘管此地談不上安全，總比情勢詭譎的武漢好一點。鄧小平也隨著中央組織回到上海。由於無法公開活動，中共便在上海建立祕密組織網，鄧小平在其中扮演重要角色，負責黨內的文書工作、收發電報與其他通訊事宜，並管理中央委員會的財務，以及安排各種會議。一九二八年，他獲得中央祕書長的頭銜，負責管理祕書處，但是中央委員會的總書記依然是瞿秋白。中央單位同時有「祕書長」與「總書記」兩個相似的頭銜，這種混亂局面一直延續到一九五〇年代。一九二七年底，這時的鄧小平已經是能幹而值得信賴的管理階層和幹部，但還不是黨的領導。儘管他年方二十四歲，經驗依然不足，但他始終充滿信心，值得黨中央託付各種危險而機密的任務。

在中國舉行中共第六次全國代表大會太過危險，因此場地移師莫斯科，訂於一九二八年六月十八日至七月十一日。開會期間，由瞿秋白和周恩來負責報告。鄧小平則留在上海，協助李維漢與任弼時。從四月初到九月莫斯科代表大會選出的新領導人回來為止，三人每天早上九點準時開會，一方面處理當天公事，另一方面推動組織運作。

鄧小平經常陪同周恩來前往上海各地下組織視察，並回應各部門提出的需求。鄧小平的組織、管理與執行能力都很強，但不是魅力型領導人，也不會滿口理論。他負責處理政治局和常務委員會的事務，以及安排開會時間，因此頻繁進出政治局辦公室。一九二八年十一月至一九三一年四月，政治局辦公室位於四馬路（現今的福州路）四百四十七號，前面是天蟾舞臺（於一九九〇年代重建，如今是上海、北京與紹興等地方戲劇的表演場地），此處正當上海熙來攘往的市中心。鄧小平擔任會議紀錄，儘管為人低調，但也能勇於表達意見。他不常發言，一旦發言大家都會專心傾聽。會後他負責整理並發送會議紀錄與其他文件，並全權指揮地下祕書處，有效進行各項工作。他發現祕書處的角色非常重要，這個工作他已能駕輕就熟。

鄧小平模仿上海最窮的貧民打扮，有時候穿著一件傳統長袍，戴著老式帽子。他在五馬路開了一間小店，販售香菸、肥皂、火柴和其他生活用品。這對他的政治活動是很好的掩護，有時候他也會以開設古董店掩人耳目。他對上海的後街與暗巷瞭若指掌，尤其是祕密組織周邊。在上海工作三年，他從未被捕，也從未拍照或上電影院，以免因為在公眾場合露面而洩漏身分。他兩度面臨被捕的危險，一次是和交通員碰面時遭到出賣，另一次是警察發現周恩來的住處。這類地下工作需要大量勇氣、萬全準備與警覺心。鄧小平具備從事祕密工作的特質、才能和運氣，在同志眼中，他是個敏銳、機智又警覺心強的人。他在上海歷經地下工作的三年磨練，上述特質和過人能力使他辦起事來迅速確實，還能助他保全性命。一九二〇年代與他一起在上海奮鬥的同志還記得，儘管面臨龐大壓力，鄧小平依然是旅法期間那個活潑、謙虛、親切又愛開玩笑的同志，他最愛的依然是大快朵頤一整桌嗆辣四川菜[10]。

一九二九至一九三〇年廣西起義

一九二九年十二月初，鄧小平奉領導指示，前往廣西調停一場複雜的騷亂。廣西省位於中國西南邊陲，與越南接壤，現今稱爲廣西壯族自治區。此時蔣中正的國民政府已在南京建立政權，廣西則被一群稱爲新桂系的軍閥把持。他們脫離蔣中正後，一九二九年被國民軍打敗，此後便積極尋求盟友，期能聯手對抗蔣中正。陳濟棠也是他們拉攏的對象，此人於一九三一年當上鄰省廣東的省長。一九三一年九月十八日，日本入侵東北，新桂系宣誓效忠國家，表面上與國民政府共同抗日，實際上依然把持廣西的統治權。

鄧小平如何從上海到廣西已無從考證。但由廣州取道陸路過於危險，他很可能搭船前往越南的海防港，在當地交通員的協助下搭火車往北，進入中國境內。以往越南革命青年同志會利用這條路線往返位於廣州的流亡政府和越南，直到一九二七年國民黨鎮壓廣州起義，一併掃蕩整條路線爲止。甚至有傳言指出，鄧小平在越南會見了傳奇革命人士胡志明，並向他請益。雖然胡志明和留法學生關係密切，但類似傳言始終無法證實。

廣西起義將鄧小平捲入複雜詭譎的內部鬥爭局面，他不僅仕途上受挫，也遭到孤立。一九二九年十二月十一日發動第一役，當時廣西警備第四大隊與教導總隊人員已被中共滲透，他們宣布改編入中國工農紅軍第七軍。這支新部隊的指揮官是張雲逸，他曾是中共在廣西最早的代表。鄧小平爲了加強政治控制，便在此擔任前委書記和軍政委員。中共動員當地農民，不但提供武器，也推行土地改革政策，並在恩隆縣（現今的田東縣）建立自己的政權，名爲右江蘇維埃，由中共早期黨員雷經天擔任主席。

起義的籌備工作幾乎由鄧小平一手包辦，成果令人滿意，控制住大量的國民黨部隊。一九三〇年二月，位於百色南方、近越南邊界的龍州廣西警備第五大隊也叛變，改編入紅軍第八軍。鄧小平擔任第八軍政委，籌備左江革命委員會。上述的右江與左江並無政治意義，本來就是兩條水道的名字，它們在南寧匯流爲邕江。

鄧小平在百色與龍州起義中扮演的角色

兩次起義既詭譎又混亂，絕非三言兩語所能盡述。鄧小平在其中扮演的角色同樣撲朔迷離，他在起義期間甚至不在廣西，而是被黨中央召回上海匯報廣西的工作。接著黨中央派他前往廣西省會南寧，繼續執行中共的「統一戰線」方針。這件事聽來詭異，畢竟國共第一次合作的統一戰線已於一九二七年「四一二事件」後宣告失敗，中共既不是國民黨也不是新桂系的盟友。鄧小平此次肩負雙重任務，除了與軍閥政府保持公開合作，評估與他們結盟的可行性，還要暗中爲黨動員支持力量。

鄧小平在中共的軍事體系中負責政治事務，身分是紅軍第七軍前委書記及政委。這種安排或許是最恰當的，因爲他自認軍事經驗不足。他與廣西省政府主席俞作柏和廣西綏靖軍（當地駐軍）指揮官李明瑞合作，並負責爲中央派來的幹部安插職位。他在南寧化名鄧斌，於廣西省政府擔任祕書一職，藉以掩護眞實身分。他住在南寧中山路上的光昌汽燈店，此處也是他和雷經天及其他地下工作人員會面的根據地。他策動共產黨員滲透部隊，並向中央的交通員口頭匯報。當初他是應廣西政府之邀來到南寧，因此不便籌劃軍事起義，但他爲中共建立當地組織、積極發行出版品，並與當地政府合作等等，使得黨務發展突飛猛進。一九二七年以前，大批共產黨員及同情中共人士成爲階下囚，後來俞作柏和李明瑞同意釋放他們。

在訓練低階軍官以強化武力的僞裝下，鄧小平透過黨內地下工作人員，建議李明瑞成立教導總隊。部隊成立後，一百多名中共黨員入伍，成爲教導總隊學員，表面上編入廣西守備隊，實際上歸共黨軍官統領。俞作柏也同意由鄧小平提名的人選擔任右、左江地區的地方官，並支持農民組織武裝民兵團，成爲起義的有力基礎。

桂系攻打國民軍失敗後，中共認爲有機可乘，決定以黨員控制的部隊發動武裝起義。這批部隊由南寧出發，分別向右、左江地區百色與龍州一帶進軍，試圖策動當地工人與農民加入戰線。一九二九年十二月，百色成立蘇維埃根據地，一九三〇年二月，龍州也接著成立（此處的中共部隊最早稱爲紅軍第八軍）。但是，中央下令部隊開拔，向柳州、桂林與廣州進軍，支援即將發動的城市起義。李立三做出的這項決策飽受批評。鄧小平和紅軍第七軍服從上級指示，離開蘇維埃根據地，只有一小批不願參加起義的軍人留守。但因人力不足，根據地很快就落入國民黨手中。

一九三〇年九月，第七軍奉命向東進軍，鄧小平收到中央的祕密指令，指示他「廣西蘇維埃區必須向湖南和北江發展，與中央蘇維埃區（位於江西）連成一片」。中央打算將重心移至江西的中央蘇維埃，從此這裡成爲中共的主要根據地，直到一九三四至一九三五年長征爲止。鄧小平在會議中向軍官說明，第七軍要朝廣東北部與廣東和江西的交界前進。

一九三一年一月三十日至二月五日，共產黨在廣東北部湖南交界附近的梅花村戰役中傷亡慘重。鄧小平宣稱敵軍遭到重創，但他在梅花村折損了一票同志和戰友。一九三一年春，他與第七軍、當地民兵及軍閥部隊在廣東北部參與了一系列戰役，共產黨總共折損三分之二兵力，以武力席捲各大城市的計畫只能喊停。

被召回上海

一九三一年五月，鄧小平被召回上海，他終於得以和弟弟一同去祭拜妻子張錫瑗。鄧小平和妻子在莫斯科中山大學相識，一九二八年在上海結婚。鄧小平被派去廣西後，張錫瑗產後因併發症死於醫院，幾天後新生兒也夭折。

鄧小平在廣西起義得到的評語都和成功有關，包括最早的百色起義。而最後起義失敗的罪魁禍首都是別人，尤其是行事魯莽的李立三，他曾經強迫部隊進攻大城市，但一九二九年十二月十一日百色起義時，他根本不在廣西。鄧小平曾於一九三〇年一月被召回上海，向中央匯報起義始末。《軍事通訊》刊登〈對廣西紅軍工作布置的討論〉，文中反應了鄧小平的報告內容及後續討論。這篇報導沒有提到鄧小平的名字，但作者很可能就是他。這是鄧小平政治生涯中一段飽受爭議的插曲，因爲有人指責他擅離職守，也有人認爲他應該爲第七軍戰敗負責。這些批評一直延續到一九七〇年代。一九三〇年三月二日，中央指示廣西省委：鄧小平將帶著中央命令回到廣西，除了成立新第七軍前委，鄧小平也會擔任前委書記兼政委。

可見上海的中央委員會接受他的廣西起義匯報，派他回第七軍接下更高職務。鄧小平在上海待了一個月左右，可以說來去匆匆，二月七日，他再度回到廣西龍州。

一九三一年二月，鄧小平返回上海二度匯報，這次主要針對第七軍的行動向上級報告。對他來說，口頭報告有些困難，於是他改以書面報告呈現。四月二十九日，他完成長達一萬七千字的書面報告。不知何故，中央並沒有安排聽取報告，也沒有指派他接下上海的任何工作。雖然地下交通員每月會給他生活費，但顯然他是被冷落了。鄧小平沒有料到，從三月九日至四月四日，廣西第七軍另一名幹部（姓名不詳）也回到上海，忙著寫下另一份截然不同的報告。還有一件事鄧小平也被蒙在鼓裡，他在抵達上海前，中央已經接受共產國際代表巴威爾・米夫的建議，於一九三一年一月七日祕密召開第六屆四中全會。米夫在會中攻擊李立三的策略。李立三受到當時總書記向忠發（於一九二八年在莫斯科舉行的會議中當選）的支持，打算以武漢爲根據地，發動全國性起義。米夫意欲以其黨羽王明（又名陳紹禹）接替李立三的政治局職務。當初在莫斯科中山大學時，有二十九人圍繞著米夫，被稱爲「二十八個半布爾什維克」（譯注：相傳這二十九人是最正統的馬克思主義者，但因其中一位年齡太小，似懂非懂，立場搖擺不定，於是被戲稱爲二十八個半），王明便是其中之一。會後李立三被解職，向忠發後來背叛中共，並遭國民黨處決。王明成爲政治局一員，但因國民黨祕密警察接連逮捕並處決共黨高層，王明便逃到莫斯科，在當地繼續試圖遙控中共政策。博古（秦邦憲）與共產國際顧問奧圖・布勞恩（Otto Braun）合作，他是毛澤東的敵手，與鄧小平也沒有交情，向忠發垮臺後由他接任總書記。

正因連串變故，鄧小平持續遭到冷落。他雖和幾位老同志保持連絡，但有些人擔心與他來往會受到牽連。由於米夫和「二十八個半布爾什維克」從中作梗，使得中共內部的派系鬥爭愈演愈烈，中央已經應接不暇，更別提還要時時提防國民黨祕密警察的滲透，因此他們沒有閒工夫理會鄧小平，也無法聽取他的報告。還有一個更嚴重的因素，當初中央雖下令發動廣西起義，如今已改變方針，這批起義人士也被劃爲不光彩的「李立三路線」，從一九三一年五月十四日中央發布的命令不難看出這一點。命令的標題是：「中共中央委員會致第七軍前委」。內容明確表示，中央對第七軍的領導缺乏信心，儘管沒有指名道姓，但鄧小平依然覺得受到輕視。在領導百色起義期間，鄧小平曾勸中央勿魯莽躁進，認爲十天內成立蘇維埃政府過於倉促。這時的中央一片混亂，鄧小平資歷尚淺，位階不高，也沒有權力左右軍事策略，但他依然因爲起義失敗而遭到牽連。

鄧小平好不容易奉命前往安徽蕪湖視察黨務，但是當地組織已經被澈底摧毀，交通員無法回應事先排定的暗號，他只能買船票回上海。沒有人想聽他的蕪湖報告，他申請回廣西被駁回，改申請在江西南邊的中央蘇維埃根據地工作，照樣被駁回，中央再度把他丟在上海不管。但他不曾放棄，最後，他的堅持總算有了回報。一九三一年七月中旬，他獲准前往江西，但必須先從上海搭船，取道海路經由廣東汕頭，再走陸路穿越廣東與福建，才能抵達位於江西瑞金的中央蘇維埃根據地。

鄧小平在上海最後幾個月過得並不如意，但這段早年政治生涯的低潮期總算劃下句點。其實這並不算浪費時間，他在上海及廣西累積的政治與軍事經驗，使他得以應付長達十八年的中央蘇維埃、長征、太行根據地，以及戰勝國民黨並奪得江山各階段。他在黨內的派系與意識形態之爭中受創，在接下來的幾年裡，他發現自己更喜歡單純的軍旅生涯與同袍情誼。不管在任何地方，他都極力避免在派系鬥爭中選邊站，而是以務實的角度評判事物[11]。

第四章　軍人與共產黨員：突破逆境後在江西獲勝（一九三一～一九三四）

我是一個軍人。我眞正的專業是打仗。

我在軍隊那麼多年沒有負過傷，地下工作沒有被捕過[1]。

大多數一九四九年以前晉升中共領導階層的人都曾經從軍，即使僅僅在軍中擔任政治委員。早期共產黨與一九二七年成立的紅軍密不可分，往往很難區分政治與軍事命令。隨著共產黨員的勢力日漸茁壯，組織持續擴張，領導階層的職責才開始明確區隔。像林彪和彭德懷這樣的人，可以說半生戎馬，生命幾乎獻給了軍隊，兩人在中華人民共和國都當上元帥。其他人則基本上從事政治活動，毛澤東便是知名的例子，儘管他原本打算保留軍中職位，但同僚都認爲他非常不適合當軍人。

鄧小平的軍旅生涯始於一九二〇年代，一直橫跨到一九三〇年代，這個階段的中共第一次嘗試建立政權，在江西創立中央蘇維埃。鄧小平喜歡把自己歸爲軍人，儘管他一開始是在部隊從事政治工作，擔任政治委員，而不是上戰場打仗的軍人。然而，在戰事如火如荼之際，他往往要指揮部隊，並負責擬定戰術。一九四九年後，他在共產黨和政府找到適合的職位，回歸他在法國與上海的管理角色，但多年的軍旅生涯在他腦海中留下深刻記憶，使他終生崇敬軍人，身上也散發軍人氣質。中華人民共和國建國後，他的最高軍事職位是中央軍事委員會主席，正式領導解放軍。直到一九八九年，鄧小平的政治生涯走到終點，他才卸下這個職位，距離當初他在廣西被任命爲部隊的政委已有整整一甲子。儘管他認定自己是軍人，喜歡把自己當成老兵，但他始終拒絕接受軍階。解放軍歷任元帥與中國最資深將領都稱他爲「沒有軍銜的元帥」或「老帥的領班」，以示他在軍中至高無上的權威，或許這也是出於他們對鄧小平的愛戴與尊敬，儘管他從未在正式的軍階體系中升官[2]。

在江西中央蘇維埃根據地

一九三一年夏，鄧小平抵達中央蘇區。此處位於江西南部的瑞金，又被稱爲江西蘇區。一九二七年中共與國民黨決裂後，直到一九三四至一九三五年長征，這段期間一直以江西蘇區爲主要根據地，這裡也是中共第一個建立的正式政權。鄧小平奉中央指示前往當地，可見高層因廣西起義失敗而對他心生懷疑已成爲過去。鄧小平的第一任妻子張錫瑗產後病逝於上海，與他一同前往瑞金的是金維映，這位女同志後來成爲他第二任妻子。金維映是浙江人，與鄧小平同年，曾在故鄉上過當地政府辦的女子學校。她於一九二六年加入共產黨，積極參與工人運動，在黨內擔任要職。自一九三一年至一九三九年，金維映與鄧小平既是同志又是伴侶。當時積極投入革命的共產黨員若遭到國民黨當局查獲，往往被捕或被殺，於是夫妻倆在地下工作人員的協助下，從上海搭船前往廣東汕頭，再由嚮導帶領搭上火車，繼續前往廣東東部的潮州。接下來，他們乘坐小汽船，往北來到茶陽，從這裡逆流而上，抵達大埔縣青溪鎮。此處與江西蘇區接壤，他們走過崎嶇的山路，終於在一九三一年八月初抵達福建、廣東與江西臨時省委所在地長汀。接下來，他們向西經過同樣荒涼的地區，最後抵達毛澤東和朱德率領紅軍鎮守的瑞金縣蘇維埃根據地。

清算「社會民主黨」

初秋時節，鄧小平與金維映抵達瑞金縣，正值立秋時節，稻子已經成熟，田裡卻不見大批忙著收割的農夫，也聽不到豐收的歌聲與歡笑聲，原來村民都聚集在樹下討論事情。嚮導領著鄧小平與金維映進村，找人問蘇區政府和黨委會的所在地，但沒有人願意告訴他們。後來他們發現，當地中共領導李添富發起清算「社會民主黨」運動，濫殺無辜，使得人心惶惶。「社會民主黨」這個名字聽來頗具改革意味，實際上與反布爾什維克聯盟串連，是一個由國民黨操縱的反共組織。這場嚴重衝突並非針對「社會民主黨」，只是拿它當幌子，其實是當地共產黨與新來的毛澤東之間的派系鬥爭。有些共產黨員在這場政治鬥爭中遭到處決，直到一九五六年，毛澤東終於承認，當年的鬥爭清算確實錯殺了一些人。這場共產黨當權派製造的衝突與混亂，反映了江西蘇區政局的不穩定。

瑞金縣委書記：李添富的右傾錯誤

鄧小平與金維映迫切需要找到紅一方面軍司令部與毛澤東及朱德。他們浪費了很多時間、走了很多冤枉路，終於連絡上贛東特委。一九三一年八月七日，在遭到國民軍攻擊後，贛東特委便遷往瑞金。謝唯俊是特委書記，自從紅一方面軍離開中共井岡山的臨時根據地後，他便和毛澤東同行。鄧小平和金維映雖不認識他，也不認識當地黨員，但兩人都受到熱烈歡迎。謝唯俊告訴鄧小平，毛澤東與朱德已經率領紅一方面軍主力部隊和總部人員抵達瑞金西北部的興國縣，正與試圖瓦解蘇區防線的國民黨第二十六軍激戰。瑞金與興國的連絡管道已經被切斷，他們連絡不上毛澤東、朱德或是其他上級領導，無法得知最新戰況。鄧小平一方面很高興聽到紅一方面軍的消息，另一方面擔心他們的安危。他拿出一包菸，遞給謝唯俊一根，兩人便抽起菸來。閒談中，鄧小平問及江西蘇區爲何問題重重。謝唯俊與同僚對他說明李添富如何清算「社會民主黨」，他們都認爲江西蘇區正面臨垮臺危機。鄧小平、金維映與剛抵達的余澤鴻及吳靜燾一同聽取他的分析。余澤鴻是上海地下工作人員，曾負責北方局的宣傳工作，後來被黨中央派到瑞金，強化蘇區的領導，吳靜燾是他的妻子。

他們推派鄧小平擔任瑞金縣委書記，一九三一年八月上任。一開始，他在毛澤東心腹謝唯俊率領的贛東特委保護下執行工作。對這些共產黨的中堅分子來說，即使在交戰區周邊，組織和職位也絲毫不可亂，要像帝制時代的朝廷一般井然有序。鄧小平剛抵達瑞金時，毛澤東、朱德和其他上級領導都在外地忙著和國民黨打仗，鄧小平便接手管理瑞金，運用個人魅力與黨中央的任命證書，逐步建立起威信。他很樂意也有能力爲情勢危急的瑞金撥亂反正，當初在廣西和上海時，他已經歷過激烈的派系鬥爭，深知撥亂反正可能招來風險。鄧小平聽說蘇區前任主席蕭連彬（譯注：原文誤植爲 Xie Jingshan）由於反對濫捕濫殺，被指控爲反布爾什維克聯盟的黨羽，遭到逮捕及斬首。於是鄧小平下定決心，一定要阻止李添富的暴行。

鄧小平找上幾位新來的同志，他們都不是李添富的黨羽，又値得信任。這批人悄悄前往清算鬥爭最嚴重的武陽和桃陽地區，暗中進行調查。武陽是瑞金縣最早支持共產黨的地區之一，可以追溯至一九三〇年四月。當時楊鬥文和幾位中共領導率領農民兵和紅衛兵，在武陽建立蘇維埃政府。支持者後來又成爲建立江西中央蘇區的主力，但是許多人被指爲「社會民主黨」的擁護者而遭到定罪並處決，當地共黨與相關政府組織就此垮臺，以致沒有人願意接下任何職位。倖存的幹部紛紛「扛起紅旗」，逃到山上躲藏起來。桃陽很快響應革命起義，許多幹部也在「社會民主黨」的罪名下淪爲犧牲品。

鄧小平及同志分別拜訪兩地的幹部與居民，發現這些人仍活在恐懼中。據他們表示，清算「社會民主黨」始於一九三一年五月，李添富召開大會，與會者有中共中堅分子和共青團成員，這些人多半是黨內各機關的重要幹部。會後，百分之八十以上的蘇區和縣貿易聯合會成員都遭到逮捕，並於十天內處決。李添富接著宣布解散這兩個組織，不到兩週的時間，肅反委員會又把新成立的組織當中的成員與幹部抓起來。縣貿易聯合會本來有大約五十位幹部和武裝人員，清算肅反「民主社會黨」後，只有駝子邱爲貴倖存。從五月到七月，幾乎每天都有十到二十人遭行刑隊槍決；甚至有一天一口氣槍殺了五、六十人。爲何執行死刑則沒有明確理由，只是公布姓名、年齡和出生地，完全沒有說明基於何種罪名。審判過程殘忍粗暴，並以刑求逼供。中共幹部習慣戴著寫有姓名的紅袖套，以表明黨內幹部身分，現在人人自危，生怕因此惹來殺身之禍，再也沒有人敢戴了。

鄧小平與同志經過一番明察暗訪，認定李添富這個挑起肅反運動的始作俑者，非但不是革命分子，反而是個危險人物，必須小心處置。鄧小平做出結論：為了防止這波恐怖行刑愈演愈烈，必須動員當地人，揭發李添富的真面目，並予以嚴格處置。鄧小平一回到瑞金，立刻以贛東特委名義召集全縣革命分子開會。他把主持會議的工作交給妻子金維映，她在黨內向來以善於宣傳及煽動群眾而聞名。她在會議上談到與反革命鬥爭的重要性，以及應當採取哪些對策。鄧小平則發表他對清算「社會民主黨」的看法，發言結束後，現場一片死寂，大家生怕被拖出場外斬首示眾，沒有人敢開口。鄧小平和金維映深知這層顧慮，便慢慢勸說群眾，請他們針對這次的清算肅反勇於表達內心疑慮。他告訴大家，反抗國民黨的圍剿才是首要之務。李添富雖然出席會議，但鄧小平不讓他發言，此後他也不再下令處決犯人。

經過進一步調查，鄧小平於九月召開第二次幹部會議，縣、區、村等各級幹部紛紛與會。這場長達半天的會議由鄧小平和金維映主持，兩人已有十足把握，便在會中直接點明清算「社會民主黨」的諸多錯誤，並指責地方領導階層沒有遵循黨中央的政策。金維映詢問在場幹部，瑞金是否真有「社會民主黨」成員，他們面面相覷，不敢答話。金維映再次提問，並表示真的有，而且就在會場上。眾人全都目瞪口呆，果然不出金維映所料，於是她接著說道：

李添富是什麼人？他是革命分子還是反革命？他指揮枉殺了那麼多的革命幹部，把我們瑞金搞成這個慘樣。大家要注意，要揭發他的罪行。不要怕，上級有人在這裡給大家撐腰！

全場幹部如釋重負，重重呼出一口長氣，只有李添富面色慘白地坐在臺上。

瑞金縣第三屆工農兵代表大會於廣東會館召開。謝在權是鎮壓及清算最嚴重時期的蘇維埃政府主席，於會中遭到撤職，改由黃正（譯注：原書誤植爲 Huang Zhengren）接任。鄧小平代表贛東特委宣布，逮捕李添富，撤銷其縣委書記與縣肅反委員會主任職務。不久舉行公審大會，將李添富處死。

鄧小平公開自己縣委書記的身分，以書記資格頒布幾項重大決定：必須立刻停止處決；不拘捕那些被誣指爲「社會民主黨」的人；應立即釋放遭到濫捕下獄的貧下中農，讓他們回家，「繼續參與革命鬥爭」。至於地主和富農階級可以罰金代替關押，付不出罰金的人，只要有旁人願意出面保釋即可。三百多位遭到未審先判與即將面臨處決的囚犯紛紛獲釋，瑞金縣民終於可以鬆一口氣。有些人甚至稱呼鄧小平爲「包公再世」。包拯（西元九九九～一〇六二年）是宋朝的傳奇人物，不管在正史還是小說中，他都以鐵面無私的執法精神聞名於世。

撰寫回憶錄的人或許認爲有必要向黨國元老致敬，字裡行間難免多所褒揚，儘管如此，鄧小平在這件事的處置上仍可謂果決明快。他在一團亂中迅速理出頭緒，訪查那些值得信任的人，儘管人身安全可能不保，他仍果斷採取行動，結束這場將無辜者羅織入罪並殺害的政治迫害。他運用黨的權威體系及個人地位掃除那些違法亂紀的罪魁禍首，金維映則是他的得力夥伴。他種種伸張正義的決定，包括處決李添富，雖然流於草率粗暴，但在一個數月來籠罩於恐怖氛圍的地區，此舉簡直大快人心。江西蘇區的領導毛澤東和朱德深知李添富之輩可能造就或危害蘇區，認為當務之急應是剷除腐敗和不公。鄧小平因當機立斷與公正執法博得美名，尤其是在處理共黨高層弊政或腐敗等問題上，包括將地主農地充公後重新分配[3]。

瑞金：第一個蘇區首都

一九三一年十一月七日，共產黨員在瑞金開會，正式成立中華蘇維埃共和國（江西蘇區）臨時中央政府，定都瑞金。

一般來說，江西蘇區都是指瑞金縣，但在蘇區早期，寧都才是重要機構的首選，包括中共蘇區中央局與中華蘇維埃中央革命軍事委員會，以及後期的江西省委和省蘇維埃政府，全部位於寧都。正如現今當地政府的堅決主張，寧都是江西蘇區的搖籃，此說法肇因於一九三一年十二月，國民黨駐紮當地的第二十六軍發動兵變，轉而效忠紅軍，被編入紅五軍團，這次行動後來被共黨譽為「寧都起義」。二〇一一年十二月十三日，寧都舉行表演活動，慶祝起義八十週年。

鄧小平既是忠貞黨員，又是瑞金縣委書記，對於瑞金獲選為新政府首都相當高興，但他也是一位務實的管理者，需要解決一些現實問題。瑞金除了作為新政府的管理中心，還要為抵抗國民軍「圍剿」的紅軍提供補給，對於縣城和百姓而言都是額外的負擔。既要達成目的，又要避免百姓在嚴寒中餓死或凍死，鄧小平便動員全縣保護收成，並發展地方經濟。瑞金縣各區展開全面建設，包括用來增加收成的水壩和灌溉渠道。此外，他們也發展小型企業，開辦紙廠、酒廠、菸廠、棉被廠、衣廠、製造火藥的硝石廠和鹽廠。爲了解決分配與勞力等問題，政府設置消費者與糧食合作社、互助隊、婦女耕地隊，甚至有一個「蒐集肥料突擊隊」。這些軍隊或類軍隊組織不僅爲江西蘇區政府與紅軍奠定經濟基礎，也讓當地百姓有活忙又有飯吃。鄧小平在瑞金的務實經濟工作可以視爲一九八〇年代改革開放的預告，但西方史學界提到江西蘇區時，對此事卻鮮少著墨[4]。

儘管江西蘇區於一九三一年成爲中共的主要根據地，黨內「臨時中央領導」的幾位大人物卻還留在上海，在國民黨控制的「白區」暗中活動。他們無法與正在從事軍事抗爭與農村建設的毛澤東、朱德和鄧小平等人取得連絡，許多人仍做著「策動起義並攻占大城市」的美夢。一九三三年三月，國民黨警察擴大監督與逮捕共產黨員，這場「白色恐怖」加上中共內部鬥爭，「中共臨時中央政治局」認定上海已無立足之地，決議遷往江西根據地。此舉等於認同江西蘇區的政治地位，卻引發上海領導階層與建設江西的幹部之間嚴重衝突。許多江西幹部在這場鬥爭中嚴重受挫，連鄧小平也不能倖免。繼廣西起義失敗後，他的革命生涯二度受阻，不過這種遭遇日後屢見不鮮。

一九三〇年代早期，整個共黨組織籠罩在內部鬥爭中。一些說法刻意將這場衝突簡化，只定調爲兩派人士意見不合，一派是以王明爲首的「二十八個半布爾什維克」，他們效忠莫斯科和共產國際；另一派則是以毛澤東爲首的幹部，他們正努力開拓適合中國的革命路線。中共在一九二七年「四一二事件」中遭受重挫，不得不退到農村，陷入長期苦戰，因此內部出現複雜的矛盾不足爲奇。一些「二十八個半布爾什維克」成員後來也遷往江西。一九三一年秋，一些人退到莫斯科，打算在當地遙控中國革命，爲首的自然又是王明。他堅決擁護史達林，嚴厲批判毛澤東。

一九三一年十二月底，周恩來抵達江西，取代擔任臨時中央政治局書記的毛澤東，命他不得插手任何軍務。臨時中央政治局在寧都召開會議，時間大約是在一九三二年十月，與會人士對於軍事策略展開激烈爭執，主要針對該立刻發動全國起義？還是先對抗國民黨的圍剿？這場會開得名不正言不順，主要是所有證據都指向周恩來，他不但排擠毛澤東，爲了粉飾太平，還要毛澤東「稱病下臺」。中共黨史始終將周恩來描繪爲毛澤東永遠的支持者，上述的回憶錄好不容易才取得。鄧小平支持毛澤東的主張，隨著毛澤東遭到排擠，他在黨中央失去重要支柱，但長期來看，他得到了強而有力的守護者。

鄧小平被批鬥

上海領導階層拒絕放棄莫斯科共產國際的正統馬列主義，反對他們的人很多都擁護毛澤東，於是紛紛遭到打壓。一九三三年二月，中共高層與黨員發生嚴重衝突。羅明是這群黨員的首領，當時他正越過福建省界，打算前往瑞金。羅明和毛澤東先後遭到同樣的批判，兩人都極力抗爭，認爲黨的政策應該因地制宜，不應墨守成規。

一九三三年三月，這場反「羅明路線」鬥爭從福建燒到江西，矛頭直指鄧小平、毛澤覃（毛澤東弟弟）、謝唯俊（毛澤東前任副手）與古柏。三月十二日，會昌、尋烏及安遠各地黨員收到江西蘇區臨時中央政治局的來信，信中指控三處縣委領導犯了與羅明一樣的政治錯誤，而且特別點名鄧小平，當時他正負責管理會昌的中央縣委，他被指責缺乏面對國民黨圍剿的勇氣。三月底，臨時中央政治局動員三縣中堅分子，召開大會，決議譴責鄧小平的「消極悲觀與純粹防禦路線」。政治局指示鄧小平自我批判，並將他調派江西省委，擔任宣傳部部長。鄧小平面臨接二連三的批評，被要求做出說明和自我批判，黨報《鬥爭》也刊登報導攻擊他，黨的文件也對他多所抨擊。他盡力爲自己辯護，並且據理力爭，表明他採取的「防禦路線」是最正確的軍事決策。儘管如此，他依然遭到無情的攻擊，被打爲投機分子。一九三三年四月十六日至二十二日的省級會議上，鄧小平的革命生涯被仔細檢驗。五月四日，臨時中央政治局在工農紅軍學校開會，鄧小平和三位同志被打爲「反對中共正確路線」的小資產階級。四人都遭到撤職，當衆繳械，而且必須接受群衆的再教育。鄧小平很快便被派去江西中部的樂安縣南村視察，遠離瑞金蘇區的政治中心。

他在上海和江西努力經營，地位卻一落千丈，但這並非最後一次跌入谷底。鄧小平在瑞金的遭遇和後來文革期間的經歷離奇相似，一九六九年，他再度被下放到江西鄉下，在一個拖拉機工廠工作。等到風頭過後，鄧小平獲准造訪一九三〇年代服務過的地區。他回到瑞金，受到鄉親熱烈歡迎，他們尊稱他爲「老書記」。

長遠來看，這次的嚴重打壓反而有助於發展政治生涯。日後他強調當年根本沒有所謂的「毛派」，儘管他說得完全正確，但在對手的堅持下，他被打爲毛派代表，也因爲遵循毛澤東的政治路線而遭到攻擊。一九四九年中共建國後，毛澤東認可鄧小平的忠誠，在新政府中成爲他的守護者[5]。

在南村與七里村下放及挨餓的日子

一九三三年四月的會議決定把鄧小平下放到南村，此處位於中央蘇區邊界，同時也是前哨基地，經常遭到國民軍攻擊。一九三三年六月，鄧小平在盛夏酷暑中隻身來到南村。他背著背包，在烈日下找到日後的落腳處南村區委。當地官員前來探視，發現他雖然有些消沉，但仍決心暫時拋下個人榮辱，以完成使命為要務。他沒有終日愁眉苦臉，而是迅速恢復樂觀積極的態度，日後他這種谷底翻身的本事為人所稱頌。他被打為「羅明路線」而受到嚴厲批判，他非但不會刻意掩飾，反而堅決捍衛自己的立場，而且拒絕接受任何憐憫，反過來激勵同志，要他們明白革命不可能永遠一帆風順。

他在南村只待了一個多星期，隨後便接到臨時中央政治局的命令，要他回臨時黨中央所在地寧都（政府在瑞金），可能是支持者擔心他在這種危險的邊緣地帶會發生不幸。他被派往貧窮落後的七里村（距離寧都七里），到農場工作。七里村是一塊山間的不毛之地，他在這裡長期開墾。雖然他個子矮小，但性格強悍，應付粗活遊刃有餘。只不過工時長又缺少糧食，日子很難熬。所幸七里村是客家人聚居地，風俗和文化都與四川老家相似。

朋友與同志

日子儘管艱困，鄧小平卻因為老友的陪伴而堅持下去。陳毅、李富春與蔡暢夫婦（兩人於一九二三年結婚）及鄧小平，四人都曾留學法國，鄧小平在巴黎工作時，李富春和蔡暢也是他的同事。如今李富春擔任江西省委書記和江西軍區政委；蔡暢則是婦女部兼組織部部長；陳毅是江西軍區總指揮及江西省委軍事部部長。四人曾在江西共事，三位朋友身居要職，對鄧小平關懷備至及支持，即使他在鬥爭中被逐出決策核心，並沒有如預料那般孤立無援。蔡暢特別擔心鄧小平的健康狀況，便派一位女性朋友兼同事前往七里村，表面上視察當地婦女的境遇，實則探望鄧小平。鄧小平弄清楚來人的用意後，便請對方捎回訊息，說明工作繁重但糧食不足的窘境。信到了蔡暢手中，她立刻和李富春買了豬肉、大蒜與辣椒，煮好後請女同事帶去七里村，再暗中將鄧小平帶去住處。他已經在當地待了一陣子，現在才吃上一頓像樣的飯。蔡暢也趁機傳訊，告訴他李富春已經前往瑞金，除了例行性報告，也會請求中央考慮爲鄧小平平反。李富春找上紅軍總政治部主任王稼祥及其同僚，他們都知道鄧小平在莫斯科與廣西的傲人實績，也願意支持他。這批人對於他的軍事背景、政治判斷與組織能力都表示欣賞，也同意在這兩黨交戰之際，組織正缺有爲幹部，實在沒道理把鄧小平趕去鄉下勞動，浪費一個大好人才。中央終於不再堅持，一九三三下半年，鄧小平被調到總政治部。

新工作位於瑞金縣沙洲壩，鄧小平在上任途中去了一趟寧都，李富春、蔡暢和陳毅請他吃飯，四人圍坐著回憶往事。他們談到巴黎、塞納河、莫斯科紅場和廣西起義，以及鄧小平在瑞金新職務的願景。李富春在紅軍後勤單位找了一匹馬，以便他能順利抵達一百公里遠的目的地，還找了一位記者擔任嚮導。在革命戰爭中，共產黨員之間的同志情誼往往來自這種個人交情。雙方友好時，同志情誼能爲彼此提供強力支持，一旦雙方交惡，恐怕會招來大禍。鄧小平與這幾位同志屬於患難見眞情，彼此的關係特別緊密而長久。《鄧小平紀事》中引述《蔡暢傳》的一段文字，描述她一九二三年與「革命伴侶」李富春的結婚經過。當時李蔡二人打算嘗試建立進一步的關係，鄧小平是他們寶貴的「參謀長」，也在「婚禮」上擔任主證婚人。典禮結束後，三人圍坐，小酌兩杯，大家都同意這是一場適合革命分子的婚禮。中共早期與鄧小平早年生涯，就在這種個人情誼與政治關係相互交織之下度過。

鄧小平得知自己調任紅軍總政治部祕書長一職，身心俱疲的他總算如釋重負，但在不了解他的旁觀者眼中，他看起來如往常一般平靜。當他發現新工作其實是份閒差，便申請加入《紅星》報，這是總政治部發行的報紙。上級領導王稼祥也欣然同意，立刻批准申請。自一九三一年十二月十一日起，《紅星》由紅軍總政治部發行，它是上級下達命令與指揮部隊的重要媒介。鄧小平擔任主編，當年與李富春在巴黎辦《少年》與其他刊物的經驗剛好派上用場。鄧小平未上任前，《紅星》通常一次印行四版，有時候只有兩版（有時候又多達六版），每五天發行一期，用的是老式印刷機，這部機器看得出來年代久遠。到了一九三三年三月三日發行第三十一期時，《紅星》已經增爲三十二頁，並改用更先進的酒精印刷機或洛尼歐印刷機。

前文曾提及，鄧小平在法國的高超印刷技術爲他博得「打印博士」美名。他接下《紅星》後，首先恢復最初的四頁形態，這樣便能迅速校訂，也能頻繁發行，以反映最新軍情。不管從實質或比喻的角度來看，都可以說鄧小平的筆跡遍布整份報紙，一來他寫了很多文章（雖然不一定用眞名），二來他常要在模版上刻標題和一些短文。主編的頭銜讓他順利進行一些低階工作，旁人絕不會聯想到與他有關。鄧小平雖然不是獨自辦報，但也只有一位小職員幫忙，他必須自行撰寫並編輯文章，往往還要親自印刷。後來，他終於爭取到幾位助手，更重要的是，他爲紅軍和黨栽培了一批「記者」，他們可以寫稿，或者至少提供寫作素材。

鄧小平在革命早期撰寫的文章鮮少留存下來。一九七五年後，他因推動改革開放而出名，在那之前寫的文章只有幾篇收入官方選集。如今已不可能一一查證《紅星》的哪些報導是出自鄧小平筆下，幾十年後，當有人問起，他也沒有給予明確答覆，不知道是他不願意，或者連他自己也無從查考。然而，從他主編的《紅星》可以了解他對軍事策略的看法。只是這份報紙很少透露他的政治思想，畢竟思想剖析並非他的強項。鄧小平運用各種形態的文章，包括直接傳達新聞的「消息報導」，以及「最後通訊」、「捷報」、「前線通訊」及「革命戰鬥」等專欄，盡可能即時並有效地將最新戰況與紅軍勝利的消息傳達給各部隊。一九三三年十一月四日，他刊登兩篇全版報導，幾乎占據了當期所有篇幅，分別是〈中央蘇區紅軍歷次戰役勝利表〉與〈中央蘇區的游擊戰爭〉。文中全面分析自一九三三年春天至十月間，紅軍主力部隊與地方武裝單位獲勝主因，即使文章可能並非出自鄧小平筆下，依然反映了他的政治和軍事主張。

這類報導並非爲了客觀分析新聞時事，而是作爲戰時宣傳工具，用來激勵讀者的士氣，鼓勵他們在戰場上再創佳績。由於《紅星》迅速將消息傳達至各部隊，被譽爲「一架大無線電臺」，這代表在讀者和上級領導心目中，鄧小平表現得相當出色。

從《紅星》對溫坊戰役的報導，不難看出該報爲何被譽爲無線電臺。這次領軍的是在政治與軍事界德高望重的朱德，他讓紅一方面軍和十九軍團密切合作。這支聯合部隊聲稱，他們掃蕩了四千多名國民軍，繳獲至少一千六百件武器，而且僅有零星傷亡。自從國民黨發動第五次圍剿，紅軍一直處於消極防守狀態，每次都傷亡慘重。後來他們決定化被動爲主動，積極消滅敵軍，此策略締造了空前佳績。戰後，鄧小平隨即邀請九位指揮官說明作戰過程，並以〈溫坊戰鬥的勝利〉爲題，發表在「前線通訊」專欄，文中也分析了戰況及這次戰事學到的經驗。鄧小平除了刊登社論與署名文章，也開闢「黨的生活」、「支部通訊」等新專欄，在紅軍與江西蘇區的政治、軍事、文化和社會生活各方面，只要是可以討論的話題，他都放在《紅星》上。他把這份報紙視爲江西生活的一面「大鏡子」，同時它也是人民行爲與思想的強力引導。在特別開闢的「鐵鎚」與「自我批判」兩個專欄中，他極力抨擊官僚作風、消極、腐敗、浪費與自保等等，這些都是江西蘇區最大的阻礙。《紅星》義無反顧地忠於黨和紅軍，但鄧小平也不怕拿它來解決棘手問題，並給予幹部恰當的批評，即使是資深幹部也不例外。此外，這份報紙也是紅軍俱樂部的通訊管道，爲部隊間的競賽擔任裁判。鄧小平從被冷凍的困境中走出，如今終於達成心願，站上江西蘇區的軍事與政治中心。

然而，任憑鄧小平再怎麼磨練宣傳技巧，再怎麼全心投入辦報，有再多精力（在吃得飽的前提下），也無法改變江西蘇區曇花一現的命運。國民黨以優勢武力全面進攻此地，他們決心圍剿紅軍，一舉殲滅還在做困獸之鬥的共黨殘餘勢力。一九三四年九月底，鄧小平正在編輯第六十七期《紅星》，忽然接到上級命令，要他即刻停止出刊，並收拾行囊。總政治部即將撤離江西，鄧小平與編輯團隊也加入撤退行列。除了一些軍方和共黨幹部留下（當中有一些是鄧小平的同志兼好友），可以說整個蘇區都會撤離。只要能帶走的都盡量帶走，包括總政治部的印刷設備。《紅星》報使用的設備不多，鄧小平還能將參考書、資料與草稿一併打包。一九三四年八月十日傍晚，共產黨與紅軍突破國民黨的圍困，鄧小平加入撤退行列，踏上長征。江西蘇維埃就此覆滅，而《紅星》似乎也隨之殞落[7]。

第五章　革命與反抗：長征、延安與太行山

（一九三四～一九四五）

我長征離開于都時，專門在于都彈了一床四斤重的棉被，這床棉被一直伴我走過長征，今天我還在用。

國民黨同我們搞摩擦，幾個大解放區都有，但最集中的是在晉冀魯豫（山西、河北、山東、河南）[1]。

長征一開始只是策略性撤退，後來的演變卻出乎預料。江西蘇區領導階層終於認清事實，明白紅軍再也無法抵擋國民黨的猛攻。國民黨將蘇區的大撤離視爲勝利，證明他們有打倒昔日盟友的決心。中共把男女黨員和設備撤出江西時，不曉得該何去何從，革命岌岌可危。但鄧小平認爲，中共從首度嘗試建立的政府撤退，表面上看來澈底失敗，背後卻隱藏著契機。一九三四年十月，他和《紅星》編輯部被編入紅章縱隊，撤離江西。十二月，政治局在貴州黎平開會，中共領導階層正值分裂時期，鄧小平再度獲准進入較有影響力的一方，成爲核心幹部。

他們的處境相當艱困，既要長途跋涉，又要躲避國民軍的追捕。儘管如此，鄧小平與編輯部不願放棄，依然嘗試發行至少一期的《紅星》。曾和鄧小平一起刻版的趙發生回憶當年，他們用兩根扁擔挑著四個金屬箱，不分晝夜隨著中央軍事委員會趕路。箱裡裝著印製《紅星》的所有設備，包括一臺鐘牌印刷機（但這東西實在太重，縱隊進入湖南後，他們只得扔掉它，換了一臺比較輕便的手動式機器）、幾盒油墨、一組替換用的蠟版、兩塊鋼板，刻版時墊在底下，以及鋼珠筆和書寫用紙張。每到一個暫時落腳處，箱子就會當作辦公桌使用，他們往往要在國民黨飛機的轟炸下工作。在長征第一階段，中共損失慘重，後來一些評論家認為，這種不惜代價非要突破國民黨包圍的策略實在大錯特錯。一九三四年十一月底，紅軍終於成功突圍，越過分隔湖南的湘江，但也付出慘痛代價。當初八萬群眾一同撤離江西，至此僅餘三萬人，紅軍處境岌岌可危。

毛澤東掌權

一九三四年十二月十二日，中共政軍主要領導人召開會議，包括秦邦憲（博古）、周恩來、奧圖・布勞恩（共產國際軍事顧問，又名李德）、毛澤東、王稼祥和張聞天。地點位於通道縣，地處湖南西南方，鄰近貴州。紅軍的慘重傷亡主要歸咎於秦邦憲與布勞恩的錯誤政策，兩人此時依然堅持原定計畫，主張北上與紅二、紅六軍團會合。毛澤東持反對意見，鑑於紅軍與國民軍實力相差懸殊，他們應該放棄北上，轉去敵方兵力較弱的貴州。王稼祥和張聞天都支持毛澤東，而周恩來起初同意秦邦憲和布勞恩的主張，現在則倒向勢力日漸增長的毛澤東。經與會大多數決議，紅軍應拿下貴州邊界的黎平，這個計畫於十二月十五日完成。

紅軍拿下黎平後，一九三四年十二月十七日，中央政治局在周恩來的提議下召開會議。秦邦憲和布勞恩仍然不願放棄最初計畫，打算向北進軍，在湖南西部建立新的蘇維埃政權。但經過衆人一番爭論，由於周恩來偏向毛澤東，最後決定在四川與貴州交界處建立新的根據地。黎平會議是政治局召開的正式會議，其決議自然具有一定效力。《鄧小平紀事》引述聶榮臻元帥在其回憶錄中的談話，他表示這次決議是中共戰略與命運的轉捩點。這當然也是中共領導階層的轉捩點，至少對當權派是如此。先前毛澤東遭到排擠，不能參與軍事決定，如今他再度重建政治勢力。至於周恩來，他是當初毛澤東在江西蘇區失勢的罪魁禍首，現在反而力挺毛澤東。政治舞臺重新出現在鄧小平眼前，他既是周恩來在法國的老同志，又是江西蘇區時期毛澤東的支持者，他終於可以一掃陰霾，捲土重來[2]。

黎平會議後，中央軍事委員會決定重整幹部並補足戰鬥部隊缺員。傳奇人物「獨眼龍」劉伯承曾經擔任第五軍團參謀長，此時獲選爲總參謀長，直接對中央軍事委員會負責。鄧小平被調離《紅星》報（原職由陸定一接任），改任中央委員會祕書長。前任祕書長鄧穎超是周恩來的妻子，和鄧小平只是同宗，沒有親戚關係。一九三四年八月，她感染肺結核，持續發燒，痰中帶血，病得很重，於是提出請辭。毋庸置疑，她的病情確實沉重，而她也在一九八四年的《中國建設》雜誌投稿中證實此事，不過她依然繼續參加長征。她辭職後，毛澤東和周恩來順理成章指派鄧小平填補空缺，讓他進入中央委員會。鄧小平的職責包括會議記錄、整理文件並歸檔、代表委員會收發信件，以及「起草革命指示」。祕書長並非中央委員會委員，職責偏行政而非管理。在這個小小的革命組織中，要區分行政和管理並不容易，鄧小平就這樣漸漸獲得知識、權力與影響力。

遵義會議（一九三五年一月）

中央委員會決定在貴州北部的遵義召開政治局大會，日期訂於一九三五年一月十五至十七日。這次會議比通道和黎平會議都要出名，前兩次會議中，領導階層變化所帶來的政治影響通常都被忽略。參加遵義會議的有毛澤東、張聞天、周恩來、朱德、陳雲和秦邦憲（博古），此外還有候補委員王稼祥、劉少奇、鄧發和何克全，以及紅軍代表劉伯承、李富春、林彪、聶榮臻、彭德懷、楊尚昆和李卓然。共產國際軍事顧問奧圖・布勞恩與翻譯員伍修權也列席。據楊尚昆（後來的國家主席）回憶，鄧小平負責會議記錄以及大部分籌備工作。

這次會議是爲了決定長征的走向，特別要確立的是軍事策略，此外還要分析並批評早期的錯誤。張聞天代表政治局，根據中央大多數人的意見，尤其是毛澤東發表的長篇演講，負責起草決議。在雲南扎西（今威信縣）舉辦會議後，此決議便正式採用。遵義會議明白抵制秦邦憲與奧圖・布勞恩的重大錯誤，並支持毛澤東的基本主張。黨中央與軍隊在此次會議改組，毛澤東獲選爲政治局常務委員會委員。秦邦憲和布勞恩對紅軍的指揮權遭到撤銷，周恩來和朱德全權負責軍事大計。張聞天取代秦邦憲在中央委員會的職位，毛澤東成爲以朱德爲首的中央軍委前線司令部一員。一九三五年三月十一日，毛澤東、周恩來與王稼祥組成三人委員會，共同協調紅軍的行動。

一九三五年一月的遵義會議常被稱爲中共發展歷程的轉捩點，因爲一般認爲毛澤東在會中獲選黨主席。但從鄧小平的觀點來看，事實並非如此。毛澤東的軍事決定權確實顯著提升，但他並沒有在遵義當選「黨主席」。當時沒有黨主席，就算有一個總領導，那也應該是張聞天，後來他被稱爲總書記（這個職位和鄧小平的祕書長不同），也不是主席。中共當時還沒有「主席」一職，再說一九三〇年代早期，「政治局」和「中央委員會」並未清楚劃分，在大家的回憶中，兩者是否彼此重疊也無從查考。在這生死存亡之秋，軍事組織和戰術的重要性凌駕政治考量，毛澤東實務上掌握大權，尤其是在政治事務上。再說，不管他當下的頭銜是什麼，即使當初遭受「二十八個半布爾什維克」的打壓，他的政治地位依然節節高升。鄧小平也因這次政治轉變而受惠，遵義會議後，他將自己視爲以毛澤東爲首的中央領導階層一員，但是中央並沒有頒布官方任命，因此無法列入正式紀錄。鄧小平常和毛澤東、周恩來與張聞天等領導階層一起工作，爲了即時獲取各部隊的訊息，提供給領導們參考，以決定紅軍下一步該怎麼走，他常到了三更半夜還在等電報。

江西蘇區覆滅後，毛澤東漸漸崛起，但以他爲首的派系並不是共黨中唯一活躍的團隊。一九三五年六月，此時毛澤東率領的部隊已經改名爲紅一方面軍，他們和紅四方面軍在四川雅江縣兩河口會師。紅四方面軍的戰鬥力與紅一方面軍不相上下，由張國燾領軍，先前便已進軍四川。張國燾意欲聯合兩支軍隊，在四川建立新根據地，但毛澤東希望向北推進，在四川、陝西和甘肅交界建立根據地。

鄧小平調任紅一方面軍宣傳部部長，延續他在《紅星》報的工作。既是黨中央交託的任務，他自然全力以赴。他在同事心目中是一位「永遠不知道累的宣傳工作者」，每當部隊紮營過夜，大家只想在晚餐後弄點熱水泡泡疲憊的雙腿，然後早早就寢，他卻要組員準備宣傳單和標語。

從一九三四年十月到一九三五年十月，鄧小平和同志們的長征持續了整整一年，他們必須穿越危險地帶，突破重重險阻。一九三五年十月十九日，紅一方面軍抵達最終目的地——陝西北部的吳起。紅軍後來在陝北建立陝甘寧（陝西、甘肅、寧夏）新根據地，定都延安，吳起則成爲工業中心。

羅榮桓元帥

鄧小平喜歡強調他的軍事背景，他和軍隊的密切關係毋庸置疑。江西蘇區與長征時期，羅榮桓是他最親密的朋友兼知己。羅榮桓在江西蘇區時支持毛澤東的戰略，後來和鄧小平一樣遭到排擠。兩人踏上長征後，結伴走過兩萬五千里路，一路上互相扶持。即使性格完全不同，他們依然是好朋友。鄧小平十分健談，最愛說笑，羅榮桓則沉默寡言，但這並不妨礙他們在太陽下暢談。羅榮桓的妻子林月琴談到，長征期間，他們常以玩笑話自娛娛人。鄧小平堅稱四川辣椒最好吃，羅榮桓便抱怨他害得自己直流口水；鄧小平認爲四川人做的回鍋肉才值得一吃，羅榮桓則熱烈擁護家鄉湖南口味的回鍋肉。長征時能吃的東西很少，這些話題都只是做著吃美食的白日夢。菸抽完了，他們就拿樹葉來假裝。他們就這樣一路說笑，藉由妙語如珠的對話轉移漫漫長路上的枯燥、疲乏與飢餓，逐漸建立持久的個人與同志情誼。

在一九四六至一九四九年國共內戰期間，鄧小平和羅榮桓都是政治委員。中華人民共和國成立後，兩人長年定居北京，是新管理階層的元老。鄧小平後來當上總書記，羅榮桓則是解放軍參謀長和政治局常委。他們一直是親密好友，兩家人（包括小孩）也時常來往。一九四九年後，鄧小平從西南回到北京，分到一棟很好的房子，他把房子退回去，並要求當局撥給羅榮桓，因為羅榮桓身體狀況欠佳，而且居處狹窄。一九五五年，羅榮桓獲頒元帥，鄧小平和妻子卓琳應邀出席慶功宴。一九六三年，羅榮桓過世，享年六十一歲，鄧家全體都前往弔唁[3]。

進入太行山

回顧鄧小平於一九三〇和一九四〇年代軍事與政治地位提升，不能不提他獲得的顯赫但又常常變動的頭銜，也不能忽略他待過的組織和部隊。但這不是件容易的事，自從一九三七年七月日本全面侵華後，為了因應國共第二次統一戰線成立，需要區分共黨和國民黨的部隊，共黨的軍隊人事命令改變了固有形態。最重要的變化是西北的紅軍（鄧小平也是其中一員）改為國民軍的第八路軍，長江以南的紅軍則改為新四軍。

中共軍隊一直控制著延安與陝甘寧根據地，直到一九四七年國共內戰初期被迫撤離。西北還有另一個主要根據地晉察冀邊區，於一九三八年一月在河北省阜平縣創立。另有一同名軍區於一九三七年十一月七日成立[4]。

一九三七年七月七日發生蘆溝橋事變，一般將其認定爲日本全面侵華的開始。早在一八九五年，日本已經控制臺灣，一九三一年占領東北。中共的根據地位於抗日前線，必須盡可能防衛並擴張。國共兩黨對於抗日戰爭中誰的貢獻較大始終爭執不下，兩邊都聲稱自己是最愛國的一方。就在共黨理論上成爲國民黨的盟友後，蔣中正於一九四一年的演講中，強烈表達了他對中共的看法：

> 你們以爲這些年來我阻止日本擴張很重要，……告訴你們，更重要的是阻止共產黨擴張。日本只是皮膚病，共產黨才是心腹之患。他們表面上說要支持我，背地裡只想推翻我[5]。

對於蔣委員長坐鎮重慶，有人認爲他在大後方袖手旁觀，坐等他人打敗日本人，自己則專心對付共產黨。上面那段蔣中正的談話常被提起，用來支持這個說法。但這件事沒有定論，唯一有定論的是共產黨在根據地自行組織武力，運用地理位置和游擊戰，多次成功阻止日軍進一步侵略。長遠來看，更重要的是共產黨在其控制區域內動員群眾抵抗日本侵略，透過這些動員累積政治實力，成爲一九四六至一九四九年國共內戰及建立中華人民共和國的致勝關鍵。

一九三七年一月，鄧小平調任第一軍團政治部主任。某方面來說，新職務延續了先前的宣傳工作，但現在他致力於對部隊進行政治訓練，政治部也爲幹部開設了軍事和政治訓練課程。鄧小平還會上一些政治學和政治經濟課程，他簡單規律的生活方式與嚴格的守時習慣，在大家心目中留下深刻印象。他對待部下出了名的嚴格，在他管轄的範圍內，對軍事紀律的要求毫不遲疑，必要時甚至不惜動用死刑，好比有個士兵犯了強姦罪。

一九三七年七月，鄧小平調任紅軍總部（一九三七年八月二十五日才出現八路軍這個名稱），這時總部已從保安遷至延安，他的新職務是政治部副主任。日本侵華後，中共與國民黨各派代表協商共同抗日事宜，鄧小平雖然沒有獲選為協商代表，但也隨同周恩來、朱德和葉劍英等人赴會，提供行政支援，並負責起草雙方合作文件。會中決議成立第二次統一戰線，不管實質上是否合作，至少文件上是這麼寫的。雙方也決議將共黨的軍隊編入國民軍，現在不管是正式或非正式場合，中共軍隊都改稱八路軍和新四軍。

延安一直被視為中共結束長征後的總部，但許多重要軍事單位都不在延安。一九三七年九月二十一日，八路軍高階將領和中共中央北方局代表在山西省會太原召開會議，討論共產黨在北方的處境。兩天後做出決議，八路軍總司令朱德在太原東北五臺縣建立軍事總部，鄧小平則在太原境內的東茹村建立政治部。

日軍將山西視為重要目標，除了覬覦境內豐富的煤礦，還有當地軍閥閻錫山設置的大型兵工廠，廠內出產各式各樣武器，從手槍到大砲應有盡有。一九三七年九月，日本皇軍在察哈爾（現已併入內蒙古）展開部署，準備進攻太原。太原戰役自九月一日至十一月九日，期間較為人知的有平型關之戰（八路軍，九月二十五日）與忻口之戰（國民革命軍，九月至十一月）。山西的這些衝突戰，尤其是忻口之戰，最重要的意義是國共兩黨與閻錫山真正攜手合作，但中方應付日本坦克的武力仍嫌不足。十一月初，太原遭到攻陷，太原兵工廠與山西煤礦雙雙落入日軍手中，但八路軍依然持續發動游擊戰。

有個實例可用來說明鄧小平在八路軍政治部的工作內容。一九三七年十月，他奉命前往山西西部的孝義縣，除了要廣設共黨新根據地（有一些位於敵後地區），還要提升抗日游擊隊的戰力。鄧小平召開數場村民大會，鼓勵當地百姓加入八路軍。此外，他一面募集可靠資金和軍糧，一面強化共產黨在這些地區的威信。他還有另一項重要任務：與山西犧牲救國同盟會結盟。這個組織與國民黨合作，在地方上頗具影響力。當他獲悉日軍對山西發動新一波攻擊，這個任務變得格外緊急。

八路軍一二九師政委（一九三八年）

一九三八年一月，鄧小平調任政治部屆滿週年，此時再度調職，擔任八路軍一二九師政委。一二九師指揮官是劉伯承，駐紮於太行山。一月二日，中共在山西抗日的最高指揮官彭德懷將人事命令告知鄧小平與劉伯承。一月五日，官方電報進一步證實這項命令，隔天中央公告鄧小平的新職務。這對鄧小平和劉伯承來說是相當適合的安排，劉伯承是鄧小平同鄉，大他十二歲，兩人在四川時並不認識，自從鄧小平接下一二九師政委，與擔任軍事指揮官的劉伯承建立起深厚的同志情誼，直到建國後依然保持密切關係。一九五五年，劉伯承被選入解放軍十大元帥，他成爲鄧小平與軍方菁英之間的重要橋梁。

一九三八年一月十八日，鄧小平到一二九師總部報到。劉伯承與朱德、彭德懷正在洛陽與蔣中正開高層會議，一月二十七日才返回。鄧、劉二人的住處距離很近，他們明白彼此是一個團隊，劉伯承不在時，鄧小平就可以代替他發號施令。

中央正式頒布鄧小平的人事命令後，鄧小平與在晉察冀邊區的北方局代表彭眞一同前往劉少奇的駐紮地。劉少奇是北方局書記，在中央委員會與政治局的影響力日漸擴大。鄧、彭二人此番找上劉少奇，是爲了討論國共統一戰線對八路軍造成的諸多限制。劉少奇雖然樂意傾聽，但拒絕再提「二十八個半布爾什維克」挑起的內部鬥爭，當初他便遭受王明強烈批評。王明在莫斯科待了六年，最近回到延安，儘管大家對這位共產國際代表禮遇有加，但他在黨內應該是沒有什麼指望了。他依然堅持中共應該繼續支持國民黨，就在毛澤東這顆新星在黨內逐漸升起時，他的最後一點影響力到此爲止。

劉少奇不願公開討論問題，鄧小平便找上中央委員兼八路軍（八月二十五日出現的名稱）政治部主任任弼時，獲得對方支持，於是當晚劉伯承與彭眞來到鄧小平的住處繼續討論。

彭眞盤腿坐在鄧小平住處的炕（中國北方民居內的高臺，底下生火取暖，就寢時在臺上鋪被褥）上，他說共產黨絕對不能依賴國民黨。國民黨雖然被迫抗日，但政治立場未曾改變，甚至有些國民黨員同情日本人。中共的主要策略是動員全民抗日，卻遭到國民黨反對，彭眞便針對此事強烈抨擊。鄧小平則引述毛澤東在洛川對中堅分子的演講內容，毛澤東強調，中共必須嚴守馬克思主義，不應忘記不同階級間有不同的利益和處理方式，還要確保中共掌握領導權，抵擋國民黨的誘惑，不要捲入他們的政策中。鄧小平捻熄手裡的菸，一邊陳述一邊以右手比劃，強調他的主張。他認爲中共必須取得領導權，監督國民黨採取對的措施，這是黨的責任。他說，共產黨必須「當仁不讓」，他反覆強調這句《論語》的經典名言。如果不能承擔這個責任，便無法在敵後地區發動游擊戰，也就不能設立或鞏固根據地。彭眞高興地複誦「當仁不讓」四字，他認同鄧小平的觀點，在日軍侵略下，中國正面臨危急存亡之秋，爲了黎民蒼生和國家著想，中共應該取得領導權。

他們把討論結果告訴劉少奇，對方並未表示反對，任弼時則給予支持。對鄧小平來說，這已經算是達成共識。如果蔣中正打算在擊敗日本後獨斷專行，山西的中共政軍領導階層也會開闢自己的路。

一九三八年，與鄧小平一同討論生死攸關大事的劉少奇、彭德懷、彭眞和劉伯承等人，全是中共在西北方的政軍領導階層。對這群人來說，當務之急是抵擋日本侵略，他們也認清國共不可能合作。二十年後，這批人成了中華人民共和國的高官。到了一九五〇年代晚期和一九六〇年代，在鄧小平和毛澤東的思想鬥爭中，他們都將被打到「靠邊站」，於文革期間遭到整肅，有些人甚至更早。當初日軍大舉侵略，中國面臨生死存亡之秋，他們毅然投入這場被視爲愛國與革命的戰爭，培養了深厚情誼。當中國於二十世紀後半葉陷入政治動盪，在這片洶湧的政治之海中，他們的關係全靠當年的同志與私人情誼支撐。

一二九師迅速展開游擊戰，他們認爲這並不違反中央和八路軍總部的指示。一九三八年一月二十八日至二月十七日，一二九師就現有兵力組成游擊隊、游擊支隊、先遣支隊和獨立游擊隊，每支隊伍都有師教導團的幹部，他們是新編游擊隊的核心。這些幹部事先受過訓練，明白發動游擊戰的政治和思想因素，還能將黨的理念傳達全軍。這些新編部隊進太行山占領一些較易防守的陣地，師部與省委便召開系列會議激勵他們。他們的任務是將八路軍的勢力拓展到日軍占領區周邊，並建立支持共產黨的當地政權，維護和擴張晉察冀邊區的影響力[6]。

爲了讓普通士兵明白發動游擊戰的急迫性，指揮官劉伯承和政委鄧小平連續五次召開師級軍事管理會議。鄧小平以個人權威和可貴經驗撰寫〈動員新兵及新兵政治工作〉（譯注：原文誤植爲動員新軍及新兵的政治工作），以便開會致詞之用。後來這篇文章發表在八路軍總政治部一九三八年十二月二日發行的《前線》雜誌中，茲節錄其中一小段：

應以最大努力，利用一切可能，動員廣大民眾加入軍隊，補充現有兵團，組織新的部隊，積蓄與擴大國家的武裝力量，以支持長期艱苦的戰爭。

鄧小平在太行山上實踐理想，嚴格說來，他不是帶領軍隊衝鋒陷陣的軍官，但在他和師長劉伯承一同磋商下，他對於組織和部署兵力都有相當大的影響力。

一九三八年二月四日及五日，一二九師高階幹部聚集開會，鄧小平宣布政治局與北方局在十二月會議中達成的決議。此事說明鄧小平在一二九師的權威，他是替中共最高層傳達政治決策的管道，他以中央的權威作爲基礎，詳細指示眾人一面積極抗日，一面打造中共根據地。鄧小平結束發言後，劉伯承談了一些組織和戰略方面的要務。

彭眞與李雪峰也向共產黨各地方政府發表簡報，強調獨立抗日的重要性。三月中，鄧小平與參謀長倪志亮爲了支持李雪峰打造太行根據地，便召集十個縣的幹部，商討抗日對策。他們決議成立游擊隊，由農夫和工人充當游擊隊員，此外，還要組織一批業餘自衛隊。

邢臺前線（一九三八～一九三九年）

一九三八年四月初，日本皇軍圍攻太行根據地，一二九師加入抗日陣線。五月和六月，鄧小平在太行山東麓邢臺縣小道溝村（譯注：原文誤植爲 Daogoucun）的一二九師司令部待了四十九天。這是一間很小的房子，幾乎沒有活動空間。一九三八年五月五日，鄧小平與一二九師抵達小道溝村，村民爲他未來七週（直到六月二十三日）的住處兼辦公室準備了木桌和長凳，他便坐在桌前研究小道溝村的資料並編纂報告。隔天，當地抗日縣政府負責人胡震與幾位同僚從辦公地點趕來迎接他們，一行人看起來風塵僕僕又疲憊。胡震是本地人，一九二七年加入共產黨，曾就讀西安中山軍事學校。他在學期間，鄧小平恰巧是該校政治處處長，兩人算是舊識。一九二八年三月，陝西渭華起義失敗，胡震返回家鄉。後來他在山區組織游擊隊，現在他領導的抗日縣政府便是在這些零星的武力單位中創立的。見到老長官，再聽見他濃濃的四川口音，胡震相當高興，尤其是當他聽見老長官說：「胡震，我們很擔心你。起義失敗後，我們不知道你的下落，我想你一定是回老家陪父母了。」胡震告訴鄧小平，他的抗日縣政府成立不到半年，但是不太順利，至今沒有重大突破。鄧小平說，正因如此，黨中央才會派他過來，今後他們可以在邢臺一起建設實力強大的根據地。

邢臺位於太行山邊，靠近平漢鐵路，是重要的商業城市，也是中共抗日前線上的戰場，一九三七年十月遭到日軍占領，此後便成爲日軍掃蕩行動的根據地。日軍從邢臺向西進軍太行山，威脅當地百姓的安全。抗日縣政府雖然有少許進展，但地方勢力與共產黨敵對，抗日縣政府的處境可以說雪上加霜。鄧小平和劉伯承認爲，地方勢力和土匪或漢奸沒有兩樣，便將這些人一一剿滅。五月十三日，他們將日軍趕出平漢鐵路，不但擴大根據地的勢力範圍，也招募兩百多名當地人加入武裝陣容。

鄧小平與劉伯承動員各級幹部，設立邢臺縣委（又稱爲八路軍工作團，軍事與政治在組織與權力上交互重疊的明顯例子）。組織的重要任務是在司令部爲抗日中堅分子開辦訓練課程，鄧小平結合自己對當地的認識與黨中央的指示，爲他們講解政治，同時扮演監督和傳達訊息的角色。參與培訓的人將成爲共產黨的在地奇襲軍。鄧小平每晚都會和村民聊天，確保自己在衆人心目中不會變成冷冰冰的指揮官。八路軍的官兵總是努力表現得與日軍甚至國民軍有所不同。即使過了數十年，太行山民衆依然流傳著鄧小平當年的軼事，比如他和農民一樣背著柴火；不准保鏢把擋路的孩童推開；或是堅持要把生病的小男孩送醫救治。如果這些都是在爲共產黨樹立公關形象，那麼鄧小平做得相當成功。

一九三八年五月，日軍撤退，但依然藉由「掃蕩行動」驅趕共軍，八路軍因而時常遷移司令部，爲了同時躲避日軍及土匪，有時候甚至一天換好幾個地方。一九三九年春，戰況陷入僵局，鄧小平與十七軍團準備前往敵後。他的職責是連絡、維持紀律及激勵士氣，特別是要和當地人打好關係。身爲政委，他理所當然指揮政治工作，確保邢臺百姓不會因日本人或漢奸的反共宣傳而動搖。許多當地人被這些到處散播的反共素材嚇壞了，紛紛逃進山區躲藏。

一九三九年新年降臨，一二九師司令部爲了躲避日軍，此時已遷至河北南部的張家莊。劉伯承和鄧小平一方面在根據地抵擋日軍猛烈的攻擊，另一方面要和消極抗日的國民黨盟友代表商討對策和戰術。日軍的進攻一直持續到七月，劉、鄧二人決定重新調整武力。由機動小隊支持主力部隊，「發展和延長游擊戰線」，旨在拖垮敵軍戰力，降低其攻擊力。鄧小平是官方任命的一二九師政委，「也負責指揮部隊作戰或行軍，總是忙於軍務」。一二九師在這個階段的抗日報告常提到，決策都是由劉伯承與鄧小平二人商討後共同擬定。在戰場上很難區分軍事與政治權責，鄧小平因此累積了寶貴經驗，爲他接下來的政治生涯提供額外助力。

一九三九年八月底，鄧小平奉命回延安參加政治局召開的大會。抗日期間，他兩次造訪延安，第一次是在一九三七年十二月，接下來便是一九三八年九月參與政治局會議。會中決議終止王明路線，提升毛澤東地位。一九四五年，鄧小平再度來到延安，參加第七屆一中全會。幾次延安之行提升了他在黨內的地位，他依然認同毛澤東的政治方針和思想領導，並接受黨的新任命。一九三九年八月，鄧小平待在延安時，與老友鄧發住在中央分配給領導階層的窯洞，兩人的友誼爲鄧小平的人生帶來重大改變。

卓琳

二十世紀的中國革命分子很難將個人生涯與政治區分開來，鄧小平自然也不例外。這時他已結過兩次婚，他和第一任妻子張錫瑗在莫斯科中山大學認識，後來在上海廣西路四川飯店舉行婚禮，共有三十多位賓客出席，包括周恩來、鄧穎超夫婦。婚後他們和周恩來夫婦住在一起半年，在鄧穎超的回憶中，這段時間充滿了說笑聲。一九三〇年一月，年輕漂亮的張錫瑗因病過世，鄧小平因奉命籌備廣西起義，連妻子的葬禮也沒能趕上。張錫瑗於一九六九年改葬至上海烈士陵園（現已更名爲龍華烈士陵園）。

鄧小平在江西蘇區娶了第二任妻子金維映，兩人在他的政治生涯陷入低潮時離婚。她在長征期間染病，一九三八年病逝於莫斯科。鄧小平將兩人的離異歸咎於政治鬥爭，依然不忘舊情。一九七二年十二月，鄧小平訪察舊時的山西根據地，他提醒當地人，金維映曾在此擔任縣委書記。鄧小平不會感情用事，但他沒有忘記兩位前妻，也沒有將她們當做政治生涯的絆腳石，他始終確保兩人的墳墓受到良好照料。

一九三九年秋，鄧小平待在延安，鄧發和其他人介紹他與卓琳認識，後來卓琳成了他的第三任妻子，並爲他生下五個孩子。兩人的婚姻延續到鄧小平過世，她成爲遺孀，直到二〇〇九年七月二十九日以高齡九十三歲逝世於北京。一九一六年四月，卓琳生於雲南西南的宣威縣，本名浦瓊英。她的家鄉盛產知名的宣威火腿，父親浦在廷是一位傑出商人，被譽爲「火腿大王」。家人非常支持她對學業的熱情，一九三二年，她考進北平第一女子中學，和當時許多中國學子一樣，加入愛國組織和抗日行列。一九三七年，日本發動全面侵華，她動身前往延安，進入陝北公學就讀，畢業後在學校圖書館工作。一九三八年，她加入中國共產黨並受訓，成爲敵後地下工作人員。爲了安全起見，她改名卓琳。

鄧小平爲了參加中共第七次全國代表大會，從太行山回到延安，但會議因故延遲（最後延到一九四五年四月），鄧小平決定回到前線繼續作戰。此時的他已恢復單身，包括中央黨校校長鄧發在內的幾位同志見狀，決定替他想想辦法。延安並不缺合適的女青年，畢竟此地是中共大本營，吸引了中國各地聰明熱血的學生前來發揚愛國情操，許多人都進入陝北公學和女子學院就讀。卓琳雖然年輕，卻是合適的人選，況且她已經從陝北公學畢業。她和鄧小平素昧平生，但早就耳聞他的大名，知道他是經驗豐富的紅軍老兵，也是傑出的前線幹部，不過，她並不清楚鄧小平眞正的職責。兩人對中國革命的奉獻精神，最後成了撮合他們在一起的推手。

一九三九年九月某個午後，毛澤東在延安的窯洞住處前擺了幾張桌子，中央委員會為兩對新人籌辦一場小型婚禮，一對是鄧小平與卓琳，另一對是孔原和許明。許多高層領導都到場祝賀，包括毛澤東與江青夫婦、張聞天與劉英夫婦、博古、劉少奇、李富春和蔡暢夫婦，以及中央祕書長王首道。鄧小平尊稱為「大哥」的周恩來，碰巧因墜馬受傷在蘇聯療養。婚禮沒有昂貴的宴席，但場面熱鬧，喜氣洋洋，賓客只有辣椒配飯，外加一點點雞肉。孔原喝得爛醉，被新婚妻子痛罵。鄧小平面對衆人祝賀，也是一杯接一杯地乾，看起來似乎完全不受影響。劉英雖然和鄧小平很熟，卻不明白他怎麼都不會醉。她丈夫張聞天便說，鄧小平喝的其實是同志們調包過的白開水，因為他們知道他酒量很差。鄧小平只是區區一個師政委，但中共領導階層幾乎全部到齊，只是人人身上都穿著處處補丁的八路軍土布制服。

慶祝的日子很快過去，幾天後二十三歲的卓琳陪同年長十二歲的丈夫前往太行山前線根據地。鄧小平很快全心投入工作中，卓琳大多時候待在辦公室，偶爾陪丈夫行軍，遇到日軍掃蕩時，她也會和鄧小平一起躲避。日軍從一九三九年十二月起持續進攻太行山，此時卓琳已經調任一二九師祕書處。兩人在太行山度過了艱苦的五年，期間生下三個孩子，但山區不是育兒的安全場所，她不得不將孩子們送回雲南老家。一九四五年，鄧小平的部隊轉進河北西南方的武安縣，卓琳直到這時才和孩子們重逢。為了彌補他們，她全心投入家庭。隨著抗日戰爭轉爲國共內戰，鄧小平負責的軍務和政務更爲繁重，全家人隨著部隊移動。他們從武安又去了附近的邯鄲，接著轉往洛陽和上海，最後回到鄧小平的故鄉四川，在重慶落腳。鄧小平的老家此時多了三個人：繼母、妹妹和弟弟。鄧小平的責任愈來愈重，卓琳則繼續專心教育子女並操持家務。一九五二年，鄧小平進入中央政府，全家跟著他搬到北京，在當地過了多年舒適安定的生活。鄧小平很少提起家庭生活，也不允許書報雜誌刊登任何相關報導，即使是把他和卓琳描繪爲模範夫妻也不行。這對他來說非常重要[9]。

「殺雞給猴看」：與國民黨發生「摩擦」（一九三九年）

中共在抗日戰爭中的主要敵人自然是日軍，但還要忙著應付眞眞假假的陰謀詭計，都是一些堅決反共的部隊指揮官所策劃，據說有些人甚至和日軍合作。中共把這種情形稱爲「前門打虎，後門拒狼」。共產黨的關鍵策略是爭取效忠國民黨的軍隊及獨立行動的民兵組織，只要他們願意投效中共，共產黨絕對張開雙臂歡迎；若是拒絕合作，共產黨也會毫不留情地對付他們。

一九三八年，蔣中正一方面呼籲共產黨收復失土，另一方面指示反共將領朱懷冰和鹿鍾麟等人，準備進攻中共根據地。一九三九年二月十日，中共中央發布一份文件，名爲〈關於淮北摩擦的指示〉，文中便提到國民黨這樁陰謀。所謂的「摩擦」其實是表面合作的國共暗地裡發生軍事衝突，往往傷亡慘重。鄧小平在對八路軍實施思想教育並端正風氣時，闡明了雙方之間的差異，他提醒幹部和軍隊，擺在眼前的是一場階級戰爭，而非愛國戰爭。他說，不能指望富有地主和貧困農民一樣全力抗日，防止地主向敵人投降是八路軍的主要任務。

山西軍閥閻錫山向國民黨靠攏，但未受其控制。一九三九年三月，閻錫山開始感到中共的群衆組織帶來威脅。動員群衆是中共在長征期間推動的基本策略，令國民黨深惡痛絕。對付共產黨根據地的活動日漸增加，到了一九三九年六月，張蔭梧率領國民軍攻打河北中部的八路軍，殺死四百多名軍官和士兵。張蔭梧的部隊隨後遭到共軍剿滅，這個策略被稱爲「槍打出頭鳥，殺雞給猴看」。將一小部分敵人殺得片甲不留，足以震懾其他敵軍。就算這不是鄧小平首創，也可以反映他的處事態度。

一九四〇年三月，兩支「頑固」的國民軍進攻中共根據地。鄧小平親自指揮，一改平日政委身分，再度以軍事指揮官之姿披掛上陣。一九四〇年三月五日至九日，鄧小平以自己的名義發布命令，部署各單位及攻擊位置。這自然是純粹的軍事行動，但他兼具政治敏銳度、才智與能力，懂得利用現有衝突打敗最「頑固」的軍事單位，無形中給了他人投降的機會，對這場戰爭的勝利貢獻卓著[10]。

百團大戰：對日戰爭的轉捩點（一九四〇年）

一九四〇年春，一一五師政委聶榮臻率軍抵達山西遼縣五通鎮的八路軍司令部，與一二九師交換意見並討論戰術。五通鎮是山腳下的小鎮，士兵在一小塊平地上養馬，軍官則以高山為背景，拍攝正式團體照。照片中，聶榮臻站在左邊，身旁是朱德、劉伯承和鄧小平，眾人身穿棉襖和大衣，不是交疊雙臂，就是雙手背在身後。他們集中火力，精心挑選反攻日軍的絕佳時機，在百團大戰中締造佳績。

一九四〇年三月反攻日軍後，一二九師與其他單位合併。七月中旬，八路軍副參謀長來到一二九師司令部，親口轉達彭德懷的戰術，打算破壞日軍在華北的交通要道。鄧小平和劉伯承熱烈表示支持。七月二十二日，八路軍總司令部下達預備作戰命令。在戰術會議中，劉伯承說明各單位的部署和任務，鄧小平則以政委身分精神喊話。

八月二十日晚間八時，百團大戰正式發動，一直持續到九月十日。擴編後的八路軍共有一百零五團，包括一九二師的四十七個團。全軍信心滿滿，在彭德懷的率領下展開反攻。八月三十日凌晨四點，一二九師開始與敵軍交戰，激烈戰況一直持續到中午。由於傷亡慘重，軍團司令以戰地電話請求司令部停戰。劉伯承命令他們繼續作戰，鄧小平接過話筒，敦促他們挺住，要他們為「大局」著想，切不可優先考量自身安危。在戰況達到空前激烈之際，劉伯承下令以手榴彈和石灰泥攻擊躲在山洞和散兵坑裡的日軍，打算將他們「悶死」；鄧小平則命人點燃灌木叢，打算把他們燻出來，或讓他們窒息而死。鄧小平是司令劉伯承的副手，必須效忠總司令部下達的指令，他也明白傷亡在所難免，對於戰場上的指揮官，這是痛苦卻必要的一種考量。一九四九年中共建國後，不管鄧小平在政治上遭遇何種危機，都沒有戰場上必須犧牲數千人命那般痛苦，這些磨練讓他在往後的生涯中展現堅忍不拔的毅力。

若論中共在對日抗戰中的唯一轉捩點，則非百團大戰莫屬。這場戰役持續了一九四〇年整個下半年，是中共武力最大的一次勝利。八路軍收復失土，摧毀日軍設施，切斷侵略者通往鐵路與煤礦的交通要道。但他們也蒙受慘痛代價，根據統計，八路軍傷亡人數約有一萬七千人，日軍傷亡則有兩萬五千八百人。

一九四一年四月二十八日，鄧小平在北方局《黨的生活》中發表文章，闡述這場戰役的重大意義：

百團大戰給了晉冀豫邊區各方面工作以極大的考驗，也給了一二九師以最大的考驗。百團大戰證明了晉冀豫邊區無論在軍事上、政治上以及黨和群眾工作上，都有了相當基礎，足使敵僞膽寒，足使全體軍民具有充分的信心走向抗戰勝利的道路。

百團大戰的勝利確實讓八路軍的信心和聲望大漲，同時消滅了國民黨對共產黨「只打游擊不正面迎戰」的批評。毛澤東在電報中對彭德懷表示，他聽到勝利消息時多麼高興，並詢問對方能否再度締造佳績。就連蔣中正也在九月十一日拍電報恭賀朱德和彭德懷。這次勝利既明確又公開，鄧小平也是功臣之一，政治地位大大提升[11]。

一九四〇至一九四五年，鄧小平的名字沒有出現在中共中央會議的紀錄中，他也不是參與決策的最高領導階層。或許是因爲他在太行山管理一二九師，地理上的阻隔讓他只能待在核心圈外圍。儘管如此，他在黨中央和軍中的地位依然緩慢而穩定地提升。

太行山根據地（一九四〇～一九四五年）

建立根據地是抗日行動的重要環節，除此之外，中共也決心設置全國性政府，不管國民黨是否參與。一九四〇年三月，鄧小平配合中央「抗日根據地的政權問題指示」，率先在太行山推行「三三制」。這是一套任命政府官員的準則，符合國共統一戰線合作精神。幹部概略區分為三大類：共產黨員、支持共產黨的「左派或改革分子」，以及沒有明顯與共產黨為敵的「中間或其他分子」，目的是打造一個聯合政府，既要盡量囊括黨外幹部在內，又要讓主權掌握在共產黨手中。八月一日，黨中央成立冀太聯辦，負責管理河北南部、太行山與太岳等地區。冀太聯辦後來成為晉冀豫根據地的行政與立法機構，宗旨是「建立民主政治與清廉政府」。鄧小平盡忠職守，全力奉行中央政策。一九四一年三月十六日舉行冀太聯辦會議，他在會中按照北方局的指示，在「三三制」基礎上建立臨時參議會。

鄧小平是忠心耿耿的軍人，在地方上落實中央政策與全面計畫。他在一九四一年四月十五日發行的《黨的生活》中發表文章，詳細交代工作情形。鄧小平將自己在太行山的工作視為建立民主政權。他必須不計代價地維護共產黨的領導地位，但也要在太行山堅持「民主精神」。他公開指責反對「三三制」的同志，說他們存著「一黨治國」的心態，還說國民黨的「邪惡傳承」荼毒了部分共產黨員，反對「三三制」的人就是典型的例子。在他看來，這種有害的反民主思想會「麻痺、腐化及損害」共產黨，使得黨遠離當地群眾。若想成功，最重要的就是建立黨與政府的正確關係。黨有責任領導政府，落實政策執行，但在國共合作的精神下，黨應該扮演監督角色，不應「獨占整個舞臺」或是頻繁干預，黨的權威不會自動被奉為無上圭臬。從一九四一年拍攝的一組照片，可以看出「三三制」的運作模式，畫面上有共產黨員及軍官，還有所謂的「民主人士」，這些擁護民主的人都是被中共說服後加入共黨政府。這可能是個深奧的議題，而且是一九三七至一九四五年國共第二次統一戰線時期特有的現象。然而，對於黨的權威和黨與政府及非共黨組織的關係，鄧小平的看法對他日後在政府中扮演的角色有著深遠影響。

一九四一年七月七日至八月十五日，一百三十三位代表出席晉冀豫邊區臨時參議會，會議在盛大的儀式中於山西遼縣（今左權縣）桐峪鎮展開。根據北方局指示，山東西部三十三個縣也納入本區管轄，並將原先的晉冀豫邊區改名為晉冀魯豫邊區。鄧小平成為臨時參議會成員，主席是楊秀峰，副主席是薄一波。一九八〇年代，薄一波成為鄧小平的貼身顧問「八大元老」之一，他也是二〇一二年失勢的重慶書記薄熙來之父。

會議召開期間，中共黨報《解放日報》刊登了〈敵後民主政治的偉大貢獻〉，頌揚根據地擴張與「新民主主義」政府問世。鄧小平此時已站上具有重要戰略地位的政治運動中心，並按中央指示統領晉冀魯豫邊區。

「精兵簡政」

雖然太行山與延安中央領導階層相隔遙遠，根據地並沒有如死水般停滯不前，畢竟這裡有許多黨、政、軍的「領導機關」，包括北方局的太行支部、邊區政府與臨時參議會、八路軍一二九師及前方總部，還有全面指揮華北作戰的北方局，由彭眞領導。爲了因應各組織需求的人力，自然要從太行山群衆中尋找人才。一九四一年，日軍除了軍事突襲，對共產黨也實施經濟封鎖。共產黨控制的區域漸漸縮小，當地人的負擔隨之加重，根據地面臨「魚大水少」的窘境，愈來愈難以維持。

中共面對此次危機，一方面加強生產，另一方面採用屢獲奇效的政治手段，落實「精兵簡政」，以期在戰火摧殘中達到鼓舞士氣、促進團結的功效。「精兵簡政」是舊口號，一九四二年一月再度打響，這當中一二九師扮演了重要角色。在一月七日召開的會議中，在軍方劉伯承與政治方鄧小平合作之下，兩人發布了相關指示，以連爲單位推行這項政策。鄧小平在演講中談到，務必減輕當地群衆的負擔，以免將來失去他們的支持。他也提醒幹部，情勢雖然艱困，至少比整個根據地落入日軍手中要強。一月十五日，「精兵簡政」的各項命令正式頒布，特別強調教育和訓練高階幹部的重要性。經驗豐富且符合資格的士兵被送去延安的中國人民抗日軍事政治大學（簡稱「抗大」）受訓，素養不足的人則進入中等軍事學校就讀。沒有前往延安的其餘幹部便留在各自的軍團接受訓練，鄧小平親自爲許多部隊講課。這是對軍事及政治嚴重危機的思想與哲學回應，黨中央認爲此舉大大鼓舞了士氣。毛澤東也對「精兵簡政」大表讚許，這對推行政策和鄧小平日後的發展都是一大助力。

毛澤東和整風運動（一九四二年）

毛澤東在延安最重視的其實是整風運動。當初各路社運分子和革命分子爲了躲避日軍侵略來到延安，整風運動就是要將他們整合起來。這群人裡不乏學生和年輕知識分子，他們充滿愛國情操，抱持改革社會的熱情，但對於毛澤東提倡的馬克思主義路線，他們不一定願意照走。一九四二年二月一日和二月八日，毛澤東分別發表兩次演講，批評黨派主義、教條主義和其他阻礙共產黨獲取長期成功的錯誤。毛澤東要求黨員行動及思想一致，不容許個人或派系差異，也不容許政策輪替。這種獨裁及專制的世界觀使得共產黨從此陷入鬥爭中，直到毛澤東一九七六年過世爲止。就在一九四二年發起的整風運動中，毛澤東幾乎沒有遇到任何反對，順利成爲中共最高領導人。整風運動從延安擴展到抗日根據地，再蔓延至國民黨統治地區當中的共黨組織。隨著情勢逐漸明朗，毛澤東確立領導地位，根據地的高階幹部紛紛表示支持。

一九四二年五月，延安的整風運動擴展至晉冀魯豫邊區，對軍隊更爲實用的「精兵簡政」相形失色。鄧小平召集邊區各主委，展開整風運動。一九四二年九月，鄧小平除了擔任一二九師政委，還被任命爲中央太行分局書記，提升了他在黨中央的政治地位。一九四三年一月，他在高階幹部會議中發表談話，支持毛澤東的整風運動。會後成立委員會和訓練與學習小組，在中共控制區內的每個縣市推動整風運動。從一九四三年至一九四六年，這些組織以各種不同形態進行推廣工作。六月五日，鄧小平認爲自己已落實毛澤東和中央的指示，邊區已在毛澤東新命令之下開展全新工作形態，從一九四六年直到一九四九年，整個內戰期間都是如此。沒有人知道鄧小平對於「精兵簡政」無疾而終作何感想，但此事無異於預告：將來他與劉少奇在一九五〇年代提倡的務實政策，將與毛澤東的政治話術互相鬥爭。

太行山的毛澤東手下

整風運動期間，鄧小平始終是堅定明白的毛澤東支持者，他讚揚毛澤東的「馬克思主義中國化」，以及毛澤東思想對中國革命的重要性。這段期間，「毛澤東思想」一詞蔚爲流行。這個詞彙可能是在一九四三年七月八日首度問世，當時王稼祥在《解放日報》刊登一篇文章，推崇毛澤東思想是「中國的馬克思主義、布爾什維克主義和共產主義」。鄧小平是第一位隨著王稼祥使用這個詞彙的中共領導階層，他確實看到了新風向，也倒向這位專斷的新領導人，但他早在江西蘇區就已支持毛澤東，而且也在毛澤東遭到排擠時一併被整肅，此時的挺毛並不算投機行爲。他在整風運動的演講中，已經被認爲是毛澤東在太行山的手下。

一九四三年十月，鄧小平從彭德懷手中接下北方局書記一職，對八路軍總司令部的政治工作發揮更大影響力。這些職位和地位上的升遷對鄧小平建立政治威望至關重大。隨著責任範圍擴大，他的眼界也變寬，一如早年在江西蘇區，他必須同時考量政治與實務需求，這一點反映在他撰寫的兩篇文章中。鄧小平一九七五年前的作品只有少數留存下來，包括這兩篇在內，分別發表於一九四三年二月二十日和七月二日的《解放日報》，名爲〈根據地建設和群衆運動〉及〈太行區的經濟建設〉。毛澤東和中共其他領導階層忙於發表理論和重大政策時，鄧小平關心的是根據地的民生需求，特別是中共迫切需要建立一種經濟架構，既能維繫自身生存，又不會拖累當地群衆。除了共產黨政策中早已沿用的減租減息政策，可以立即並直接減輕中共核心支持者貧下中農的負擔，其他相關政策包括開辦銀行、貨幣供應、課稅、貿易及其他經濟建設等等。最重要的是部隊支援糧食生產，九月二十一日，鄧小平對一二九師的連絡官說：如果沒有糧食，就算有了槍也沒用，軍隊不能完全仰賴農夫供應糧食，否則很有可能失去他們的支持。他制定一套獎勵辦法，對於積極支援糧食生產的部隊，除了給予「勞動英雄」的頭銜，也頒發數百元獎金。他徵得其他領導級同志的同意，向當地政府徵用稻田，每個單位協作兩畝，隔年若條件允許再支付租金，被派去種田的士兵則由經驗豐富的老農民傳授技巧。這個行動造就了「開墾土地的高潮」，因爲各單位搶著清理那兩畝地，準備在秋天進行開墾。一九四四年四月一日，八路軍總司令部下達正式命令，要求士兵展開經濟活動。鄧小平的一二九師是這次生產與自給自足行動的先鋒，不僅自產糧食，也製造重要武器，包括步槍、彈藥、手榴彈和迫擊砲。太岳軍區在一九四五年春季的生產行動中大獲成功，毛澤東收到捷報後，於四月十二日拍了一封電報，表揚鄧小平推行的政策[12]。

第六章　內戰與新中國（一九四五～一九四九）

人家說我是毛派。本來沒有那回事，沒有什麼毛派[1]。

一九四五年八月十五日，日本無條件投降，結束二次大戰太平洋地區的戰事，中共的抗日戰爭也劃下句點。對中共來說，勝利是八年抗戰的最高潮，也證明他們的愛國情操，儘管日本投降是因爲美國於八月六日和九日對廣島與長崎投下原子彈。即使是中共領導階層也無法聲稱共產黨是勝利的最大功臣，不過他們一直堅稱自己拖延了日軍進攻，並且批評國民黨只會在重慶坐等美國戰勝。一直以來，國民黨忽視共產黨的抗日行動，但毫無疑問，中共確實在西北牽制住大量日軍，也在這場戰爭中贏得更多威望和支持。共產黨在鄉下獲得的支持比城市多，他們決定利用這一點打敗國民黨。

提到當代中國政局，有個約定俗成的說法：國共這場底定大局的內戰始於一九四六年五月，終於一九四九年毛澤東在紫禁城天安門宣布成立中華人民共和國。事實上，這場戰爭和從中衍生的軍事行動，在一九四九年後仍然持續多年。反共行動至今不輟，尤其是在邊疆地區，姑且不論西藏與新疆，至少在一九五三年前，許多地區仍然不歸北京管轄。新政府致力於消滅反對勢力，國家政策便以軍事和安全考量爲主。一九五〇年六月韓戰爆發，提升了軍事對政策的影響力，也使得愛國情操高漲，解放軍和中共的威望因而有了顯著提升。中共一方面要應戰國內外的敵人，另一方面試圖打造國家組織，以便進行統治。一九五〇年代早期，中國政治界的最大特色是兩方爭執不下，一方是盼望保留戰時革命精神的老兵，另一方是爲了統領新民主國家尋求更多支持的政治家。二次大戰後的新中國沒有可供依循的民主傳統，而軍人又是建立新中國的一大功臣，其地位與影響力不容小覷。在這樣的情況下，不難理解戰功彪炳又政治關係良好的高階將領爲何紛紛入主政治界，成爲黨內和政府的高階幹部。鄧小平既是經驗豐富的軍事政治家，和毛澤東及黨內領導階層又關係密切，在新政權中尤其受到重視。

第七次全國代表大會（一九四五年四月至六月）

一九四五年四月二十三日，中共在延安召開第七次全國代表大會，這是中共在取得政權前最後一次的全國大會，也是毛澤東成爲黨的最高領導後首次召開的大會。共有七百五十五人代表全國一百二十一萬黨員出席這次會議。毛澤東主持會議時發表長篇政治報告〈論聯合政府〉，儘管當時黨內對於兩黨間的關係不感興趣，而且全面內戰很有可能爆發。領導階層認爲，共產黨已經壯大，應該尋找眞正的盟友。會中還有幾位主要發言人，朱德講解了軍事概況；劉少奇則提出修訂版黨綱，並獲得正式採納；周恩來談到國共統一戰線的敏感問題。鄧小平接到毛澤東要他赴會的急電，這才緊急動身，因此來得較晚。他還不夠資格發表談話，但獲選為新中央委員會委員。雖然他沒有入主位高權重的政治局或書記處，但對他來說，這是非常重要的一步，這是他第一次擔任中央委員會委員，代表他拿到了中共高層的入場券。由於毛澤東欣賞他的忠誠和全方位才能，成為他此次獲選的幕後推手。

與國民黨作戰

中共一方面慶祝抗戰勝利，一方面深知中國和平仍遙遙無期。一九四五年八月二十八日和十月十一日，國共雙方代表睽違八年後，再度於國民黨臨時首都重慶召開協商會議，旨在討論一個雙邊都能接受的安排。八年抗戰期間，國共兩黨從未停止軍事衝突，如今戰事再度爆發。一九四五年八月十六日，據說前山西軍閥閻錫山的部隊奉蔣中正密令，攻打中共晉冀魯豫邊區設於上黨的戰略通訊中心。蔣中正的權力根據地在西南方的重慶，若要重建國民政府，勢必得從共產黨手中奪回西北。然而，中共認為西北是他們從日軍手中收復的，理應歸他們所有。上黨是中國北方門戶，這場戰事自九月十日至十月十二日，這段時間毛澤東和其他中共領導都在和蔣中正談判。

既然國民黨需要拿下上黨，共產黨勢必反抗到底。一九四五年八月二十日，中共中央設立新的晉冀魯豫中央局，鄧小平擔任書記，薄一波為副書記，劉伯承擔任新的晉冀魯豫軍區司令，鄧小平和薄一波分別兼任軍區政委與副政委。鄧小平是指揮這場重要戰役的不二人選。

八月二十五日，包括鄧小平、薄一波和劉伯承在內，一群中共代表在延安搭機，飛回太行山。他們乘坐的可能是道格拉斯C-47空中列車（英國皇家空軍運輸機）。一九四四年七月二十二日至一九四七年三月十一日，俗稱「迪克西使團」的美軍觀察組駐紮延安，這架運輸機負責延安至西安的接送事宜。當時美國人正在和中共談判，但暗地裡支持國民黨，鄧小平和同志說服美軍讓他們搭機，沒有人知道美軍究竟明不明白這群乘客的眞實身分及目的。歷經四小時航程，運輸機降落在太行山深處的臨時機場，這群搭「便車」的共產黨員隨即趕往前線軍事基地，此時戰事已經如火如荼展開。王樹增曾出版論國共內戰的重要著作，他在書中諷刺美軍搭載二十一位中共最高層領導，助他們及時趕到太行山前線，對抗美國的盟友國民黨。

一九四五年八月二十六日，中共中央軍事委員會命令太行山部隊奪回被閻錫山控制的上黨。八月二十九日，劉伯承和鄧小平拍了一封電報，向中央軍委詳細回報作戰計畫，他們打算以兩萬八千兵力對抗閻錫山的一萬六千人。中央軍委正式批准此方案，立刻調派兵力，另外也在平漢鐵路進行部署。中共的部隊規模比較小，裝備欠佳，彈藥不足。他們的制服樣式混雜，有些只能做平民打扮，還有人頭戴山西牧羊人的白頭巾，沒有戴鋼盔。這場戰役採傳統打法，與游擊戰不同。戰事歷時一個多月，劉伯承與鄧小平齊心合作，迅速改變戰術。國民黨以強勢武力猛攻，但對共產黨沒有造成太大傷亡。共產黨逐漸收復失土，也奪下大批武器和彈藥。

儘管雙方持續開打，毛澤東和周恩來仍在重慶與蔣中正協商，這次勝利爲他們爭取更有利的談判條件。毛澤東在紅岩村進行談判，此地現隸屬重慶沙坪壩，當時曾發生國民黨屠殺共產黨事件。他聽說上黨的將士們很擔心自己的安危，便去信鼓勵他們，確保他人身安全的最佳方式就是打贏國民黨。這次談判就在雙邊簽署十二點「雙十協定」後落幕，時間恰巧是一九四五年十月十日，也就是一九一一年辛亥革命紀念日，當年的勝利讓國共雙方合法站上政治舞臺。按「雙十協定」內容，雙邊將召開政治協商會議，並且致力於和平建國，但兩黨無法消弭分歧，誰也不想與對方共享權力。中國的未來無法在重慶的談判桌上決定，只能在戰場上一分高下。

一九四五年十月十七日，鄧小平收到毛澤東的電報，除了表揚他在上黨勝戰中扮演的重要角色，也鼓勵他在平漢鐵路戰役上再次獲勝。最後中共果眞在平漢鐵路一役中大獲全勝。屢次獲勝爲鄧小平累積不少聲望，儘管他的決策都是和劉伯承共同制定的。在中國的文獻記載中，劉伯承和鄧小平共同決策，兩人統領的部隊被稱爲劉鄧大軍，幾乎是早年朱德和毛澤東在紅軍的翻版，當時兩人關係密切，偶爾還會因爲「朱毛」這個稱呼，而被誤認爲是一個人。

一九四六年底，中外政治人物都致力於推動中國簽署和平協議，其中以馬歇爾將軍最爲著名，他是美國總統杜魯門派到中國的特使。馬歇爾的調停任務失敗後，中共軍隊再度展開攻擊。一九四七年一月，毛澤東致電劉伯承和鄧小平，命令他們進攻戰略地位重要的隴海鐵路沿線地區。一九四七年三月，國民黨攻下延安，此地自長征後一直是中共的首都，對國民黨來說，這是一次空前勝利。

進入大別山（一九四七年）

劉伯承與鄧小平的部隊現在改名爲晉冀魯豫野戰軍，對國民黨的黃河沿岸防線發動攻擊，並奉中央命令向南推進，在黃河南岸的大別山區建立新根據地。這次行動雖然危險，但既可擴展中共的影響力，又能減輕西北部隊的負擔。他們一定要控制住山東東阿與河南開封之間的黃河沿岸地區，以便做好跨河挺進中原的準備。眼看對岸有大批國民軍虎視眈眈，渡河時又遇上天氣劇變，在暴風雨肆虐下滿地泥濘，國民軍占盡了天時地利之便。共軍決定於六月三十日晚間過河，當時天色全黑，沒有一絲月光，部隊只能在「伸手不見五指」的情形下摸黑前進。一支先遣部隊首先游到對岸，由於風雨交加、巨浪拍岸，國民軍起初沒有聽見敵人接近的聲響，等到發現爲時已晚。先遣部隊遇到一小波攻擊，但仍迅速爲全軍做好上岸的準備，接著其他共軍便坐上事先藏在蘆葦叢中的木舟[2]。

十二萬共軍渡河後，上級指示他們在大別山建立根據地，此地位於湖北、河南與安徽三省交界，戰略地位重要。這次調動包括再次跨過黃河，回到北岸。從當時的照片來看，此處已有可供通行的橋梁，但一些部隊仍須搭船或從淺灘涉水而過。大別山根據地成功建立，但共軍也損失慘重。一九四七年十一月初，司令部和一些單位搬去高原間一塊肥沃的平地。行軍途中，鄧小平發現中共控制的城鎮和鄉村情勢穩定，土地改革計畫依然持續推行。十一月十一日和十二日，他們在太湖縣建立根據地，鄧小平向同志們提出書面報告，表示現在最重要的任務依序是土地改革、作戰、建立自己的武力、記取教訓以及改善工作方式。鄧小平與貧農會面，除了說明共產黨的土地改革政策，順帶了解農民的生活情形。部隊在大別山沒有停留太久，但鄧小平持續訪查，所到之處都會詳加記錄，他特別注意共產黨控制的區域和軍事根據地。這些短篇紀錄後來整理為正式報告，交給毛澤東過目。他們試圖跨越黃河時遇上國民軍，劉伯承正值眼疾嚴重發作，帶領全軍過河的責任就落在鄧小平的肩上。他設法找到敵軍防線較弱的地方，接著率軍過橋。

長達兩個月的戰鬥後，劉鄧大軍（後來改名為第二野戰軍）抵達湖北省黃安縣七里坪，與李先念和王宏坤的部隊會合。他們設立聯合司令部，以便收聽新華社的電臺。這些廣播節目從新華社在太行山新設的發射臺播出，確保偏遠地區的幹部都能收到中央公報與命令。最新發布的是毛澤東的演講〈目前的形式和我們的任務〉。

當地幹部不認識鄧小平，剛開始和他談話時語多保留，但他堅持坦白及公開討論實際問題。此時軍糧短缺極為嚴重，尤其是在大雪封山的冬季。鄧小平起草徵收糧食命令，當部隊資金不足時，就和農民簽下借據，先徵收糧食，有錢時還清；如果屋主不在，就先把糧食運走，以後再還。這樣做既不符合黨的規範，也不是共軍該有的行為，但情況緊急，士兵都在挨餓，國民軍又已包圍大別山，務實派鄧小平好不容易找到一個解決燃眉之急的辦法。四十年後，回顧大別山之役，鄧小平坦承他們並未按預定計畫重創敵軍，但山區環境艱困，部隊已盡力而為[3]。

對十縱官兵精神講話（一九四八年）

一九四七年除夕夜，鄧小平和同志圍坐在山中要塞的營火周邊，一邊烤火取暖，一邊吃烤麥餅和紅棗。鄧小平說：「這頓年夜飯還不錯。」對鄧小平和共產黨來說，一九四八是決定性的一年。基於軍事考量，劉伯承和鄧小平必須分頭行動，劉伯承率領主力部隊與華東野戰軍會合，鄧小平則留在大別山，與剩下的晉冀魯豫野戰軍一同守護根據地。

共產黨早期革命志士鄧小平此時已成爲軍中傳奇人物，一九四八年春，他從司令部前往第十軍團（又稱十縱）演講，消息傳至十縱，官兵們歡聲雷動。十縱原屬華東野戰軍西兵團，一九四七年六月三十日奉命掩護劉鄧大軍進入大別山，後來併入劉鄧大軍。十縱嘗試在一個貧窮地區建立中共新根據地，此地布滿國民黨特務，而且仍然被國民黨殘餘勢力把持。部隊抵達當地後，儘管軍糧比當地人的存糧稍多，他們依然向百姓徵糧，並將許多用品充公，甚至逼迫當地人爲他們工作。此舉完全違反中央規範及八路軍的精神，後被批爲「左派」運作模式。

一九四八年四月四日，鄧小平視察十縱，他花了點時間研究部隊的問題。司令宋時輪在會議中介紹他：「這位是晉冀魯豫野戰軍政委鄧小平，他到我們隊上已有好些日子了，今天他想和大家見面。」在座紛紛鼓掌。鄧小平代表劉伯承，歡迎他們加入中原戰場。官兵聽見他的四川口音，想起華東野戰軍司令陳毅，大家不禁高興起來。鄧小平接著說道：「在過去的九個月，我們有了極佳的收穫，在大別山也有長足的進步。」對於他們牽制住蔣中正南邊前線的過半武力，促使中共在其他戰區獲勝，他表示認可。接下來，他要求官兵不要只想到自身的困境，要多替別人著想，像眞正的英雄一樣。在十縱占領的某些地區，土地改革已經有些成效，但整體來看，群衆沒有全部動員，他們也不了解共產黨的訴求。有些方法適合發展得更好的根據地，但不適合用在這裡。鄧小平的口氣相當溫和，用詞坦率直接。當他終於說到「強徵糧食與物資」，全場無不屛息聆聽。儘管他沒有直接批評，但還是明確指出，他們不應該強徵當地人的物資和金錢，因爲這樣可能造成富農和商人遠離共產黨，進而利用共產黨及共軍的缺失煽動群衆的敵對意識。軍需固然重要，糧食、衣物和用品理當設法獲取，但也要考量本地商人和製造商的需求。鄧小平明白闡述自己的觀點，而不是大加訓斥，他的說話方式令高階軍官大爲感動，大家決議遵照他的指示。

鄧小平在兩篇文章中陳述他對新根據地問題的看法，一篇是向聯合軍事委員會提交的報告，標題爲〈躍進中原的勝利形勢與今後的政策策略〉。報告中除了當時不可或缺的「頌揚毛澤東領導」，鄧小平也談到，儘管許多問題可以歸咎於戰爭，但解放軍將領違背政策的錯誤行爲也該予以譴責。他在文中重申對部隊談話的要點：必須公正並恰當地對待家境較寬裕的農人和商人。他指出，私營工商業是「新民主經濟的必要成分」，共產黨應該協助他們發展。第二篇是〈關於今後進入新區的幾點意見〉，這是應中央要求所作的系列報告的一部分，副本一併交給毛澤東。開頭首先談到進入新區所需的準備工作，接下來鄧小平轉向經濟議題。他表示，供應部隊所需是「在新區首先接觸的最大最重要的政策問題」，目前徵用軍需的手段引發混亂，因此他提議採用新方法，讓部隊攜帶銀元，「每月給每人兩元，爲期半年，購買主食以外的食品，還有菸葉與草鞋」；「發行軍用紙鈔」，儘管匯率和接受度可能會有問題；在共軍駐紮的城鎭徵稅；運用傳統的保甲制徵借糧食；將敵軍身上繳獲的糧食和金錢全部充公，以供全體運用。這套複雜的半官方經濟制度須由野戰軍的行政委員會負責執行。

身爲政委的鄧小平必要時也會代理師指揮官，部隊的所有決策他都要參與。他一心掛念每天如何讓部隊吃飽又不會因此得罪當地人。他根據實際情況評估並解決經濟問題，而不是以意識形態爲原則，不過他還是會以一九四〇年代中國馬克思主義那套話術來表達自己的意見。三十年後毛澤東去世，鄧小平能排除萬難，發展市場經濟，也就不足爲奇了[4]。

政治局在西柏坡召開九月會議（一九四八年）

國共內戰邁入第三年，根據中共統計，國民黨折損兵力兩百六十四萬一千四百人，前線武力已大爲減弱。此時中國面臨政治和經濟上的重大災難。一九四八年八月，蔣中正在南京召開緊急會議，全力尋求解決之道。中共也由政治局召開黨內擴大會議，稱爲九月會議，自九月八日至十三日於臨時首都西柏坡舉行。會中政治局審查一九四七年七月訂定的軍事計畫，同意對所有軍事單位加強控管，部隊如無請示不可擅自行動，每次行動結束都要提交報告。此次決議無異於將所有權力集中在中央委員會與政治局手中，並強化毛澤東對黨和軍隊的控制。毛澤東先前便召集中央委員會書記處成員，於八月二十八日至九月七日進行會議與文件籌備工作。

中央下令鄧小平前往臨時首都開會，此時他正和部隊駐紮在河南省寶豐縣的小村莊。

一九四八年七月二十五日淩晨，鄧小平和劉伯承促膝長談，接著便搭上從國民黨繳獲的美軍吉普車，出發前往西柏坡。此次共有兩輛軍車同行，分別搭載前往臨時首都開會的人。從河南寶豐到河北西柏坡有一千多里，不僅路況差，還要冒著被敵機轟炸的危險，路途相當艱困。鄧小平一路上利用所有機會與黨內幹部和軍官接觸，了解他們的情況。他沒有帶祕書或參謀，因此商請同行的張友年幫忙記錄。原本就不好的路況在抗日戰爭中遭到日軍破壞，現在變得寸步難行，他們爲了躲避空襲，往往只能摸黑上路。鄧小平擔心自己來不及趕到會場，便要駕駛加快速度，把其他人遠遠拋下。

毛澤東抵達西柏坡後，將中央委員會與中央工作委員會合併，黨務則交由書記處負責。書記處設置「五大書記」，分別是毛澤東、劉少奇、朱德、周恩來和任弼時。他們因戰事而分隔一年多，如今在西柏坡重聚。中央書記處自此成爲黨內權力最大的體系，直到一九五六年，第八次全國代表大會上成立政治局常務委員會爲止。任弼時於一九五〇年病逝，享年四十六歲，其餘四人皆爲中華人民共和國建國初期的權力核心人物。西柏坡是中共的臨時首都，也是中央於內戰結束入主北平（今北京）前的「最後農村指揮所」。

鄧小平終於抵達西柏坡，以中原局書記身分出席九月會議，受到熱烈歡迎，許多同志在他一九四五年離開延安後就沒再見過他。毛澤東緊緊抓著他的手，再三詢問近況，後來注意到他消瘦的臉，不由得感嘆他都快變成鄧小猴了[5]。從政治層面來看，鄧小平這趟就和回家一樣，除了會見五大書記，也和高階將領碰面，包括徐向前、聶榮臻和薄一波。由於西柏坡可供住宿的地方很少，鄧小平便和葉劍英一家人同住。九月會議正式召開前，鄧小平對毛澤東報告中原「解放區」的情形。毛澤東希望了解詳情，鄧小平便找了個安靜的角落，準備一份正式書面報告，總結這段期間的經驗。一九四八年九月五日，周恩來召開籌備會議，會中除了討論軍務，鄧小平也發表談話。政治局有七名正式委員，包括毛澤東、劉少奇、朱德、周恩來、任弼時、董必武和彭眞，鄧小平並未名列其中，但他是十四名候補委員之一。鄧小平認為有必要定期拍電報回部隊，除了傳達政治局會議的新進展和指示，也要盡到宣揚毛澤東談話和思想的義務[6]。

淮海戰役（一九四八～一九四九年）

（譯注：兩岸對此次戰役的稱呼不同，中共稱為淮海戰役，國民黨稱為徐蚌會戰，本書作者採用中共的稱呼）

共軍打過三次勝仗，淮海戰役是其中之一（另外兩次是遼瀋戰役和平津戰役）。解放軍透過三次勝利大幅擴張，信心滿滿，和國民黨的最後內戰勢在必得。中共中央下令設置總前委，協調淮海戰役部署事宜，目的是搶下國民黨在中原的控制權。這場戰事自一九四八年十一月九日爆發，歷時六十六天，於一九四九年一月結束。鄧小平和劉伯承同為總前委常務委員，兩人再次聯手，並與作戰經驗豐富的華東野戰軍司令陳毅共同合作。鄧小平除了被任命為總前委委員及常務委員，必須每日監督戰事，同時也是總前委書記，負責和中央連絡。此外，他也率領中原野戰軍的一個單位，打算破壞徐州到蚌埠的鐵路。雖然這次由陳毅擔任司令，鄧小平似乎仍按慣例單獨下達某些軍令。老戰友劉伯承指揮另一個單位，負責拖住國民黨的西南方攻勢。一九四八年十二月，國民黨指揮官黃維的兵團遭到包圍。中共中央在此次小勝後召開總前委會議，討論後續事宜。他們打算讓共軍繼續向南挺進，渡過具有重大意義的長江。一九四九年一月三十一日，解放軍進入北平，這場由鄧小平主事的戰役宣告結束[7]。

一九四九年三月的西柏坡會議

中共遭遇國民黨將領胡宗南率軍持續攻打，於一九四七年三月撤離首都延安。一九四九年一月底，解放軍進入北平（國民政府時期對北京的稱呼），中共中央遲至三月二十五日才跟進。國共內戰期間，隨著形勢消長，中共中央也到處遷移，直至一九四七年夏，在北平西南方石家莊附近的西柏坡成立臨時首都，這才安定下來。一九四五年，鄧小平獲選為中央委員會委員，後來出席一九四九年三月五日至十三日在西柏坡召開的二中全會。此次會議在勝利前夕舉行，決議將工作重心由農村轉向城市。正式決議底定後，中央為了討論人事分配問題，又召開一次特別會議，以便決定管理新解放區的人選。鄧小平為華東解放區列了一份候選名單。華東解放區將由新成立的華東局管轄，包括劉伯承、陳毅與擔任第一書記的鄧小平在內，共有十七位成員。華東局管轄包括上海及南京在內的諸多主要城市，屬於權力核心機構。

既有的野戰軍以番號重新編組，劉鄧中原野戰軍被編為第二野戰軍。先前指揮淮海戰役的總前委現負責渡江計畫，並控制華南，鄧小平繼續擔任總前委書記。毛澤東要鄧小平親自率軍渡江，這次戰役於一九四九年四月二十日開打。長江是大型天然屏障，成爲蔣中正抵禦中共的最後有效防線，但在鄧小平第二野戰軍主攻加上第三（華東）野戰軍的助攻下，兩軍以數千艘木船成功渡江，突破了國民黨長江防線。四月二十三日，蔣中正戰前的首都南京陷落。鄧小平後來曾對女兒說，他和陳毅當時進入蔣中正官邸，還在「他的寶座上坐一坐」。五月二十七日，中共攻下上海，這座大型通商口岸瀰漫著西方覬覦中國商業與政治利益的濃厚氛圍，鄧小平一家也曾在此住過一段時間。

上海淪陷後，毛澤東指示華東局書記鄧小平與上海市長陳毅向住在上海的宋慶齡致意。宋慶齡是孫中山的遺孀，雖然不是共產黨員，但她已和蔣中正及挺蔣的家人決裂，中共認爲她是眞正的革命志士和親共派。更重要的是，中共想要獲取孫中山遺留的基業，而她正是孫中山的代表。即使內戰仍未停止，拉攏宋慶齡依然是中共重建政治的要務之一。中共在這個階段的目標是建立新民主制度，所謂的「新民主」是指包羅萬象的政府組織，除了共產黨，也會納入其他黨派和黨外人士。一九四九年一月十九日，毛澤東與周恩來致電宋慶齡，邀請她參加建立新政府的籌備會議；她原本以健康爲由婉拒，後來又去電表示她支持共黨的領導。除了鄧小平和陳毅前去探望她，毛澤東也在她的住處部署一隊衛兵，沒有人知道究竟是爲了保障她的安全，抑或是要確保她繼續支持共產黨。有一位被認爲是「愛國志士」的當地婦女爲雙方牽線，鄧小平和陳毅便帶著幾位在上海從事地下工作多年的同志一同登門拜訪。他們發現宋慶齡生活拮据，立刻派人爲她送去一百萬元人民票（也就是人民幣）。人民幣於一九四九年六月正式問世，宋慶齡收到這麼大一筆錢，反應了當時中國的通貨膨脹多麼嚴重，這個問題直到一九五五年才解決。中央下令保留孫中山故居作爲紀念，並由政府供應宋慶齡生活所需。毛澤東與周恩來派鄧穎超（周恩來的妻子，中央委員會候補委員）帶著他們的親筆信前去探視宋慶齡，信中邀請她出席即將在北平舉行的重建政治多黨會談。一九四九年六月二十五日，鄧穎超帶著信抵達上海，宋慶齡讀完後表示同意。毛澤東相當高興，誇讚鄧穎超、陳毅和鄧小平達成此次敏感而重大的政治任務。

陳毅和鄧小平既是四川同鄉，也曾一同留學法國，兩人不僅培養深厚情誼，雙方家人也經常往來。儘管革命行動與戰事如風起雲湧，兩家人依然享受了一點天倫之樂。上海落入中共的掌控後，鄧陳兩家拍過一組照片，畫面上的兩個男人伴著妻子和兒女，顯得輕鬆快活。

一九四九年九月，鄧小平與卓琳抵達再度成爲中國首都的北京，這是兩人首次造訪當地。此時的鄧小平大病初癒，對一個在艱困環境下永遠強健的人來說，生病是件相當不尋常的事。他來北京參加九月二十一日在中南海懷仁堂召開的中國人民政治協商會議。中南海曾是清朝宮廷和御花園所在地，某些皇家成員曾居住於此，慈禧太后便是其一，還有中華民國第一任大總統（後來稱帝）袁世凱。中南海位於故宮以西，又稱爲紫禁城，中共建國後，共產黨總部和中央政府都設置於此，鄧小平日後也會在此生活並工作。一九四九年十月一日，毛澤東站在故宮南邊的天安門城樓上，宣布中華人民共和國成立，鄧小平也在現場，兩人多年來的目標此刻終於實現[8]。

第七章　解放四川與入主重慶（一九四九～一九五二）

我們進軍西南，一開始就下定決心，要把西南建設好，而建設西南首先要從交通建設抓起[1]。

在西南地區我要把人口中的大多數發動起來，提高我們部隊六十萬幹部戰士的質量[2]。

不管是在北京或局勢尚未穩定的上海，鄧小平都沒有機會休息；為了讓全中國納入中共管轄，還有很多工作尚待完成。中央調遣各野戰軍投入多場戰役，第二野戰軍回歸劉伯承司令和鄧小平政委的麾下，準備向西南的貴州和鄧、劉二人的家鄉四川進軍。陳毅不再與他們共事，改率領第三野戰軍，打算拿下福建和沿海省分。鄧小平不再管理華東局，改任新成立的西南局第一書記，劉伯承和賀龍從旁協助。鄧小平（幾乎）回到了家鄉，但眼前的任務異常艱困，他抽不出空回家。一來他必須將西南收歸中共管轄，二來他還要監督地方上的經濟和交通重建工作。

一九四九年五月二十三日，中央委員會和中央軍事委員會決定派遣劉鄧第二野戰軍的第三、四、五軍團，以及第一野戰軍的第十八軍團前往西南。六月二日，中央透過電報下達命令，內容只有寥寥幾字：「鄧小平——準備入川」。於是鄧小平按照慣例找劉伯承長談。七月十六日，中央軍委的詳細命令送達，兩天後向部隊正式公告，但他們直到數月後才開拔，向西南進軍。

鄧小平擔心手下可用的幹部不夠。自從中共在內戰中不斷擴大新「解放區」，人員調度始終都是大問題。一九四九年六月十一日，中央組織部決定從華北局、華中局、西北局和山東分局調撥三萬零八百名幹部，原先被派去第二野戰軍的幹部，現在改調西南，儘管中央全力支援，鄧小平的部隊依然缺少一萬名幹部。除了人數不足，素質落差也是鄧小平在意的問題，即使是在中共掌控的區域內，仍有大量幹部教育程度偏低或者根本就是文盲，另外還有一些人不適任。

西南服務團

爲了解決問題，鄧小平想出一個大膽又有創意的方案，亦即設立西南服務團。第二野戰軍前委於南京召開會議時，他提議從各大學和高中招募「富進取心和才幹」的學生，再從民間招募合格的技術人員。據他分析，中共目前掌控的區域中有南京、上海、蘇州、無錫和杭州等高度發展又有文化的城市，若從既有「解放區」挑選有經驗的老幹部搭配新人，就有足夠的人力掌控西南。宋任窮在一二九師時擔任政委鄧小平的副手，後來出任南京軍管會主任，此次西南服務團的籌備事項便由他一手包辦。地方上多所學校和大學提報數千乃至數萬志願者名單，包括學生、受過教育的青年、教師、工程師和各領域專業人士，最後篩選出一萬多名有能力又有向心力的合格者。中央也同意鄧小平的提議，讓他從「解放區」再挑六千名老幹部加入西南服務團，這批人都是警界、新聞傳播界、郵政電信界與財務界的專業人士。鄧小平有十足信心領導他們，也有足夠的影響力獲取所需。忙亂的籌備工作告一段落後，西南服務團第一批工作人員於一九四九年六月十二日在上海集結，第二批則是六月二十五日，第三批於七月十二日在無錫集結。

鄧小平除了擔心這個未受檢驗的新生組織欠缺實力，也認爲他們迫切需要爲將來的任務打好思想基礎。他在八月和九月整理出一份文件，羅列各人的職責和黨對他們的期許。服務團延遲前往西南的時間，除了因爲準備與訓練工作持續數週，另外中央也擔心支持蔣中正的美國會持續干預共產黨接管全中國，若在此時堅持鞏固西南局勢，沿海省分恐怕會面臨兵力不足的問題，這也是他們考量的重點。最後，在一次「小型長征」後，西南服務團多個單位於一九四九年十一月二十日至一九五〇年二月二十日間，陸續抵達貴陽、重慶、昆明及西南地區其他城市。

一九四九年十月二十日，第二野戰軍從南京開拔，朝西南進軍，攻打國民黨胡宗南將軍的殘餘勢力。十一月二十六日，他們朝重慶進軍，這裡是西南地區最大的城市，也是蔣中正在抗日期間的臨時首都。毛澤東指示鄧小平暫緩行動，等到蔣中正十一月二十九日撤離，隔天陳錫聯的第三軍團隨即解放重慶。十二月三日，第二野戰軍便在重慶建立司令部，中共西南局則於十二月八日開始運作。儘管毛澤東已在北京宣布成立中華人民共和國，卻是鄧小平親眼目睹蔣中正的殘餘勢力退出中國。

一九四九年十二月底，國民黨在四川的所有兵力不是被掃除就是主動投降，第二野戰軍在西南戰役中獲勝，這場仗被稱爲「拿下大陸的最後一戰」。鄧小平儘管已躋身中共最高層，但在內戰結束前，他一直是軍事上的要角。鄧小平和劉伯承對戰敗的國民黨發出四點「忠告」，要這群軍事和政治官員有所體認，眼前最好的辦法就是與共產黨攜手合作，在和平的局面中重建重慶。一九四九年十二月底，國民黨在西南地區的殘餘勢力或投降或戰敗，重慶和周邊地區正式納入中共管轄[3]。

剿「匪」與徵糧

鄧小平身爲西南局第一書記，首要之務便是「剿匪」與徵糧。這片地區人口稠密又山勢綿延，向來貧窮落後、交通不便，而且各族之間關係錯綜複雜，共產黨必須和國民黨留下的官員、教師及公務員一同工作。最大的問題是如何塡飽兩百萬人（六十萬共產黨員、九十萬投向共產黨的國民黨員，以及五十萬國民政府留下的行政管理人員）的肚子。鄧小平的解決之道是徵糧與剿「匪」並行。第二野戰軍的戰鬥部隊很快就被編爲工作隊，以便執行這項政策。鄧小平根據多年經驗，深知軍事控制還不夠，部隊必須有自給自足的能力。

「剿匪」自然是必要的，國民黨還有尙未投降的殘餘部隊，再加上當地土匪，這些亡命之徒也要吃飯，因此往往趁中共的工作隊徵糧時發動攻擊。一九五〇年二月底，估計整個四川的徵糧只完成了十分之一。

一九五〇年二月至三月，鄧小平奔走雲南、貴州、四川和西康（西藏的康區，後來併入四川）各地，主持徵糧工作會議。兩位四川南部來的幹部對中央的徵糧政策頗有微詞，他們認為當局並不清楚哪邊的糧食短缺，哪邊又生產過剩，而且做法過於嚴苛。鄧小平不認同他們的論調，甚至罕見地疾言厲色，公開予以批評。當晚他請兩人吃飯，為白天說的重話道歉，也承認確實有許多人提出相同看法。然而，他依然堅持，鑑於危機已迫在眉睫，若採取溫和手段，恐怕餵不飽所有人。對方據理力爭，提出具有優點的建議，儘管鄧小平沒有採納，但他的安撫工作做得很好，部屬並沒有因為遭到拒絕而寒了心。鄧小平在現有軍事單位中加入十五軍，讓批評者認為自己的意見受到重視，同時不准任何人再為徵不到糧找藉口。到了八月底，徵糧工作總算達標。

八十五萬餘名「土匪」據報在一九五〇年代遭到「剿滅」，這數字被用來誇耀中共早年肅清敵人的戰功，無法證實究竟是實際的殺敵數，或者只是投降數。不管是哪一個，寓意都很明顯：徵糧遇到問題並不代表當地經濟陷入困境，而是地主和官員反抗新政府的一種表現。鄧小平看穿他們的藉口，向負責徵糧的部屬表明決心（或者可以說是不留情面），因而落實了政策執行。一九五一年一月二十八日，毛澤東褒揚鄧小平在西南的策略，並聲稱應該推廣至全國[4]。

「槍換肩」

剿「匪」是延續新政權的重要關鍵。中共雖然迅速拿下重慶，但並非靠和平手段，四川各地依然持續了數年的武裝抗爭。國民政府時期，國民黨將中共的游擊隊稱爲「匪」，現在江山易主，這群與中共爲敵的武裝分子，有些是國民黨殘餘勢力，有些則是長久以來流竄於各省界的山區土匪，一概被中共稱之爲「匪」，並遭到殘忍的肅清。此一時，彼一時，套句鄧小平在老幹部會議上的說法：「一定要實施槍換肩。」以前對付共產黨的人，現在要反過來對付共產黨的敵人。據估計，四川西部居民共有五十萬枝槍（單單成都附近的邛崍就有十萬枝），這些武器勢必都要充公，讓可靠的肩膀來扛。西南軍區發布聯合命令：「關於建立人民武裝的指示」，以確保武器扛在正確的肩膀上，也就是收歸民兵團和農村自衛隊所有。

貴州民兵

新的民兵團如雨後春筍般在西南地區崛起，尤其是四川南方的鄰省貴州，此地可以說是赤貧和苦難的代名詞。中國歷朝各代長期忽視貴州，只有一點兵力駐紮當地。土匪橫行鄉里，農民只要逮著機會就囤積槍械以求自保。一九五〇年三月八日，一百多位苗族土匪進攻中共在平壩縣的村委辦公室，並殺死區委書記和至少二十名負責徵糧的工作人員及學生。苗族百姓向來害怕土匪，大家很高興透過鄧小平的「槍換肩」政策領到配槍。中共指派一位苗族貧農擔任平壩自衛隊隊長，類似的草根性組織在當地還有很多，他們都很感激新政府。

另一個貴州村莊座落於北盤江邊的山林中，民居以木柵欄圍住，百姓以製作陶器和手工藝品維生。由國民黨軍人組成的「反共反俄聯軍」襲擊村莊，殺死四十三位徵糧工作人員，並與地主聯手對抗中共的土地改革政策。中共隨即組織一支農民自衛隊予以反擊。一九五〇年十月，西南軍區向毛澤東匯報，指出共有六十多萬人加入各種自衛隊，貴州境內所有「匪幫」都已肅清。一九五一年，這個數字超過八十萬，大多數「土匪」都接受軍事訓練，改編入正規民兵團。即使地方官誇大了這些數據，自衛隊依然是打倒反革命、支持土地改革的重要利器。

土地改革與少數民族問題

西南軍政委員會於一九五〇年七月三十日召開第五次全體會議，鄧小平在會中發表演說，談到「加強團結、減租、退押、少數民族與反官僚」，藉以傳達北京當局訂定的政策。西南地區的農村和中國大多數地方一樣，全都面臨租金高、押金重的情形，在盛行傳統佃農制度的地區，農民向地主承租土地時須繳交大筆押金，對他們來說負擔特別沉重。中共此時組織農民，鼓動他們反對複雜又壓迫窮人的稅制，不但能贏得民心，無形中還可去除鄉間的封建餘毒，因此對鄧小平來說，組織農民是第一要務，他甚至稱此為「西南淮海戰役」。剿「匪」與武裝農民乃一體兩面，主要依靠幹部將成千上萬農民編進中共在農村的權力根據地——農協。各地農協培養了農民的政治意識和信心，促成這次行動的成功，但因西南地區接近國界，加上少數民族之間互相牽連，使得情況更為複雜。

一九五〇年十一月七日，鄧小平在西南局於重慶舉行的另一次會議上專門提出少數民族問題。能否成功解決問題，關鍵就在少數民族地區的土地改革政策是否落實。根據從偏遠地區蒐集而來的報告，鄧小平做出結論：在中國與越南、緬甸和印度邊界上的各部落、大小涼山的彝族，以及四川與西藏邊界的藏族，都不可能推行土地改革。在苗族與彝族同漢人混居的地區，由於社會和經濟形態已經改變，可以推行土地改革政策。但若苗族或彝族向漢人地主承租農地，推行土地改革就會比較困難。

鄧小平對少數民族的分析簡單易懂，他對習俗和社會差異所造成的限制，以及中共的執政能力，都做了切合實際的評估。對於那些主張忽略少數民族習俗的激進派，鄧小平也表示譴責。他的報告照例獲得毛澤東的讚許，成為全中國群起仿效的典範。一九五一年一月二十五日，鄧小平在西南軍政委員會全體會議上發表演說，將他在西南的各項決議列為「年度工作重點」。一九五一年五月九日，他向中央報告：西南淮海戰役宣告成功。

向費孝通請益

費孝通是中國最知名的社會學家與人類學家，也是研究農村與少數民族的國際權威。他從北平（後來的北京）清華大學畢業後，進入倫敦政治經濟學院（London School of Economics），在人類學家布羅尼斯拉夫．馬凌諾斯基（Bronislaw Malinowski）門下繼續深造。費孝通以博士論文為底，出版《江村經濟》（*Peasant Life in China*）一書。此外，他也將抗戰期間的田野調查集結成冊，與雲南大學講師張之毅合著《雲南三村》（*Earthbound*

China: A Study of Rural Economy in Yunnan）。雖然他隸屬中國民主同盟，並非共產黨員，但仍被指派為中央民族訪問團團長，針對四川、貴州和雲南的少數民族，向中央提出建言。

這次訪問為期六個月，出發前鄧小平和費孝通在辦公室開會，鄧小平直接提問：在少數民族議題上，最大問題是什麼？費孝通發現鄧小平是務實派，不愛唱高調，索性開門見山回答：關鍵在於少數民族與漢人之間的關係。雖然佃農常受到同族地主的剝削，但漢人統治階層的剝削才是少數民族仇漢的根源。對於中共取得政權後帶來的進步，費孝通表示認可，但若要少數民族理解共產黨的政策，還有很大的努力空間。鄧小平把問題歸咎於歷來的「大漢族主義」，並表示幹部們將展現「新漢人」風格，與區內各少數民族共同生活、工作並結為好友。鄧小平承認，儘管中共在長征期間試著了解少數民族，依然有人犯下「違反紀律」的錯誤，不當徵收糧食與各種食物，為少數民族增添沉重負擔。雖然當時處於革命的非常時期，不得已而為之，但該道歉的地方黨也不能逃避。鄧小平的首要目標是破除「大漢族主義」，但也不能讓少數民族「狹隘的民族主義」坐大，必須揚棄這兩種「主義」，才能實現民族團結。這個看法反映了列寧和史達林對蘇聯民族問題的觀點，成為中國一九五〇年代末期民族議題的先驅。兩人從上午九點開始談話，兩個鐘頭後，鄧小平邀費孝通共進午餐，邊吃邊談。鄧小平表示，自己對少數民族的了解只有小學程度，便商請費孝通充當自己的「老師」，給他一些基本建議。費孝通欣賞鄧小平的坦率，對他挺有好感。

這次談話符合中共一九五〇年代早期「兼容並蓄、海納百川」的政治文化。中共極力拉攏黨外愛國菁英分子，他們認為這種做法不但務實，還能提升政權的合法性。鄧小平樂於向各界菁英請益，這種新民主的政治文化一直持續了六、七年，直到一九五六至一九五八年間，黨內漸漸興起排外風氣，這種專斷的做法切合毛澤東的個性和思想[5]。

入主重慶

一九四九年起，大多數中國政治菁英進入中央政府前，都會擔任一段時期的地方首長，只有毛澤東、周恩來與劉少奇這批最早的高層例外。以鄧小平來說，重慶市、四川省和西南地區是他進入中央政府的跳板。共軍攻下偏遠地區後，鄧小平雖然有治理當地的經驗，但這次面臨的是有一大票工商界菁英的大都市重慶，難度完全不同。重慶在日據時代曾是蔣中正的臨時首都，凡是當時與國民政府來往的人都不值得信任。鄧小平入主重慶兩年又八個月，主要工作是鞏固控制權及設立新的聯合軍政體制。他管理西南地區政治、軍事、經濟與少數民族等方面頗有績效，獲得中央肯定。

重慶市民與全中國人民一樣，都經歷了八年艱苦抗戰與四年內戰，中國人已經多年不知和平滋味。重慶是中美合作所（Sino-American Cooperation Organisation）（SACO）情報人員訓練學校的根據地之一。一九四九年，國民黨準備撤離之際，在重慶展開報復行動，至今仍留在全體市民記憶中，整起事件被寫進一九六一年出版的小說《紅岩》。國民黨撤退前在歌樂山的集中營屠殺三百名共黨囚犯，中共後來在原址設置革命紀念館，館中展示許多當時的照片，重現可怕景象。這是中國現代史備受爭議的一段，因爲中共堅稱（但遭到嚴辭否認）中美合作所的美國情報員也涉及此案，他們刑求並槍殺集中營裡的共產黨員。

中共歷經多年長征、內戰和革命宣傳，一些幹部認爲，既然當局已經拿下重慶，革命等於告一段落；他們開始做生意，想要購置房子或汽車。重慶的道路陡峭，街巷狹窄，許多地方往往連轉身的空間都沒有。這些急於擁有房屋與車子的人便被鄧小平譏爲「五里腿」，意思是他們連五里路（兩公里多一點）都走不了。

這成了舉國皆然的現象，少數軍官和黨內幹部受到舒適都市生活的引誘，無法自拔，從裡到外漸漸腐化。爲了解決這個問題，鄧小平召開縣級以上的幹部會議，場地就設在西南局的大會堂。初春的某個早晨，鄧小平頂著很短的平頭，身穿軍用白衫，像平常一樣將雙肘撐在桌上，面前擺著瓷杯。他容光煥發，表情嚴肅，渾身散發剛毅嚴峻的政委氣勢，準備對大家進行一場重要但不受歡迎的談話。他以有禮但強硬的口氣告訴與會幹部，戰敗的國民黨給他們留下巨大的傷口，一定要設法讓它癒合。他們必須澈底重建當地經濟，才能解決失業和貧窮問題。接著他提起「五里腿」，這群人在部隊時配合得很好，但剛進重慶沒幾天，他們便發現自己沒汽車不行，更別提華廈美屋。接下來，他宣布西南局成立了分配房屋和汽車的辦公室，他會親自督導，確保任何遭到非法侵占的財物都能物歸原主。至此總算遏止那些魯莽又非法的沒收行爲，但鄧小平依然在一九五〇年六月六日的重慶黨委會議上再次重申主張，並結合中央五月發出的整頓黨內工作形態報告。他也指示《新華日報》（西南局的官方報紙）資深幹部，在報上刊登他對這次整頓工作的聲明，強調所有人都要遵守規定，不管他們的革命戰績多麼輝煌，全部一視同仁。鄧小平在重慶的行動衍生爲一九五一年的三反運動，全國新興都市幹部一起反貪汙、反浪費、反官僚主義。中共明白與重慶的工商界周旋時，需要施展一些技巧，以達到微妙平衡。他們不希望本地商人與政府唱反調，商人若願意合作，工商業生產和交通就能逐漸復甦，尤其是在一九五〇年六月韓戰爆發後，中國軍隊是這場戰爭不可或缺的要角。然而，負責管理商業並和商人共事的幹部也不能和他們走得太近，以免變得唯利是圖。產業的「社會化」使其納入國家的掌控範圍，這是解決問題的方法之一，直到一九五三至一九五七年的第一個「五年計畫」上路，它才成爲全國通行的政策。

鄧小平從內戰中崛起，一躍而爲政壇明日之星。而他也和中共其他領導一樣，必須歷經武官到文官的轉型陣痛期。鄧小平的轉型之路走得很艱辛，軍中仍有太多工作需要完成，好比接管與重新部署國民黨軍隊。此外，由於四川與西藏相鄰，鄧小平還要支援西藏的軍事行動。朋友和同僚都說，鄧小平向來樂於傾聽別人的意見，但他不愛開冗長會議。一九五四年建立省級行政機構前，四川一直由西南軍政委員會主政，第一次大會只開了九分鐘就結束，沒有時間供與會者慢慢傾聽或諮詢[6]。

民主與重慶學校

一九五一年七月六日，《新華日報》刊登一封讀者來信，吸引鄧小平的注意。作者署名徐秀英，是重慶第三區的中學老師，這裡後來被稱爲沙坪壩。沙坪壩有很多大學院校和教育機構，當中有許多都是在一九三〇年代末期爲了因應抗戰而遷校，在鄧小平擔任第一書記期間，這裡是知識分子活動的中心地區。

徐秀英在信中抱怨，文化與教育單位濫用師資，指派老師們參加掃盲運動，又逼他們出席與教育無關的宣傳會議。老師沒有足夠時間備課或休息，教學品質和學校經營都受到嚴重影響。據她表示，由於懼怕遭到報復，這封投書她用了假名，請報社務必尊重她的隱私。重慶剛解放，報上就出現這樣的投書，各界熱烈迴響，同一間學校其他教師也跟著投書媒體。基於老師和學生的不滿情緒日益高漲，報社編輯決定審慎處理她的批評。鄧小平要求報社寫一份報告，並在《新華日報》刊登社論：〈是時候結束學校和大學混亂的教育工作〉，並命令那些「亂抽亂調」的單位要仔細研讀這篇社論。

沙坪壩中學對這封讀者來函發出聯合聲明，為首的教師在文章開頭公開自己的姓名，標題是〈聲明信〉。文中批評徐秀英做出不實指控，不僅歪曲事實，也損害學校名聲，要求報紙刊登這封聲明信，予以反駁。幾天後，報社收到第三區人民政府來信，信中聲稱徐秀英的抱怨並非事實，而且學校裡也沒有「徐秀英」這號人物；這是理所當然，畢竟她已聲明自己用的是假名。又有另一封學校老師（匿名）的來信表示，所謂的「聯合聲明」其實是校長一人所為，所有老師被強迫簽名。信中還指出，他們認為徐秀英的批評合情合理，請報社派記者前往學校調查。經調查後發現，情況比徐秀英描述的還糟糕。強迫職員簽名的校長終於承認，他也是被當地人民政府的文化與教育部領導逼迫，才會寫下「聯合聲明」信。《新華日報》將所有來信逐一刊登，為讀者示範官僚主義扼殺民主的例子，並抨擊當地人民政府，譴責他們的官僚作風。

文化與教育部領導生怕遭受批評，決定繼續隱瞞自己的所作所為，並片面認定不會有人注意一個沒沒無名的中學老師。他拒絕批判自己的作為，反而一心想要找出徐秀英究竟是何方神聖；他派遣官員前往學校調查對方底細，並要求《新華日報》交出真實姓名。他遭到報社拒絕，便對編輯部大發雷霆。

鄧小平一直在注意此事的發展，這時終於發出書面命令，直接要求市委書記和重慶市長「徹查到底！」第三區黨的紀律單位奉命調查，捏造聯合聲明和恐嚇《新華日報》的相關人等都受到懲戒。十一月二十九日，《新華日報》刊登第三區官員的〈自我批評書面報告〉，並報導這群官員如何恐嚇編輯部。基於中央和各界十分關切對教師的「亂抽亂調」，這項政策就此廢除，教師們認為教育終於受到重視。

時值一九五一年，新政權上臺不到兩年，政治局勢尚未穩定，批評黨和官員都會被指為不愛國或反革命，畢竟這時中國人民志願軍剛加入韓戰的春季進攻。然而，要建立健全的政治制度，又要獲得黨外人士支持，批評、自我批判與一定程度的民主不可或缺。鄧小平在這次事件中締造了亮眼成績[7]。

第八章　北京與中南海（一九五二～一九五六）

建國以後，成功的地方我都高興。有些失誤，我也有責任，因爲我不是下級幹部，而是領導幹部，從一九五六年起我就當總書記。那時候我們中國掛七個人的像，我算是一個[1]。

鄧小平在重慶待了兩年多，中央將他調回首都，任職於中央政府，一開始擔任財經委員會副主任，並在周恩來手下兼任政務院常務副總理。一九五二年八月初某個晴朗的早晨，鄧小平的好友及同僚到機場送行，鄧小平和他們道別後，便帶著家人離開重慶，告別這座喧囂的城市和家鄉。鄧小平任職西南局第一書記這段期間，與家鄉的連結更爲緊密。鄧家搭上蘇聯的伊留申飛機，歷經兩小時航程後抵達北京西郊機場，黨中央派遣職員前來接機。他們護送鄧家沿著西直門大街來到中央分發的住所，這是一座傳統北京三合院，位於故宮後方，靠近煤山（今景山），與聶榮臻的住所相鄰。聶榮臻與鄧小平是四川同鄉，兩家人感情深厚。聶榮臻是八路軍戰功彪炳的指揮官，後於一九五五年升爲元帥。鄧小平正式晉升中共高層，他與聶榮臻在公私兩方面都將有密切往來。

不久，鄧家搬進中南海，更接近權力核心。中南海位於故宮西邊，四周高牆環繞，中共高層幾乎都在此居住並工作。新家是一座舊式四合院，位於懷仁堂西側的三號院。懷仁堂如今已成爲中共開會場所，由四座典型的皇家院落組成，周圍有紅牆，牆上有藍灰色磚瓦屋頂。鄧小平住進華麗又氣派的皇室建築中，與李富春、譚震林和陳毅等開國元勳爲鄰。懷仁堂東側的兩個院落住著政治局委員暨最高人民法院院長董必武，以及中共早期高層暨外交官王稼祥。懷仁堂後面則只有劉少奇一家。原本住進懷仁堂的各戶被稱爲「革命大家庭」，但一九五〇年代後期，隨著毛澤東政策引起的衝突愈演愈烈，中南海不再是和樂融融的大家庭，成爲政治陰謀與衝突的溫床[2]。

新生的中華人民共和國亟需經驗豐富的老手協助復甦戰後經濟。尋找適合人選並不容易，現有的財政與工商菁英大多效忠國民黨政權，毛澤東與幾位顧問便在共產黨與軍方尋找政治背景可靠的人才。鄧小平半生戎馬，又有傑出的行政管理能力，也曾在幾個根據地成功打造經濟基礎，自然成爲不二人選。毛澤東和鄧小平的交情可以追溯到一九三〇年代初江西蘇區時期，雖然鄧小平總是強調自己並非「毛派」，但到了一九四九年，毛澤東依然將他當作自己人看待，鄧小平也興致勃勃地追隨毛澤東路線。兩人之間沒有明顯的思想差異（主要是鄧小平從未偏重某種理論或思想），但是鄧小平的政治觀、工作模式與政治手腕和毛澤東大相逕庭，最後免不了成爲毛主席的敵人[3]。

鄧小平抵達首都幾天後，八月七日在政務院（國務院前身）會議上，奉命接任政務院副總理和財經委員會副主任。他當年在太行山建設經濟並一展長才時便已受到矚目。一九五三年九月十八日至一九五四年九月，他也兼任財政部長，在政府與黨內可以說位高權重。中共自革命與戰爭草創時期，到現在邁入半立憲體制，政務院和財經委員會成爲新政權的兩大核心要素，軍事則是第三要素，而鄧小平早就在軍中樹立了威望。他的直屬上司是在法國與上海的老戰友周恩來，兩人在中南海成爲新的政治夥伴[4]。

國家預算（一九五四年）

透過鄧小平的舊部與同僚可一窺其工作方式。財政部副部長戎子和曾在鄧小平的軍隊中工作八年，他說這位老長官很尊敬毛澤東，並擅長將毛澤東含糊不清的指示與實際工作結合起來。一九五三年十二月，財政部正忙著起草明年的國家預算，鄧小平要戎子和報告毛澤東的相關指示。他說毛主席的指示很多，財政部已經集結成冊，大致可以濃縮爲三個標題：「收入打足」、「支出打緊」及「留有餘地」。乍聽之下不像毛澤東這種浪漫革命者的口吻，倒像是謹慎的會計人員說的話。鄧小平批准後，於一九五四年六月納入報告中，主張國家預算應建立在可靠穩固的財政基礎上，還要符合毛澤東增加生產的指示。一九五四年的實際歲入比預估來得高，歲出則比預估稍少，人民銀行便將盈餘貸給工商業，減輕一九五三年資金短缺的問題。鄧小平的貢獻並非來自財經專長，而是憑藉其政治敏銳度和權威，以及對專業人士的敬重，既能施行權威的政治命令，又能容許專業知識並存。

鄧小平必要時會與戎子和及財政部高層見面，並且每週聽取副部長口頭報告。他注意到財政部多數幹部相當謹慎，一九五三年夏天的財經會議後，鄧小平說了一句令他聲名大噪的話：「不要一朝被蛇咬，十年怕井繩。」如果他們工作時考量實際情況，而他的決策錯誤，那麼責任就在他身上。然而，如果他們沒有從現實經濟出發，責任就在他們身上。

他掌管財政部期間，權利和責任清楚劃分，部屬都能勇於表現，工作效率很高。他要求所有數據都要透明、精準和清楚，不容許含糊不清。鄧小平受到部屬敬重，幾位副部長都能如實報告，這和毛澤東的情形不一樣，他的屬下報告時，只挑他想聽的話說。

鄧小平非常重視黨內的批評和自我批判文化。他教導屬下，財政部應該敬重他人的批評，只要合乎情理，他們都應該虛心接受，遇到不合理的批評，應該盡快解釋清楚，絕不能放任抱怨與批評日積月累，因爲總有一天會解釋不清。職員進部長辦公室討論公事時都不怕開玩笑，甚至敢出言諷刺或批評。鄧小平聽見批評時會追問，一旦確定只是戲言，他會一笑置之。鄧小平相當支持資淺職員，即使他們受到嚴厲批評也不例外。他們對於他最重視的政策若有疑慮，他也很樂意耐心解釋[5]。

整肅高崗與饒漱石

一九五三年下半年，高崗與饒漱石嚴重挑戰毛澤東的領導，並在黨的多次會議上帶風向，直到一九五五年三月，全國代表會議（不是大會）將二人開除黨籍，事件宣告落幕。

鄧小平抵達北京後，不久領導階層重新改組，包括高崗、饒漱石、鄧子恢和習仲勛（中共現任總書記習近平的父親）在內的地區領導都從地方上被調回中央任職。一九五三年二月，饒漱石從上海前往北京，十一月高崗也從西北抵達北京。兩人都受到毛澤東重用，尤其是高崗，但他們對於自己在黨內的地位屈居周恩來和劉少奇之下大爲不滿。

一九五三年三月十日，周恩來奉毛澤東指示起草文件，打算進一步調整財經部門職責。四月二十八日，中央批准此案，鄧小平的職務變得重要而龐雜，負責監督、管理少數民族（基於他在西南地區的經驗）與人事單位。高崗的權力幾乎被剝奪，此外，毛澤東也對周恩來和劉少奇失去信心。一九五三年初秋，高崗和饒漱石公開反對重整財經部門，「肆無忌憚地攻擊並中傷劉少奇」[6]。他們批評的對象包括鄧小平，面對黨陷入分裂危機，這些遭受批評的人只想努力站穩腳跟。高崗對劉少奇積怨已久，現在藉機翻舊帳。

兩次重要會議都爆發了衝突。一九五三年八月六日至十一日召開財經會議，毛澤東把陳雲和鄧小平找來，在會中支持他。一九五三年九月召開第二次全國組織工作會議，劉少奇爲了對抗高、饒二人，不得不挺身捍衛他在中央組織部的工作。高、饒二人也暗中謀劃，打算拉攏鄧小平，聲稱劉少奇應該被撤職。鄧小平爲劉少奇說話，並在陳雲的支持下向毛澤東報告此事，毛澤東因而警覺到事態嚴重。

一九五三年十二月，毛澤東打算外出度假，提議由劉少奇暫代職務。高崗激烈反對，認爲自己才是恰當人選。十二月二十四日，政治局召開會議，毛澤東表達不滿：北京有兩個「總部」，一個由他統領，另一個則像影子般，由高崗暗中指揮。他要求全黨團結，終止陰謀。一九五四年二月，高、饒二人在第七屆四中全會遭到公開批評，並於一九五五年三月被開除黨籍，此時高崗早已身故，他在一九五四年八月便自殺身亡[7]。

籌備八大

第八次全國代表大會於一九五六年九月十五日至二十七日在北京召開，鄧小平在會中扮演的角色充分說明他已被提拔爲「以毛澤東爲首的第一代中央領導階層」。不管從哪個角度來看，鄧小平都是毛澤東堅定、忠實的擁護者。自一九四五年以及中共掌權以來，八大是中央第一次舉行的全國代表大會，爲何延宕多年，除了內戰，還要歸咎於鞏固政權的軍事行動。此外，領導階層原定上臺後加強控制與重建，卻因加入韓戰而改變政策。不過，這些都只是次要原因，最主要的還是因爲忙於整肅高崗與饒漱石。

這樁令人不悅又不體面的爭鬥反而有助於鄧小平政治生涯的進展。一九五四年四月，他被指派爲中央祕書長，同時取代饒漱石，成爲中共權力核心機構中央組織部部長。一九五五年三月二十一日至三十一日，鄧小平代表黨中央，在全國代表會議上報告高饒事件始末。鄧小平從不反對高層的決策，即使到了一九八〇年代，他依然認定高崗是虛僞的陰謀分子，一定要揭發此人與饒漱石的陰謀，才能避免幹部受到傷害。他針對高饒事件下的結論顯示他完全偏向毛澤東，同時也支持劉少奇和周恩來。這種做法讓他安然度過接下來的十二、三年，但文化大革命爆發後，毛澤東開始對付劉少奇，連帶將鄧小平也拉下來[8]。

八大於一九五六年九月十五日至二十七日在北京召開，會中賦予領導階層合法統治權，得以在一九五〇年代晚期至一九六〇年代初期統領全中國，意義相當重大。文革爆發後，領導階層瓦解，整整十三年後九大才正式舉行。按照黨史研究室的說法，八大是在「社會主義改造基本完成，黨面臨著新的形勢和任務的情況下召開的」。黨面臨的主要任務是經濟發展，尤其是工業化，此外除了要鞏固中共政權，也要「逐步、系統地制定一套完整法律，健全社會主義法制，進一步擴大社會主義民主，大力反對官僚主義」。「由於當時黨對於全面建設社會主義的思想準備不足，八大提出的路線和許多正確意見後來沒有能夠在實踐中堅持下去[9]」。也就是說，毛澤東開始積極推動他對馬列主義的激進理念，致使領導階層出現嚴重衝突，經濟與法律發展等議題便遭到擱置[10]。

一九五五年三月三十一日，鄧小平奉毛澤東指示起草文件，提議八大於一九五六年的下半年召開。他將擬好的文件上報，毛澤東回覆：「恩來同志閱，交小平同志落實。我認爲可以照這個方式解釋，只有幾個字需要修改。」雖然毛澤東大權在握，重要文件都是由鄧小平負責起草，並逐一呈報領導階層。儘管中共的官僚體系沒有過人之處，但鄧小平如何從中逐步樹立權威，倒是値得細細探究。

一九五五年十月初，第七屆六中全會召開，鄧小平提交修訂完善的報告。如今的他以周到和嚴謹聞名，負責會議前置作業、重大章程、選舉代表及其他要務。他精準安排會議各項流程，包括排定演講時間、查驗並核准草案、選舉代表與準備會議公報等等。中央預計修訂黨章，一九五五年四月二十一日，鄧小平將他挑選的修訂委員會名單呈報毛澤東，五月十二日獲得政治局批准。負責起草政治報告的委員會包括劉少奇、陳雲、鄧小平、王稼祥、胡喬木、陳伯達與陸定一。負責起草黨章及報告的委員會包括鄧小平、楊尙昆、安子文、劉瀾濤、宋任窮、李雪峰、胡喬木、馬明芳與譚震林。只有鄧小平和胡喬木同時兼任雙邊委員，鄧小平對起草文件的掌控至關重大。

此時李雪峰擔任書記處書記，與鄧小平走得很近，他也是中央委員會委員及中國人民政治協商會議常委，參與了大多數起草會議。在他的記憶中，鄧小平對黨章修訂會議展現高度熱情，而且足以勝任各項工作。一九五六年二月，俄共舉辦歷史性的二十大會議，鄧小平就連赴俄前夕都還在開會。一九五六年三月二十三日，鄧小平回國，立刻與書記處領導碰面，討論選舉八大與會代表事宜。

一九五六年四月至五月，主要修訂工作正式展開。四月二日，鄧小平上午九點進入會議室，宣布開始討論修改黨章的第一份草案。儘管聽衆只有寥寥數人，他依然興致高昂。鄧小平用詞謹慎，態度堅決，表達主張毫不遲疑，這場討論一直持續到十二點十五分，他才宣布暫時休息。八天內他已完成第一份草案，也完成加入起草委員會與政治局意見的第二份草案。

接下來的會議討論代表名單，總共花了五個月才敲定人選。四月十二日下午，鄧小平召開另一次會議，與中央機關重要幹部討論流程，並於四月十九日劉少奇主持的政治局會議中再次討論。鄧小平在持續進行的繁瑣艱鉅工作中逐漸確立自己的威望。

此時鄧小平面臨最敏感的政治問題便是王明參與會議，爲了解決這個問題，他努力不懈地工作。王明在一九三〇年代曾是毛澤東的一大政敵，他直到一九四九年都旅居莫斯科，只有四〇年代初期曾經短暫離開。他雖然已是局外人，但身爲共產國際代表，地位不容忽視。七月三十一日，鄧小平在北戴河避暑，他代表中央寫了一封信，寄給正在養病的王明。信中提到八大將於九月十五日召開，王明已獲選爲北京代表，若健康狀況允許，中央希望他出席。王明並沒有回覆，鄧小平便於八月六日拍電報給人在蘇聯的李富春，請他連絡王明，通知對方開會日期。如果王明礙於健康因素無法出席，能否以書面文字代替口頭發言。王明迫於無奈，只能表明立場，遲來的回覆在九月八日送達鄧小平手中。王明請鄧小平代為轉達他對中央和全體代表的歉意，請他們原諒他因病缺席。毛澤東批准後，指派鄧小平將此事轉告全體代表。

王明獲選為第八屆中央委員會委員，他也是第七屆委員。四十年後，李雪峰回顧八大，認為這代表集體領導與毛澤東的獨裁領導反差日益擴大。中央委員會委員的遴選標準更改，以前是在軍隊將領和一九四九至一九五四年間全國的六個大區中挑選適當人選，高崗和饒漱石之輩得以藉機攬權，如今在鄧小平和同僚的努力之下，任何人都有機會獲得提名，最後名單上出現了來自各界的四百多位候選人[11]。

隨著會期將至，鄧小平召開更多修訂黨章的會議，以解決現有的細部問題。此事既艱困又耗時，但與會者都能勇於提出建言，不須懼怕遭到威脅，他們都認為自己是為了民主和黨的集體領導而努力。鄧小平希望將軍事與國務院事務轉交其他機構，但毛澤東堅持由書記處全權負責，因此兩者也納入書記處和鄧小平掌控的範圍。

鄧小平起草的文件向來簡單扼要，這是源自他在戰場上發號施令的習慣。一九五六年八月十五日，他在北戴河為中央委員會起草下列通知：

（一）八次大會定於九月十五日開幕。（二）現決定於九月一日到九月十四日，舉行八次大會的預備會議。（三）請通知各代表務必於八月三十一日以前到達北京，向中央辦公廳報到。（四）中央決定各地區和各軍選出的候補代表，一律列席八次大會，請通知他們同時到達北京。

一九五六年八月二十二日，毛澤東在第七屆七中全會提出修訂黨章的基本原則，他強調來來回回修改了多次，聲稱這是黨內民主的勝利。他也強調在討論細節前，必須先確立大方向和原則。但是鄧小平認爲，黨章需要一章一章逐一討論，不適用這個做法。毛澤東向來不耐煩處理細節問題，但鄧小平總是一遍又一遍修訂草案，這次鄧小平提出異議，毛澤東居然表示贊同。即便在這麼重要的會議上，鄧小平依然勇於糾正毛澤東，而毛澤東也不排斥他的意見。

中央全會落幕後，鄧小平坐在桌前，思考中央要他起草並發送給地區黨委的通知。還有一些重要細節需要慢慢研究，包括副主席的人數、是否應如全國人民代表大會般在黨的領導階層設立常任代表、書記處的性質和權力，以及多久舉行一次黨代表大會。按照毛澤東的指示，只要能讓黨章「充分體現合法性與群衆路線」，鄧小平可以按自己的意思行事。於是他利用這次通知說明這些未解難題，並請大家踴躍提出意見。鄧小平綜合各界的回覆，一天晚上，毛澤東邀他會面並討論此事。幾天後，鄧小平向毛澤東、劉少奇、周恩來與朱德報告黨章第三十七條修訂版，關於如何設置黨的中央機構。九月十日晚間十點，距離八大開會還有五天，毛澤東還在斟酌各條款。在他的最後回覆中，他表示只有第三條需要添加三個字。毛澤東仔細審閱鄧小平修訂的條款，但所作的更動往往是針對格式而非內容。

距離八大召開還有三天，鄧小平親自查驗會議程序，確保中央採納整個流程。每天下午兩點準時開會，晚間七點結束當天議程；發言人必須對臺上報出自己的名字，發言時間不超過二十分鐘，除非主席同意；會議中的表決採舉手模式，分別統計贊同或反對的舉手人數；中央委員會委員選舉則採不記名投票。會議的基本籌備工作看似平凡實則重要，鄧小平這種對細節的講究，甚至一絲不苟到吹毛求疵的程度，讓他得以掌控全局，否則他絕對無法面面俱到[12]。

鄧小平在八大

一九五六年九月十六日，主席宣布鄧小平即將在第八屆二中全會報告黨章的修訂情況，人民政治協商會議禮堂果然立即肅靜。當鄧小平走上講臺，全場響起熱烈掌聲。他身穿灰色中山裝，站在六支麥克風前，戴上眼鏡，開始朗讀報告。新華社報導：「鄧小平的報告有兩萬九千多字，歷時兩小時十五分鐘讀完，不時被熱烈的掌聲打斷[13]。」這次會議共有一千零十一位代表齊聚一堂（十五位請假）。毛澤東、周恩來和朱德坐在同一排，三人全神貫注聽取鄧小平的報告。

這份報告強調黨的「群衆路線」政策及民主集中制，反對個人「崇拜」，要全體揚棄自滿和官僚主義。俄共於二月十四日至二十五日在莫斯科召開大會，當中最引人注意的是赫魯雪夫發表「祕密演說」，抨擊史達林殘忍的專制和「個人崇拜」。鄧小平以此爲借鏡，指出這次的俄共大會清楚展現個人崇拜的危害。毛澤東嚴詞批判對個別領導的歌功頌德，鄧小平爲此大加讚揚，並強調需要鞏固黨內的集體領導。全場出現空前熱烈的掌聲，但鄧小平繼續談到，將有權有勢的個體神格化，這種現象在中國由來已久，出現在黨內也不足爲奇。

鄧小平遵循國際共產運動的路線，抨擊史達林獨裁專制，但他也批評將毛澤東奉爲中國史達林的潮流，這股趨勢在一九四〇年代早期便已出現。一九五六年秋，鄧小平還能用毛澤東的話批評對毛澤東的個人崇拜，但直到十年後的文革，對毛澤東的個人崇拜才會達到極盛。

一九九七年，鄧小平在世最後一年，曾談到一九三五年以來中共領導階層的變化：

我們黨的領導集體，是從遵義會議（一九三五年）開始逐步形成的，也就是毛劉周朱和任弼時同志，弼時同志去世後，又加了陳雲同志。到了黨的八大，成立了由毛劉周朱陳鄧六個人組成的常委會，後來又加了一個林彪。這個領導集體一直到文化大革命[14]。

八大表面上為執政黨成功打造團結一致的領導階層，而非當年革命戰爭中暗中較勁的競爭對手。這群領導終於得以從高饒事件的衝突中再站起來，大會也設定合理可行的「五年計畫」發展策略，獲得全體代表一致通過。然而，這只是「供大眾收看的版本」，領導階層檯面下依然存在著嚴重衝突。對於黨和政府朝向集體領導發展，以及某些交情深厚的老戰友企圖削弱毛澤東的權力，都讓毛澤東大為不滿。俄共是中華人民共和國政經制度的學習榜樣，但毛澤東對這位國際盟友愈來愈失望，決定開創中國專屬的發展模式。

一九五六年四月，毛澤東在政治局會議上發表「論十大關係」，儘管獲得政治局高度支持，但反共耶穌會士勞達一（**Laszlo Ladany**）一針見血地指出，毛澤東在八大等於是「雙翼被剪」，這次大會由劉少奇和鄧小平「手下組成的黨機器把持」。在大會上提出的新黨章大多由鄧小平擬定，大幅削減毛澤東的黨主席權力。此外，一九四五年版黨章引言中提到的

「毛澤東思想」也全被刪除。誠如德國學者杜勉（Jürgen Domes）所說，新黨章「為黨更開放的決策過程提供制度上的保護」。毛澤東的政敵獲得黨的重視，至於毛澤東本人，儘管仍是權力機構書記處的成員之一，但在政治局常務委員會只是五人小組成員，不是他原本期望的主席。八大揭幕時，鄧小平以毛澤東部屬的姿態現身，但最後演變為某種程度的獨立，而且和劉少奇走得更近。鄧劉二人與其他人攜手合作，在黨內爭取更寬廣的政治舞臺[15]。

祕書長與總書記

七中全會於八大舉行前兩天召開，毛澤東在會上討論黨的副主席和總書記人選，並提議由陳雲和鄧小平分別擔任這兩項職務。中央正式同意設置四名副主席，分別是劉少奇、周恩來、朱德和陳雲；原則上也同意設置總書記，鄧小平是不二人選。這些人事命令將在黨中央對毛澤東造成制衡力量。

毛澤東邊抽菸邊發言，表面上認可這些任命，聲稱此舉可為國家帶來長久安定，但老謀深算的他其實明白，這些人只會限制他的權力，他可不想大權旁落。毛澤東說，他自己和朱德只是「跑龍套」，劉少奇在某種程度上來說也一樣，他們都沒有資格擔任「主角」，應當在需要時從旁輔佐。至於周恩來、陳雲和鄧小平三人沒有被列入「跑龍套」名單。

鄧小平筆直坐著，條理分明地回應毛澤東。他說毛澤東的提議有幾個積極層面：（一）保障黨與國家安全，意外發生時，「防護林」就能發揮功效；（二）這次的任命可以避免中國發生如同史達林死後的接班人問題；（三）考量到年齡、健康與體力，可能有些人無法持續擔當核心角色。毛澤東沒有指名道姓，但現場包括他在內，每個人都知道他說的就是自己。毛澤東已經六十三歲，雖然最近身體健康稍微改善，但狀況依然欠佳。鄧小平八月五日將修訂版黨章草案呈報毛澤東過目，與新人事任命相關的第三十七條只簡單寫了「副主席若干人」字樣，毛澤東另外加上「和總書記一人」。毛澤東依然將鄧小平視為盟友，至少可以當作在中央權力鬥爭中的抗衡利器。

在毛澤東的堅持下，鄧小平被任命為黨中央總書記，他先前的頭銜則是祕書長。二者就英文來看沒有差別（譯注：總書記是 general secretary，祕書長則是 secretary-general），但從中文來看，新頭銜有「總」這個字，代表地位更高、權力更大。鄧小平謙虛（可能是眞的，也可能只是出於習慣）地高聲說道，他不確定自己是否擔當得起總書記，還說他對這個挑戰感到「誠惶誠恐」，但若「革命工作需要」，他還是會虛心接受。毛澤東表示，「總書記」三字比較符合外國對這項職務的定義，何況鄧小平早就已經在做相關工作，如果大家認為他適合，那麼他一定適合。他接著說明鄧小平應該接下總書記的理由，他把自己這段話稱為「宣傳」。

我看鄧小平這個人比較公道，他跟我一樣，不是沒有缺點，但是比較公道。他比較有才幹，比較能辦事。你說他樣樣事情都辦得好嗎？不是。他跟我一樣，有許多事情辦錯了，也有的話說錯了，但比較起來，他會辦事。他比較周到，是個厚道人，使人不那麼怕。我今天給他宣傳幾句。他說他不行，我看行。順不順要看大家的輿論如何，我觀察是比較順的。不滿意他的人也會有的，像有人不滿意我一樣。你說鄧小平沒有得罪過人？我不相信，但大體說來，這個人比較顧全大局，比較厚道，處理問題比較公正，他犯了錯誤對自己很嚴格。他說他有點誠惶誠恐，他是在黨內經過鬥爭的[16]。

這番話聽起來算是支持鄧小平，但並沒有完全認可。毛澤東頂多就是以含糊的稱讚在貶低鄧小平，提到他的優點時，毛澤東用了「比較」兩個字，把鄧小平的錯處和自己的相比，但也強調對方既公道又厚道，黨內同志多半不會用這兩個辭彙形容毛澤東。對毛澤東來說，年方五十二歲的鄧小平是晚輩，又是「少壯派」，即使還不能算是毛澤東的手下，或許毛澤東希望透過這次提拔籠絡他。

鄧小平被任命爲總書記，也獲選爲中央委員會正式委員。一九五六年九月二十八日舉行第八屆一中全會，鄧小平在會上當選政治局常務委員與中央委員會總書記。政治局常務委員會有六名成員，包括毛澤東、劉少奇、周恩來、朱德、陳雲和鄧小平。鄧小平年僅五十二歲便躋身中國權力核心，他以總書記身分掌管書記處長達十年，他自認這是畢生最忙碌的階段。

黨內對鄧小平升任總書記仍存在著反對聲浪。李雪峰也在一九五六年當選中央委員會委員，後來在文革期間擁護毛澤東。他向毛澤東提議，鄧小平主持的書記處理應劃入政治局，並且只負責分發軍隊和國務院的文件。毛澤東此刻正需要鄧小平支持，他察覺李雪峰欲削弱鄧小平的職權，便堅持要將書記處歸中央委員會管轄，中央的工作都可以交由書記處負責，也就是由鄧小平負責，特別是以中央的名義分發文件。鄧小平負責的工作相當龐雜，後來甚至擴大職權，儘管他曾表示希望減輕工作量，他從來不是貪戀權勢之輩。毛澤東批准書記處擴大職權，造成權力集中在鄧小平手上，他反而需要鄧小平支持。鄧小平很少公開批評毛澤東，但他也不是盲目的跟班，而毛主席正迫切需要一位心腹。鄧小平發自內心效忠毛澤東，而不是因爲兩人有相同的意識形態，這讓他受到了提拔。這個階段（其實是任何時期）的鄧小平很難說有什麼明確主張，他是共產黨的忠僕，而黨正遵循蘇聯的經驗，以傳統方式治理國家。雖然他被捲進高饒事件之類的內部鬥爭，但沒有任何跡象顯示他和高、饒二人的思想有何不同，只不過是對黨和領導的忠誠度有高下之分罷了[17]。

第九章　反右派與知識分子（一九五六～一九五七）

大民主我們並不提倡，搞大民主並不好。匈牙利搞大民主，要幾年才能恢復元氣，吃虧的還是人民。波蘭搞大民主也需要相當一個時期才能恢復元氣[1]。

反右派鬥爭的錯誤在於擴大化[2]。

一九五〇年代中葉，衝突與危機撼動中共與全球共黨，連串巨變動搖戰後蘇聯及東歐的史達林政治體系，其中又以東歐受到的衝擊最大。中共領導階層與知識分子出現嚴重紛爭，許多人都醉心於建立「新中國」，基本上並不反對中共政權，只希望能保留自己在專業和知識層面的獨立。中共的回應是展開「百花齊放、百家爭鳴」運動（簡稱「鳴放」），鼓勵各界提出建設性批評，卻招來對中共統治模式大量而激烈的批判，令領導階層大感意外。

一九五六年二月，赫魯雪夫在俄共二十大會上強烈抨擊史達林，全球共產主義運動因而動盪不安。波蘭六月的暴動遭到鎮壓，接著政治局勢趨於和緩，同年十月爆發知名的匈牙利起義。中共高層亟欲削減毛澤東的權力，蘇聯的去史達林運動恰巧讓他們搭上順風車，但莫斯科意欲控制國際共產主義運動，引發了強烈反彈聲浪，連帶影響毛澤東和政敵的回應。

成爲箭靶的「右派」

「鳴放」運動後，緊接著於一九五七年四月二十七日出現整風運動，整頓領導階層的「官僚主義、宗派主義及主觀主義」，試圖解決「鳴放」期間提出的某些問題。隨之而來的則是另一個政治運動，目的在於打擊「右派」。所謂的「右派」定義廣泛而模糊，舉凡教師、作家、科學家與各行各業專家，只要曾在「鳴放」中受到慫恿，站出來公開批評的人，都有可能被打爲「右派」。一般認爲毛澤東是這次反右派運動的禍首，他發表了一篇語意不清、令人費解的論述，分別在一九五七年二月和六月以不同版本問世，標題是〈正確處理人民內部矛盾〉。「鳴放」令人念念不忘，因爲它有個口號：「對藝術工作主張百花齊放，對學術工作主張百家爭鳴」，大家樂見不同主張公開交流。至於反右派運動，在人民心目中不過是告發朋友和同事的惡劣運動，不但毀掉許多人的事業，還賠上數千條人命。

鄧小平一九五七年的注意力都投注在整風運動。「鳴放」期間，各界菁英提出的一些批評幾乎已被遺忘，整風運動的目的就是要處理受到批評的問題。一九五七年九月二十日至十月九日召開第八屆三中全會，鄧小平在會上提出「關於整風運動的報告」，後於一九五七年十月十九日刊登在《人民日報》上。鄧小平將整風運動分爲四個階段：（一）「鳴放」（已於六月初結束）；（二）反擊右派（報告刊登時已接近尾聲）；（三）著重整改，重新開始「鳴放」，協助共產黨認清自身問題；（四）研究文件、批評反省、提高自己。鄧小平認爲，「鳴放」的用意是鼓勵農工階級參與知識分子的討論，對於任何反對意見，黨保留給予「決定性打擊」的權利。知識分子遭到中共和中國政府最殘酷的傷害，鄧小平的某次談話內容證實他對知識分子沒有任何好感。

多數的知識分子是資產階級和小資產階級家庭出身的，所受的教育也是資產階級式的。所以，爲方便起見，同資產階級放在一起說。右派分子活動的主要場所是知識分子成堆的地方，如高等學校、某些國家機關、新聞出版機關、文藝團體、政法界、科學技術界、醫藥界等。右派一度在民主黨派的許多組織中占了上風，他們可以利用合法地位發號施令，招兵買馬……有一小部分人已經成爲左派，但是他們中間的許多人浸透了資產階級世界觀。右派分子說「外行不能領導內行」……他們向黨和人民政府要求獨立和自由：新聞自由、出版自由、文藝自由等。黨現在決定從工人階級培養知識分子，讓他們「又紅又專」。加強從工人農民中培養知識分子的工作，並且有計劃地吸收優秀的革命知識分子入黨。這些工作都需要經過一番努力和奮鬥。

以上這段談話可能出自毛澤東筆下。鄧小平在公開論述中追隨毛澤東的領導（這是民主式集權的傳統），面對「鳴放」期間的各界批評，他將整風運動當作一種官方回應。在此稍作提醒，儘管鄧小平在一九八〇和一九九〇年代發起更爲開放的經濟改革，對同僚的態度也比毛澤東更爲容忍，但他仍然不是自由主義者，也不欣賞思想獨立的人，尤其反對更民主的政治體制。他在反右派議題擁護毛澤東，沒有人知道他究竟是基於確信，或是政治敏感度告訴他，爲了推行眞正重要的政策，他必須對毛澤東和毛派讓步。一九七〇年代，他終於大權在握，反而轉向這些獨立思考的專家，希望他們支持改革開放。

鄧小平一九七五年後的演講和著作廣為流傳，這篇一九五七年的演講稿卻很難在中國找到，也沒有被收錄在一九九二年的英文版《鄧小平文選》，或是整套重要文件合集《建國以來重要文獻選編》。一九五〇年代，那些非共黨的「民主派」還願意和中共合作，但到了反右派運動，他們成為第一批受害者，民主派對國家政策的影響力於一九五七年全部清除。

反右派運動在現今中國被視為錯誤而不堪的左傾開端，輿論將責任全歸咎於毛澤東，至於鄧小平是否在一九五〇年代晚期向毛澤東獻策以鎮壓批評則不得而知。反右派運動以毛澤東的勝利告終，他成功克服了黨內的批評，為日後的大躍進和文化大革命鋪路。雖然這次運動及後續出現的暴行主要歸咎於毛澤東，但杜勉曾說：「要是沒有得到以劉少奇與鄧小平為首的組織支持，毛澤東當時恐怕很難推動政策。」鄧、劉二人儘管擔心毛澤東要將黨和國家帶向何方，但他們不會也不能阻止。當時鄧小平正值平步青雲，他在一九四五年的中央委員會僅排名第二十五，到了一九五五年已獲選政治局委員，一九五六年更當上總書記，在高層中實屬罕見。即使他不認為自己是毛派，他還是毛澤東的手下，也清楚他有今日全靠毛澤東提拔。在反右派運動與一九六二年的七千人大會中，為了落實可行的政策與程序，鄧小平只得默許毛澤東發表浮誇言論。他也試圖修補毛澤東與劉少奇之間的裂痕，但徒勞無功。人們可以批評他對毛澤東的所作所為沒有反應，或是沒有任何積極的反對行動，但不能說他當時熱烈擁護毛主席的政策[3]。

西北視察任務（一九五七年三月至四月）

領導階層必須落實八大與毛澤東關於「內部矛盾」演說的「精神」，並傳達到黨內及各地區組織。鄧小平奉命前往西北視察，特別是山西、甘肅與陝西三省，他對這些地方再熟悉不過，畢竟是在長征與大別山戰役中待過的根據地。一九五七年三月底，鄧小平離京，展開任職總書記後首度視察行程。第一站來到山西太原，由省委書記陶魯笳（一九一七～二〇一一）接待。此人曾在八大發言，要求中央在發展農業與工業方面給予地方更多自主權，這是當時最具爭議性的問題之一。鄧小平聽取陶魯笳的報告，仔細研讀地方發展文件，以「解決群衆和領導之間的矛盾」作爲回覆，響應毛主席的談話。

鄧小平對學生和教師演說，分析國際局勢，包括動搖共產世界的波蘭與匈牙利運動。當地報紙後來刊登這篇講稿，他在演說中強調，中國必須在資本主義和社會主義之間抉擇，他也告訴聽衆，大家除了走上社會主義這條路，其實沒有其他選擇。然而，他們應該「學習世界上一切好的東西，包括美國好的東西」，但要注意，「關鍵性的東西，我們從美國是學不到的」。

談到國內衝突（毛澤東稱爲「內部矛盾」），鄧小平歸咎於「經驗不足，一股熱心，建設搞快了」，這些都可以說是前進中的錯誤。「成績是主要的，缺點是次要的。錯誤在所難免，重要的是善於從錯誤中吸取教訓」。他列出中央對關鍵問題的幾項政策，包括鎮壓反革命、民主集中制、青年對未來的展望與黨的領導。他告訴聽衆，「加強民主生活」相當重要，使人民有提意見的地方，有說話的地方。對於群衆鬧事，鄧小平強調「要站在人民之中，當作人民內部的問題來處理」。他的用詞採取比較中性的「問題」，而不是政治意味濃厚的「矛盾」。最後，他告訴大家，「那些少數根本不講道理的人，最後總是要被孤立的。近一個時期，我們放鬆了政治思想工作，沒有能夠適應和解決社會發展中出現的新問題」。他強調，「政治思想工作是非常艱苦的，任何時候都不能放鬆，任何時候都不能動搖」。

這場含糊不清的演說反應北京政治情勢緊張，也代表鄧小平愈來愈難以接受毛澤東的領導風格。中央對「鳴放」運動的回應是加強箝制負面批評，如今鄧小平的工作愈來愈艱困，他的職責是向人民傳達中央的政策，但是中央各個領導往往意見分歧。

三月三十日，鄧小平對太原工商代表發表談話，再度提出老問題，並強調官員必須明白四個方面，亦即：黨的領導、群衆鬧事、工廠管理階層的民主集中制，以及中共和民主黨派之間的關係。他沒有以沉悶無聊的史達林式官腔對大家說教，而是試圖以實際用語來分析政策意義，從而贏得聽衆支持。鄧小平接下來與陶魯笳乘火車前往太谷縣，打算視察當地農業與工業。他在洪洞縣出席名爲「三千會」的大會，與會者包括省、地、縣、鄉各級黨委書記。他聽取一九五六至一九六七年的計畫報告，並在整場報告結束後才發表評論，這顯示他非常在意部屬的發言，而不是像其他領導一樣妄下結論。

鄧小平離開洪洞縣，轉往臨汾，此地依然位於山西南部。當地人在龍王廟以泉水灌溉蔬菜，令他印象深刻。他於四月四日抵達甘肅，隔天對聚集在省會蘭州西北民族學院大會堂的幹部分析當今局勢，強調必須發展經濟，還要在民主和黨的領導間取得平衡。他依然沿用一九五六年的口號：「百家爭鳴，百花齊放」，儘管此時中央政策已急轉彎，改爲嚴格控制與「反右」鬥爭。鄧小平除了到工廠視察最新發展，也抽空拜訪一位老友，不過整體來看，他這次在中國最窮省分甘肅停留的時間很短。

四月六日，鄧小平前往西安，基本任務是宣揚「八大與毛澤東演講的精神」，此外他對第一個五年計畫（一九五三～一九五七）的完成度特別感興趣。在蘇聯協助下，第一個五年計畫於陝西進行二十四項重大建設（十七項爲軍事用途，其他爲地方建設），橫跨航空、太空探測、軍備、電氣科學、電力、電子與光學等領域。由於二十四項建設中以軍事占多數，鄧小平禁止相關單位公開他的行程。他在止園飯店南樓大會議室開會，與會者把現場擠得水泄不通，只見鄧小平坐在靠背椅上，兩邊是陝西省委書記張德生和西安市委書記馮直。黨對五年計畫給予相關協助，馮直在會中致謝。當初國民黨離開西安時，留下一堆爛攤子，連自來水都沒有，現在他們在西郊蓋了電工城，東郊也有紡織城，南郊則成立文化區。馮直請鄧小平致詞，但鄧小平非要聽完所有人的報告才肯開口。與會人士起初沉默不語，經鄧小平再三鼓勵，才有人開始發言。氣氛愈來愈熱烈，大家提出各種議題，包括建築材料要不要預製、工程實報實銷造成的浪費，以及無法解決計畫外的開支。這些全是西安幹部眼前最實際的細部問題，與毛主席演講和八大所傳達的意識形態及理論無關，鄧小平便好整以暇地一一回覆。他說，美國的建築材料百分之七十至八十是預製品，而蘇聯只有百分之二十，赫魯雪夫在一九五六年的俄共大會上提過這個問題。中國必須認眞研究一下，挑最划算的方案來做。他也談到工人和材料的合約問題；國營建築企業缺乏競爭力，衍生的成本問題對國家造成衝擊；他還談到複雜可笑的官僚主義，連一點點開支都要拍電報和打電話回北京請示。他的發言引起一片熱烈掌聲。四月七日，鄧小平視察其他建設，並搭乘飛機，從空中鳥瞰西安的發展概況。

人民大廈飯店屬於俄式紀念館建築風格，雄偉氣派，簇新依舊。隔天，鄧小平來到高朋滿座的飯店禮堂，在又一次歡聲雷動中站上講臺。這時的中共政客基於禮節需要，已經養成一種謙遜低調的姿態，在鄧小平身上卻是自然流露。他表示，這次視察行程有些倉促，所見所聞或許流於表面，但他想和大家談談重建過程中的幾個問題。他提出警告，雖然革命已經成功，政權已然在握，但「打造社會主義」這條路可能會比預料中更長也更難走。他上次造訪西安是在一九五二年，這些年來當地有了長足進步，他一方面大表讚許，另一方面也要大家注意，不可自滿，也不可誇大成就。

鄧小平這次談話與上次較少公開的談話相比之下，顯得政治意味更濃，提到毛澤東演講的次數也更多。他特別提到貧窮落後國家在發展過程中所面臨的諸多問題，也談到陝西與西安的具體情況，並鼓勵幹部去上海，向「民族資本家」取經。他注意到優秀合格人才不易發掘，國家尤其缺乏科學與技術領域專才，他鼓勵幹部，除了向蘇聯取經，也要效法世界各國的好榜樣，包括美國在內。從這段談話內容中，很難找到鄧小平擁護「反右」運動的蛛絲馬跡。建國七年來的建設經驗不容忽視，畢竟這有助於中國找到專屬發展方向。鄧小平基於職責所需，發表這一番老生常談，除了強化黨的領導在人民心目中的重要性，也提醒幹部不可脫離群衆，其實他最在意的還是現實問題，比如商店、電影院、劇院要多多益善，還有僵硬的都市計畫分區制度引發的問題[4]。

遵義會議的論戰

一九三五年一月十五至十七日，中共領導階層於長征初期在遵義開會，通常又稱爲政治局擴大會議。本書第五章已詳加探討，此次會議堪稱中共史上的重要事件。接下來幾十年，遵義會議被定位爲助毛澤東與同僚取得控制權、挽救革命，並爲黨的勝利打造康莊大道。然而，這種論調漸漸出現爭議。一九七六年毛澤東去世，很多人開始懷疑，當初毛澤東爲了在遵義會議中坐上「領導」大位，究竟幹了什麼勾當，以及張聞天有沒有獲選爲總書記。也有人質疑，與會者僅限於參加長征的某些領導，和全黨所舉辦的政治局會議相比，顯然欠缺正當性。

到了一九五五年，毛澤東已經穩坐共產黨和國家的雙重大位，中國長達二十年的嚴重分歧尚未正式揭幕。這一年，中共在遵義的紅旗路八十號興建一座紀念館，此地正是遵義會議原址。關於鄧小平是否與會始終衆說紛紜，一來可能是因爲中共當初的檔案有誤，二來也許是文革期間政治動盪，沒有人敢討論此事，生怕影響毛澤東地位。紀念館落成後，展示廳展出與會人士名錄，但沒有鄧小平的名字，卻包含未曾出席的董必武和林伯渠。中央辦公廳出具書面證明後，館方將董、林二人除名。一九五八年十一月十八日，鄧小平與中央辦公廳主任楊尚昆一同造訪紀念館，鄧小平進入展示廳，走上階梯，進入當年的會場。館方完整重現二十三年前的原貌，他的眼前頓時浮現當年情景，他毅然說道：「會議就是在這裡舉行的。」接著，他指向某個角落，又說了一句：「我坐在那裡。」

一九五九年，紀念館職員去函中央辦公廳，請求對方根據檔案資料，查證一九三五年眞實與會名單。一九五九年五月二十八日，中央檔案館回信聲稱，他們找不到正式可靠的文件，只在檔案中找到一份未署名的文件，上面寫著：

參加這個會議的同志除政治局正式及候補委員外，一、三軍團的軍團長與政治委員林、聶、彭、楊及五軍團的政治委員李卓然、李總政主任及劉參謀長都參加了。

中央檔案館這份資料僅供參考。鄧小平堅稱他也參與這次會議，但文件中找不到確實證據，然而，檔案館也沒有提及這份文件是否完整，答案依然撲朔迷離。一九六五年，紀念館根據鄧小平到訪時提及的回憶，將他的名字也列入與會人士名錄，畢竟誰也擔不起「不相信總書記」的罪名。館方也在展示廳牆上掛出與會高層的照片，包括毛澤東、周恩來、朱德、陳雲、林彪和鄧小平，按照他們在政治局常委的排名順序陳列。

一九六六年，毛澤東發動文化大革命，中國社會動盪不安，示威、政治清算與集體暴力頻傳。在毛澤東鼓勵之下，紅衛兵發動全國「大串連」。一群學生打著「造劉鄧路線的反」旗幟，來到遵義，與當地紅衛兵會面。一群人浩浩蕩蕩抵達紀念館，奪走一九五九年中央檔案館的來函，指控鄧小平「篡改歷史，硬將自己塞進遵義會議，撈取政治資本」。這是一種清算鄧小平「反黨與反社會主義罪行」的手法，在政敵眼中，這是他最嚴重的罪狀。與會人士名錄上，鄧小平的名字被打了一個又大又黑的「×」，展示廳牆上的鄧小平照片也被他們移除。

陳雲（一九〇五～一九九五）活躍的年代和鄧小平差不多，後來成爲改革開放的左右手。陳雲也曾納入遵義會議的與會人士名錄，有一份文件名爲〈遵義政治局擴大會議傳達提綱〉，總結了此次會議的所有決議，爲的是「在紅軍各單位間傳遞」，但陳雲在當中並沒有提到鄧小平。原因很多，可能是文件本來就沒有涵蓋會議的每個層面；不僅當中沒有提及鄧小平，也沒有提到共產國際軍事顧問李德（奧圖．布勞恩）及其翻譯伍修權。一九七〇年代，鄧小平去職後賦閒在家，有位老幹部的孩子前來探望，閒談中偶然提起遵義會議的問題。鄧小平似乎十分惱火，並質問對方，難道單憑一場會議就能論斷他整個政治生涯的成敗？

一九七六年十月，毛澤東死後，其文革同夥「四人幫」垮臺被捕，一九六〇和一九七〇年代被扭曲的歷史終於有了改寫機會。一九八〇年，中國革命歷史博物館（天安門廣場東側國家級博物館）、遵義紀念館，以及黨史相關書籍和文件等，全都將鄧小平的名字重新列入遵義會議的與會人士名錄。

這項爭議引發各種論述，最主要的有：當年鄧小平只是中央隊的祕書，而非中央委員會的祕書；他以《紅星》主編身分與會，只能算是不具投票權的代表，後來才在會中被選爲中央祕書長，因而獲得正式代表資格。直到一九八四年九月，中共中央黨史資料徵集委員會公布〈關於遵義政治局擴大會議若干情況的調查報告〉，鄧小平在會議中的地位才獲得正式澄清，他獲選爲中央祕書長一事也得到認可。

官方機構於事後亡羊補牢，並不代表就能重新定位爲眞確史實，鄧小平的支持者決定繼續舉證。他們聲稱，鄧小平在撰寫個人履歷及文件時，總是會寫上參與遵義會議的資歷。周恩來的妻子鄧穎超是中共老黨員，她也出面證實，鄧小平確實在會中當選祕書長，據說她也曾擔任此項職務。一九八四年，《大英百科全書》收錄的條目中，有一項是鄧小平自述曾在一九三四年年底當選祕書長，底下沒有評論。一九八四年十月二十六日，哈里森·索爾茲伯里（Harrison Salisbury）（譯注：一九〇八～一九九三，美國記者，曾任《紐約時報》莫斯科分社社長）詢問楊尚昆，鄧小平是否曾經出席遵義會議。楊尚昆將軍甫於兩年前在鄧小平支持下加入政治局，後於一九八八年成爲中華人民共和國主席。他告訴對方，一九五〇年代末或是一九六〇年代初，他造訪遵義時就被問過同樣的問題，由於不復當年記憶，他回到北京後曾詢問周恩來總理，周恩來說鄧小平確實參加過遵義會議，而且會議紀錄表明他獲選爲祕書長，並負責會議記錄。索爾茲伯里也在同年就此事詢問張聞天（據說曾擔任總書記）的妻子劉英，她說會後不久，鄧小平就被派往軍事單位，由她接手中央祕書長一職。

基於劉英的說法，一些中國當代作家原則上認同鄧小平曾出席遵義會議，但不可否認，中央隊祕書長和中共中央委員會祕書長究竟是不是同一個職務，依然存在著爭議。「中央隊」一詞偶爾用來指稱毛澤東、張聞天和王稼祥，早年他們是中共三巨頭。

一九八九年六月，解放軍進入天安門廣場鎮壓民主運動，談到當時的楊尚昆和中共其他高層，鄧小平聯想到一九三五年中共領導階層經歷李立三、王明等人的派系鬥爭，變得岌岌可危，直到遵義會議結束，才在毛澤東復出帶領下重新站穩。鑑於當時情況緊急，鄧小平顯然針對自己的地位和後毛澤東時期的領導階層有感而發，但對於他有沒有出席遵義會議，此番談話依然無助於釐清事實，即使他曾經與會，又是以什麼身分出席？一九八〇年，義大利記者兼作家奧里亞娜·法拉奇（Oriana Fallaci）（譯注：一九二九～二〇〇六，被譽爲「世界第一女記者」和「文化奇蹟」，曾訪問全球政要與各界名流）採訪鄧小平，這場聞名中外的訪問對於釐清此事同樣沒有幫助。

我被指爲反毛派的煽動分子，因而遭到免職，等了三年才復職，那是在一九三五年長征期間的遵義，因爲極左的機會主義者被擊敗，王明靠邊了，毛澤東奪回黨的控制權，他讓我當上祕書長。

這幾句話乍聽之下似乎表明鄧小平曾經擔任祕書長，但啓人疑竇的點也不少。首先，他不可能被指爲反毛派分子，因爲一九三二年遭到清算鬥爭的是毛派，而毛澤東也不可能於一九三五年奪回黨的控制權，因爲他並不是在遵義會議後隨即掌權。這次訪談由法拉奇以英文發問，由施燕華爲鄧小平翻譯，她也是毛澤東的翻譯。不過，訪談又從英文翻譯爲義大利文，錯誤在所難免，不能作爲有力的證據。

儘管鄧小平從不畏懼行使權力和威望，但他的個性相當謙遜，總是希望保持低調，而不是一味自我膨脹。對他來說，能與毛澤東在重要的遵義會議上產生連結，具有非凡的政治意義，但毛澤東在會中的地位並不明確，鄧小平自然也面臨相同問題。他當年是否在會場？他是否記錯，以爲自己眞的曾經坐在那裡？或者他把遵義會議和別的會議搞混了？這些都有可能，但精明幹練的人似乎不會這麼粗心大意。比較有可能的是他確實在場，只不過職位並非他本人及支持者所聲稱的那般重要。湯瑪斯・坎彭根據一九九〇年代出版的遵義會議中文資料，全面重新檢視此事，發現鄧小平被列入與會人士名單的「其他」一欄，這表明他既不是政治局常委或候補委員，也不是軍方代表。或許這是最接近事實的說法。

遵義會議在長征期間召開，當時共產黨分裂爲兩派，只有其中一派的領導出席會議。由此看來，記憶和文獻會變得如此混亂，也就不足爲奇了。令人嘖嘖稱奇的是，到了一九八〇年代，遵義會議仍是爭論的焦點，這表明對於領導階層與政策的演變，長久以來爭議不斷。關於遵義會議的論戰，多半不在於它是否於一九三五年舉行，而是針對毛澤東領導地位的正統性與接班問題。鄧小平必須成爲毛澤東的接班人，才能鞏固他在黨國的地位，儘管他的經濟政策幾乎都和毛澤東路線背道而馳。或者，當他遭到堅決擁護毛主席路線的人強烈反對時，他只想確保自己能夠力排衆議[5]。

第十章　大躍進、廬山衝突與中蘇決裂

（一九五八～一九六一）

廬山會議上，彭德懷現場的意見是正確的。作爲政治局委員，向政治局主席寫信，也是正常的。儘管彭德懷同志也有缺點，但對彭德懷同志的處理是完全錯誤的[1]。

一九五〇年代晚期，中共與蘇俄盟友漸行漸遠，原本的領導核心階層也逐漸分裂，兩者的關係密不可分。一九五六年，中蘇關係出現早期分裂徵兆；一九六〇年，此事成了公開祕密；到了一九六三年，宣傳戰正式爆發。尼基塔·赫魯雪夫自一九五三年起擔任俄共第一書記，並自一九五八年起擔任蘇聯政府首腦（部長會議主席）。他不像史達林那般獨裁專制，而是引進一些自由化改革，並實施去史達林化政策。然而，他不願將蘇聯在國際共產主義運動中的龍頭地位拱手讓給中國和毛澤東。他對毛澤東諸多懷疑，毛澤東對他也一樣，而毛澤東的下屬也對毛主席懷有疑慮。毛澤東堅持中國要走出自己的路，「大躍進」便是一例，但也因此同時遭到國內外人士的懷疑。

大躍進

一九五八年，毛澤東發起三面紅旗運動，包括以傳統和現代技術發展工業與農業的「社會主義建設總路線」、動員廣大勞動力的「大躍進」，以及一開始被當作中國社會集體化範本的「人民公社」。這些政策通常統稱爲大躍進，主要歸咎於毛澤東一手促成，後續引發諸多問題，尤其是全國大饑荒，即使不能全怪大躍進，也是它使得情況更爲惡劣。大躍進政策爲農業和工業生產訂定不切實際的目標，地方官員或出於恐懼，或基於諂媚，往往極力誇大產量；高層則自我安慰，片面認定政策有用。毛澤東或許是這場鬧劇的罪魁禍首，但北京與各省領導階層也難辭其咎。

很少人注意鄧小平在大躍進期間扮演何種角色以及他與毛澤東的關係。身爲總書記，鄧小平的重心都放在組織工作上。當中央日漸分歧，他保持低調，避免捲入口舌與意識形態之爭。他裝作公開支持動員勞動力的政策，北京以北二十五里處的明十三陵旁有座水庫，爲首都和周邊地區供給民生用水和電力，鄧小平也和賀龍元帥在此拍下勞動照片。畫面中的兩人一起參加義務勞動，扛著扁擔和桶子搬土，但桶裡是空的，鄧、賀二人身穿乾淨細緻的白襯衫及長褲，顯得有些突兀。這只是一種象徵性活動，騙不了任何人。

彭德懷與毛澤東起衝突

鄧小平無暇理會毛澤東浮誇的論調，但幾乎沒有證據顯示他曾主動反抗。縱使他曾試圖制止毛澤東，恐怕也是徒勞。是否眞的沒有人能阻止毛澤東？或者鄧小平眞有本事力挽狂瀾？就在悲劇即將上演時，確實有人打算反抗，這人就是彭德懷，他和鄧小平同是軍旅出身，在解放軍中位居元帥，同時兼任國防部長。但他不像鄧小平是政委，而是澈澈底底的軍人，具有豐富的作戰指揮經驗，不熟悉軍事政策。一九五八年十一月底直到一九五九年八月中，中華人民共和國的政治高層針對經濟和社會體制迭有衝突，具體表現在彭、毛二人之間的紛爭。

彭德懷透過單獨管道得知大躍進對人民的影響，消息來源除了軍隊的情報網，也包括各級軍官和士兵。至少士兵的意見非常重要，畢竟他們來自廣大的農村。一九五八年十月，彭德懷前往西北窮省甘肅視察（鄧小平一九五七年曾在此短暫視察），令他對公社制度改變更加憂心。他發現用「後院土爐」煉鋼根本行不通，反而虛耗原本該務農的人力，只能眼睜睜看著穀物在田裡腐爛。在所有反對毛澤東的領導階層中，彭德懷最有勇氣，但連他都不願及時公開批評。一九五八年冬天的六中全會上，毛澤東同意辭去國家主席（但有一點很重要，他沒有辭去黨主席）。到了一九五九年四月在上海召開七中全會，彭德懷終於鼓起勇氣當面批評毛澤東，指控主席違背政治局常委所有領導的意願。彭德懷並非孤掌難鳴，其他高層也開始表達關切，包括鄧小平、國家經濟委員會主任薄一波，以及財政部長李先念。李先念起初還曾熱烈支持人民公社。在眾多意見中，毛澤東最不能接受的是彭德懷的批評，私人恩怨擴大了兩人政治上的不和。

廬山位於江西省東北方，鄰近鄱陽湖，風景秀麗，向來是中共高層的避暑勝地，毛、彭二人在此發生最後也是最激烈的一次衝突。一九五九年夏，兩場重要會議在廬山舉行，分別是政治局擴大會議與八屆八中全會。彭德懷在政治局會議上砲火全開，猛烈抨擊毛澤東，劉少奇和張聞天（自一九三〇與一九四〇年代以來始終是毛澤東的政敵）從旁助陣。彭德懷對毛澤東和大躍進的攻擊原本經過精心策劃，後來卻流於情緒化與尖酸刻薄。他控訴毛澤東對集體主義的狂熱以及不切實際的野心，特別譴責黨內領導階層的懦弱與諂媚，助長了誇大不實的目標和產量。與會人士或許大多對彭德懷的指責深表同感，但他攻擊大躍進，不僅止於政策上的爭論，等於是將矛頭直指毛澤東與其領導本質及能力。毛澤東忍無可忍，展開狂暴而惡毒的反擊，怒指彭德懷是他曾打垮的「修正主義分子」。他提出嚴正聲明，如果彭德懷的批評獲得正式支持，他就要回到農村，重新建立一支紅軍來推翻政府。

為了安撫毛澤東，彭德懷及其支持者原本會變成犧牲品，但中國政治已經邁向新階段，毛澤東不得不讓步。事實上，現在每天負責做決定的是劉少奇和鄧小平，彭德懷抨擊毛澤東，劉、鄧二人反成既得利益者，未曾蒙受其害。彭德懷只落得自我批評的下場，而且被迫搬離中南海；他光榮的政治與軍事生涯以屈辱收場，對手林彪元帥則代替他接任國防部部長。

在這場嚴重衝突中，鄧小平扮演了何種角色？廬山會議沒有提到他，無人知曉他究竟有沒有與會。有個說法是他在廬山打桌球時傷了腿，提早回去養傷；另一種說法則是他在幾個月前就因為打撞球受傷了，從此一直在養傷。這些說法都來自紅衛兵的業餘刊物，真假難辨，但一定有人懷疑鄧小平故意缺席，只因他不想捲入嚴重衝突，他深知毛澤東勝券在握。另一位政治局常務委員陳雲，向來批判毛澤東並同情彭德懷，到了一九八〇年代，他反對鄧小平的開放政策，而此次廬山會議他也缺席[2]。

重返蘇聯

這次內部衝突對中蘇關係造成嚴重影響。與共產友邦打交道是鄧小平身爲總書記的職責，雖然他曾於一九二〇年代在莫斯科受訓，但這方面依然是一大挑戰，必須盡快學習。對劉少奇或鄧小平來說，這都不是容易的事。隨著中共和俄共的隔閡愈來愈大，毛澤東和赫魯雪夫之間的爭執與敵意也愈演愈烈，鄧小平向誰效忠成了複雜的難題。毛澤東曾提攜鄧小平，兩人共同走過革命之路，鄧小平內心自然向著他，也很樂意基於愛國情操對抗蘇聯。然而，他務實的施政風格與經濟發展政策與赫魯雪夫的漸進式做法較爲接近。

一九五七年十一月，鄧小平陪同毛澤東前往莫斯科，參加十月革命第四十屆慶祝大會暨各國共產黨會議。毛澤東發表演說時講了一句話：「東風必須壓倒西風」，間接攻擊赫魯雪夫的「修正主義」。中國不贊同蘇聯的政策，便以「修正主義」一詞予以貶低。

爲了修補世界共產主義運動的裂痕，舉行了兩次協商會議。一九六〇年九月十七日至二十二日，鄧小平重返蘇聯，率隊參加第一次協商會議，並與米哈伊爾・蘇斯洛夫（Mikhail Suslov）爲首的蘇聯團隊磋商。蘇斯洛夫長期擔任蘇聯代表團團長，身材高瘦，戴著一副眼鏡。鄧小平的強硬作風遇上同樣不甘示弱的蘇聯對手，幾乎毫無進展，但在會談即將結束前，仍達成了未來可繼續協商的默契。一九六〇年十一月，八十一國代表在莫斯科召開共產黨和工人黨國際會議，鄧小平以中國代表團起草委員會主席的身分與會，堅決擁護中共立場，對抗赫魯雪夫的思想倒退。劉少奇是代表團團長，在會議舉辦期間，中蘇代表團之間爆發「激烈爭執」，這次事件後來被視為中蘇首度公開交惡，儘管雙方在前一年六月的布加勒斯特（Bucharest）會議便已出現嚴重不和，當時蘇聯撤回駐華的專家，取消對中國的援助。

時間回到兩年前的一九五八年，這一年是赫魯雪夫兩次訪華的其中一次，據說毛澤東與他會面，並聲稱自己在大躍進政策上飽受批評，即將卸任國家主席。赫魯雪夫便詢問哪些人有可能成為接班人，毛澤東說有幾位人選，較有希望的是劉少奇、鄧小平和周恩來。毛澤東談到鄧小平時，說他個性複雜，既不屈不撓又有原則，動作很快，天賦異稟。赫魯雪夫表示曾和鄧小平打交道，也覺得他很頑強。毛澤東聽了很高興，他知道赫魯雪夫曾為了一九五六年的匈牙利危機向鄧小平請益。毛澤東要赫魯雪夫保證，蘇聯現在怎麼對他，將來也要以相同規格對待鄧小平。赫魯雪夫認為，雖然劉少奇位居接班名單之首，但毛澤東顯然屬意由鄧小平接任。儘管兩人交流政治祕密，依然有難解的心結。

一九六〇年九月的協商會議上，中蘇代表團迭起衝突，可謂戰況激烈，但鄧小平始終保持冷靜，專心處理要務，避免口舌之爭，不以偏概全。他只要出了會議室，立刻談笑風生。代表團在莫斯科的中國使館用餐時，氣氛輕鬆和樂，大家一邊吃飯一邊說笑。

另一個起草委員會組成第二支中共代表團，預計於一九六〇年十一月前往莫斯科。毛澤東向政治局提議，由鄧小平負責統籌相關事宜，獲得一致通過。團長由劉少奇擔任，鄧小平是副團長。一九六〇年八月底，鄧小平來到釣魚臺國賓館，對團員精神講話。他說，大家此次身負重任，必須維繫共產主義運動團結一致，並鞏固中蘇關係。隊員照例專心聆聽並認眞做筆記。鄧小平強調，只要牽涉到原則就絕對不能讓步，他們要攻擊赫魯雪夫的錯誤政策，並努力爭取他國共產黨支持。鄧小平率團抵達莫斯科後受到高規格禮遇，或許是因爲毛澤東於一九五八年對赫魯雪夫提出要求，蘇聯便安排他們住進列寧山（Lenin Hills）的別墅，此處僅供高層和外國政要來訪時使用。鑑於兩國政治關係日漸惡化，蘇聯這般殷勤待客令中方大爲感動，但談判註定失敗，兩方的裂痕再也沒有機會修補[3]。

視察順義公社

順義公社位於北京北方，一九五八年納入首都，後來在附近蓋了現今聞名的首都機場。由於鄰近機場，此地成爲北京居民最嚮往的居住區，但一九六一年四月時，這裡還是個貧窮的農業區，遠離北京權力核心。大躍進出現後，順義連續三年糧食歉收，當地人莫不殷切期盼經濟情況獲得改善。

即便遇上荒年，只要有東西可以交易，鄉村的市場仍維持營運，但因政治上長期受到質疑，加上毛澤東的狂熱支持者極力反對，市場交易逐漸衰退，變得蕭條冷清。大躍進時期，人民公社一個又一個出現，某些地方原本的買賣被配給制取代，工人被迫按工作積分領取物資。公社食堂應運而生，農民及其家人在此用餐，但這種方式不受歡迎，不久便宣告實驗失敗。

雖然時序已進入春天，氣溫依然偏低。四月七日至二十一日，鄧小平在順義公社視察並指揮工作。順義有自己的交易網絡，主要販售手工製品與家庭副業產品。根據村民描述，鄧小平對當地的經濟模式非常感興趣，走訪了多家店鋪，了解農村市場和廟會的交易制度。有一天，他還去了老城門外順義北街的供銷社，要助理找來一些供銷社供應的小農具及日常用品。他一邊檢視這些東西，一邊指出，貨品都擺在櫃臺後面，人民看不到，自然也就挑不到想買的東西。他還注意到某個炒菜鍋邊緣有毛刺，沒有打光，用時很容易劃傷手。

四月十七日，鄧小平參觀農曆三月三日舉行的廟會，發現交易量少得可憐，市況蕭條，但他依然用心了解物價。來到一家飯館，他建議老闆，油餅若能以半價出售，生意一定會更好，並提議讓農民用一顆蛋換取一張油餅，在缺乏現金時鼓勵以物易物。鄧小平告訴公社領導，他看到一線希望，可以帶動市場繁榮，並大大提升農民的生計與生活水準。他建議生產豆腐、豆腐絲和老豆腐等等，這些通常是肉類的替代品。也可以生產油餅、油條等，它們都是受歡迎的小吃，尤其是在早餐桌上。鄧小平對市場各方面細節詳加注意，令當地人印象深刻。

四月二十一日，鄧小平與順義公社工業部、供銷社、手工製品供銷社等幹部，以及負責管理公社經濟的官員會面。對於當地市場爲何如此蕭條，鄧小平提出「一針見血的分析」：

從集市上看，各處的買賣都不怎麼興旺，品種單調，數量也少，尤其是社員使用的小農具和日用品缺得更厲害，爲農民服務的項目幾乎快被消滅光了。導致這種結果的原因主要是政策問題，是流通渠道問題，是過去有人關心的，現在沒人關心了，東西就這樣流失了。手工業、家庭副業無論如何不能丟掉，這兩項收入一般能占家庭收入的四分之一左右。不能單靠糧食生產，全縣每年賣四千萬斤糧，除去稅收和開支，全縣人均只得四元多。在農村，必須堅持以糧爲主，但依然要推動全面發展經濟的方針。

最後，他分析：「歸根到底是把生產發展起來，用經濟辦法，而不用政治辦法。把葦編、柳編、荊編、燒石灰、磚瓦、黑白鐵加工、皮匠、瓦木匠、做豆腐和豆絲（顯然是鄧小平最愛的項目）、養豬、雞、鴨、兔和庭院種菜等手工業和家庭副業統統恢復起來。」地方市場與國家市場同樣重要。他接著說：「市場上的物品增多，市場也就活躍了，社員生活也就方便多了。農民的收入增加，對國家的貢獻也大了。自由市場上商品價格一穩定，人心也就安定，政治影響也好。」這是一種務實主義而非理想主義，他不會爲了發展自由市場經濟而訂定不切實際的目標，只是囑咐地方領導鼓勵村民生產農產品或家庭代工製品，這些都是他們早已嫻熟的項目，也是中國農村的傳統用品。他告訴公社領導，必須解決原料供應問題，在建立複雜的市場機制前，首先要提升基本產量。供銷社和公社的商業部門需要學習管理自由市場，並協助調節物價。

鄧小平擔心農民爲了響應國家的增產報國號召，只顧提高糧食產量，傳統手工業和家庭代工恐將消失。他指出，順義有悠久的養豬史，土地與水利條件好，養一隻豬可以賺二十元，肥料還能養二、三畝地，不施化肥也能增產。幹部們熱烈響應鄧小平的主張，在他的支持下，順義開始發展手工業與家庭代工，農民的生活水準獲得提升。這並不是因爲他的話有什麼「魔力」（毛澤東出面干預時往往得到這類評價），而是可以爲公社領導階層抵擋反對意見。

鄧小平前來順義視察，既沒有帶大批隨從以凸顯身分地位，也沒有要求當地隆重接待，低調作風令地方幹部印象深刻。村民和領導都相信，他是眞心要解決他們的困境。好比他直接安排一組人從北京過來，替某個村莊打井，以便村民取得乾淨水源。一九九七年鄧小平去世後，順義人依然緬懷不已，還說當年鄧小平曾寫信給毛澤東，提議撤銷順義的公社食堂[4]。

到了一九六一年，幾乎人人都看得出大躍進在中國澈底失敗（只有毛澤東例外），人們對市場的看法開始轉變，鄧小平與劉少奇也推行政策，試圖扭轉某些公社愚不可及的措施。鄧小平是否眞的說過那些話？還是因爲他在毛澤東死後全力擴展市場經濟，人民感念之餘才會有此一說？早在共產黨於一九四九年取得政權之前，鄧小平已負責掌管解放區經濟，他對地方上的經濟條件如此關注也就不足爲奇，完全符合他的個性。這些談話的詳細程度提升了可信度，這裡要再次強調，中國官員開會時向來習慣製作非常詳盡的會議紀錄[5]。

塵埃落定後，鄧小平與劉少奇充分利用手下的官方機構，和毛澤東唱反調，以致後來雙雙被紅衛兵打爲一號和二號「走資派」。他們決定不走彭德懷的老路線，不在會議、演講和文章中公開並直接反對，而是表面上響應毛澤東，至少不表示反對意見，但背地裡起草文件，降低毛澤東政策的破壞力。兩人並未徵詢毛澤東的同意，這讓毛主席有充分理由震怒，他覺得自己被「陰了」且遭到排擠。一九六六年出現的文化大革命，便是他憤怒的回應。鄧小平照例試圖避開意識形態之爭，他下鄉看見農民的需求，便按所見的實際情況行事，但如此一來便無法保持中立。劉少奇等人偏好蘇聯的經濟發展模式，不管鄧小平喜不喜歡，就算嘴上不說，他這些實際行動也會讓他變成劉少奇的同黨。

第十一章　經濟再造（一九六二～一九六五）

毛主席說我不聽他的話是有過的。但也不是只指我一個人，對其他領導人也有這樣的情況[1]。

毛澤東辭去國家主席（地位相當於總統）後，繼續擔任黨主席。一九五九年四月在全國人民代表大會上，由劉少奇接任國家主席，直到文化大革命爆發。劉少奇和鄧小平執政，恢復蘇聯式經濟發展計畫，維繫政治穩定，但毛澤東依然在黨內全力推動獨特的中國式社會主義。

大躍進一開始，鄧小平便發現工業受到負面影響，早在一九五九年一月，他便於書記處的會議中提出相關議題。一九六一年一月十四日至十八日，第八屆九中全會在北京召開，鄧小平、李富春與薄一波共同起草「國營工業企業工作條例」（也就是「工業七十條」），中央於一九六一年九月十六日將這份草案發給各部門試行。內容主要是加強國營企業的計劃管理、實行職工代表大會制、規定職工工資和獎懲制度、嚴格企業的技術管理與規章制度，以及加強企業的經濟核算和財務管理。這不算革命性創舉，但對於去除大躍進遺留的傷害非常重要，過程反映鄧小平的個人作風與所面臨的問題。他必須協調書記處、國家計畫委員會和國家經濟委員會三方的工作，並在北京、上海、天津、太原、吉林與其他城市成立十一個工作小組，為制定條例進行調查。李富春留在北京處理工業事務，鄧小平則前往東北的遼寧省聽取匯報。一九六一年五月三日至六日，薄一波在北京召開會議，中央幹部與北京、天津、遼寧、黑龍江、江蘇及其他地區的地方幹部共聚一堂，討論起草文件相關事宜。五月底至六月初，報告和會議紀錄彙整後遞交中央，這些證據表明情況非常惡劣。工業產量大幅衰退，許多基礎建設計畫被迫擱置，設備大量遺失，事故頻傳。工人不滿情緒高漲，加上管理階層混亂脫序，癱瘓了整個工業生產。

五月二十日，薄一波在書記處悲觀地表示，他不知道單憑做報告要怎麼解決這些問題。鄧小平提議「寫下政策性條款，處理責任制、技術政策和資金政策等」。但關於如何落實，會議沒有達成共識。這原本是鄧小平最愛的場景——會議室、起草文件、達成共識，然後作成政策性文件。委員會此刻的困境正反映他們面臨的問題。七月二十六日，鄧小平帶著東北的分析報告回到書記處，作為制定政策的依據。

工業問題比農業問題更為棘手。煤與鋼產量驟降，嚴重損害全中國工業生產，李富春提議另編一組人員，專門分析此事，薄一波便率領北京工作團隊與國家計畫委員會官員前往東北。在修改「工業七十條」之前，他們事先向瀋陽、哈爾濱和長春的管理階層與工作人員徵詢意見。

一九六一年九月，「工業七十條」終於完成，毛澤東表面上讚揚，儘管這項政策直接牴觸他的大躍進精神。「工業七十條」被納入第二個五年計畫，它是鄧小平和劉少奇策劃的整套政治行動中的一部分。不出幾年時間，毛澤東的支持者開始嚴厲批判二人的政治行動，說他們是「走資本主義道路的當權派」【2】。

林彪與「毛澤東思想」

廬山會議後，彭德懷的國防部長職務遭到免除，由另一位戰功彪炳的元帥林彪接任。林彪上任後，對毛澤東愈來愈忠誠，並在解放軍中發動意識形態運動。他號召一組軍官，他們不但擁護中國走自己的社會主義路線，擁護馬列主義，同時也擁護「毛澤東思想」，當時這五個字已經廣爲流傳。不管是毛澤東思想的相關著作，還是他以馬克思主義哲人自居，都還有很多值得批評之處，此時要拿他的著作來教育農家出身的文盲軍人，可用的版本想必既粗糙又過於簡單。在史達林和其他蘇維埃理論家當道之際，許多黨員認爲毛澤東思想的著作對傳播馬列主義具有非凡貢獻，套一句鄧小平的說法，林彪此舉是將大家珍視的毛澤東著作庸俗化。林彪規定軍人都要背誦一九六四年五月出版的《毛主席語錄》，就是那本惡名昭彰的「小紅書」。知識分子（包括許多黨員在內）嘲笑這種將毛澤東當偶像崇拜，並將其著作庸俗化的情形，但軍中開始盛行此風，緊接著傳進一般學校和大學院校。林彪被指控爲帶動庸俗風氣的罪魁禍首，但毛澤東予以赦免，林彪頓時成爲他的「親密戰友」和當然接班人。

一九六〇年九月十二日，中央軍委常委召開擴大會議。九月十四日至十月二十四日，軍委召開全會（爲了確保林彪的建議獲得支持而擴大進行）。在兩次會議上，林彪爲了奉承毛澤東，逼迫軍事當局將政治與意識形態工作列爲解放軍首要訓練項目，將軍事或技術訓練拋到腦後。會議持續多日，各方代表爭執不下。譚政是解放軍總政治部主任，也是在韓戰中備受尊敬的指揮官，他試圖反抗林彪的意識形態干預，卻受到嚴厲批評，最後竟遭解職。林彪占了上風，一九六〇年十二月二十一日，軍事委員會和中央都採納他的建議。

對於將所有成功事蹟歸功於「毛澤東思想」，鄧小平始終冷眼以對。一九五九年四月五日，在德國多特蒙（Dortmund）舉辦第二十五屆世界桌球大賽，容國團獲得男子單打冠軍，被公認為意義非凡的創舉，畢竟這是中國人首度獲得世界運動競賽冠軍，媒體稱此為毛澤東思想的勝利。鄧小平便反問，萬一容國團輸了比賽又如何？難道就代表「毛澤東思想」失敗？他在一九六〇年三月二十五日於天津舉行的會議上表達主張，聲稱將毛澤東思想庸俗化並忽視馬列主義其他傳統，只會招來反效果。

反對鄧小平的風潮逐漸興起。一九六一年四月，林彪視察部隊時，提議軍方辦的《解放軍報》在刊登報導時，要經常引用毛主席著作中的句子。一九六一年五月一日，報頭右邊首度引用毛語錄，底下還有林彪的評語。自此展開銳不可當的風潮，沒有一家媒體膽敢不引用毛主席說的話。接任解放軍總政治部主任的羅榮桓曾試圖遏止這股逢迎風潮，他認為軍隊應該熟讀毛澤東著作中的論述，以及其思想精髓，但不應該死背硬記，「像和尚念經一樣」。林彪不予理會，羅榮桓便向總書記鄧小平遞交正式報告，表明自己和林彪立場不同。鄧小平在書記處的會議上討論這份報告，與會者全都支持羅榮桓。但反對無效，林彪依舊打著毛澤東的名號推動軍隊政治化。

十年後，鄧小平從文革時期的下放之地江西回到北京，住在專門接待官員的賓館，他去探望羅榮桓的妻子林月琴和三個孩子，對孩子們說，要牢記他們的父親忠心擁護毛澤東思想

（當時毛澤東仍在世），但父親反對庸俗化，反對「活學活用毛澤東思想運動」（鼓勵大家無所不用其極地引用毛語錄）。鄧小平常談到羅榮桓反抗林彪的往事，或許是因為這個運動已經超出他的控制範圍，他感到無能為力。但他把過錯歸咎於林彪的庸俗化，從未怪罪毛澤東本人。一九七一年九月，林彪在政變失敗後死於飛機失事[3]。

籌備七千人大會

一九六二年一月十一日至二月七日，中央在人民大會堂召開擴大工作會議。元旦剛過十天，即使會議開始後氣氛轉為熱烈，政治溫度還是和氣溫一樣冰冷。這次會議的目的是鞏固劉少奇和鄧小平的政治地位，縱然已號稱為「擴大會議」，規模依然反常地盛大。為了讓棘手的政策順利上路，通常共產黨會找來很多人，塞滿整個大會堂。毛澤東原本打算召開單純的工作會議，「確保會議精神得到落實」[4]，後被說服擴大成全黨大會。共有七千零一十八位官員參加這場會議，通常又稱為「七千人大會」（中國人喜歡用大略的整數來統稱），涵蓋省政府、地方政府與國營企業等層級。除了規模龐大，會期總共持續二十八天，也打破了紀錄。

中共領導階層提出許多明智建議，並於一般例會中討論在大躍進的失敗中學到的教訓。一九六一年，中央核准一份又一份文件，有系統地推翻了毛澤東原本提倡的政策，不過這些也都經過毛澤東同意，而且部分文件保留他的話。一九六一年五、六月，中央召開工作會議，毛澤東承認中國因爲「違背客觀規律」而付出高昂代價，但他試圖爲「三年大荒」找別的藉口，否認這是錯誤的社會主義路線所導致。一九六一年九月，中央全體委員在廬山開會，決議實施一段時期經濟緊縮，降低工業和基礎建設指標，讓農業有喘息及復原機會。但這項決議只取得表面上同意，黨內依然沒有共識，毛澤東也沒有批准。

鄧小平奉命組織此次擴大會議。新華社社長暨《人民日報》總編吳冷西回憶當時情景，鄧小平與劉少奇密切合作，一同進行籌備工作。他們起草報告，條列過去四年的錯誤，並提出解決方案，確保全國經濟復甦。外人看來明智而務實的措施，其實都是極爲敏感的政治議題。他們無意推翻毛澤東，但對於幾百萬在飢荒中掙扎求生的中國人來說，這些政策非通過不可。就算毛澤東不支持，至少能抵消他的反對。

爲了籌備會議，鄧小平和書記處根據一九五八年以來的中央文件，寫了一份報告，認爲中央應負主要責任，省級領導則應負次要責任，可以說爲七千人大會定調。一九五九年國慶日前夕，釣魚臺國賓館落成，此後專門用於接待中外來訪的政要貴賓。一九六一年十一月六日，鄧小平在國賓館八號樓召開會議，與會者都是負責爲大會起草報告的幹部。他在會中提出清晰架構，作爲撰寫報告的依據。

他說，農業已漸有起色，儘管工業產量減少，基本上保持穩定，因此應該繼續執行經濟重整政策。黨中央領導務必團結一致，鞏固民主集中制，對於政策必須清楚達成共識，不能出現分歧。黨的工作方式必須改善，要實事求是，堅持「群衆路線」（此處是指重視人民的眞正需求），尊敬黨內民主。鄧小平與劉少奇經過一番詳談，於一九六一年十二月二十一日主持一場會議，討論起草報告的第一版。

鄧小平透過對議程及與會人士的掌控，還有最重要的文件製作，顯現他如何運用權威來籌備這次大會。他不但能完成這些瑣碎的任務，也能在必要時調派人手以最快速度處理最複雜的工作。大會正式召開時，報告也進入定稿階段。在中國共產黨的民主集中制裡，顯然集中多過於民主[5]。

七千人大會召開期間

一九六二年一月十一日大會召開，由毛澤東主持，但這只是例行程序，他已經不是權力核心，代表中央提交書面報告的是劉少奇。從開幕儀式直到一月二十九日早晨，會議始終圍繞劉少奇的報告進行。這份報告直接進入大會，沒有經過毛澤東主事的政治局。既然與會人士大多是基層幹部，恰巧提供集思廣益的機會。

接連開了數個討論細節的會議後，一月二十七日毛澤東主持全會，劉少奇在會上脫稿演說。他表示：「過去我們經常把缺點、錯誤和成績，比之於一個指頭和九個指頭的關係，現在恐怕是三個指頭和七個指頭的關係。」某些地區的農民認為「三分天災，七分人禍」，劉少奇用指頭來暗示對與錯或成功與失敗的百分比（一根指頭等於百分之十），這種比喻一直沿用到一九七〇年代，也被用來評價毛澤東對中國革命的貢獻。

劉少奇在脫稿演說中表明，他和鄧小平認為大躍進完全是人禍，罪魁禍首是毛澤東。他的發言不但是大會轉折點，也是中國政治文化轉折點，成為此次會議的高潮。原定由中央主要領導人發表演說後，大會到此結束，但毛澤東的支持者不滿劉、鄧二人主導會議，在他們的抗爭下，大會同意賦予他們發言權。會議的緊張氣氛至此煙消雲散，可以說是又一次高潮。

一月三十日，毛澤東發表長篇演說，罕見地進行自我批判，將大躍進的錯誤歸咎為個人責任。「凡中央犯的錯誤，直接的歸我負責，間接的我也有分，因為我是中央主席。」此番言論似乎是承認，罪魁禍首就是黨內缺乏民主。

二月六日，鄧小平發言，他認為黨有能力領導人民迎向「建設社會主義的勝利」，也有能力在國際共產運動中一肩挑起應負的責任。然而，黨的領導和工作都出現嚴重缺點，削弱了黨的優良傳統。原因有二：第一是對毛澤東思想學習不夠、體會不夠，提出了誇大不實的任務和口號；第二是黨內鬥爭造成偏差，傷害許多幹部。民主集中制沒有適當發揮，而且運動太多。

劉、鄧二人最大的問題是如何應付毛澤東，他們決定從毛澤東提出的「民主集中制」著手。鄧小平提醒與會人士，共產黨已是執政黨，掌握政權的黨和革命時期的黨不一樣。毛澤東依然把共產黨當作革命時期的黨，認為只要走上別條路就等於回到資本主義老路上，如同現在的蘇聯。

鄧小平表示，高層和基層溝通不良，為了解決這個問題，有必要讓黨委會或書記處（他管轄的機構）負責監督。劉少奇則提議召開黨內生活會議，並討論多久開一次。他們提出很多領導階層的共同問題，就連很少召開的黨內會議都要開一次特別會來討論。毛澤東接受「中央委員會應當視察工作、總結經驗與交流想法」。對於大民主的提議得到與會人士熱烈迴響。一月三十一日至二月七日，各省、中央局、政府機構和黨中央分組討論如何實施這些決議。關於黨的工作出現的各種錯誤，各層級都有人出來批評和自我批判，省委書記和基層幹部面對面，爲自己在執行政策時造成的損害向對方道歉。氣氛變得感人，在大家眼中成了出氣大會。所有層級的幹部都能針對中國當前問題暢所欲言，七千人大會在這方面可以說史無前例。大家普遍認定，有益的批評和自我批判具有正面意義，使得黨員前所未有地團結，動力前所未有地強大。這次大會就在樂觀的氛圍中結束。

只有林彪的發言不符合樂觀調性。他滿口阿諛奉承，完全脫離大會基調，劉、鄧二人支持者暗叫不妙。林彪直接表明，任何錯誤都是因爲對毛澤東思想學習不夠，言下之意就是其他領導人當初若能全心全意跟隨毛澤東，也不會有大躍進的災難。既然這些人不是左傾就是右傾，成了毛澤東的絆腳石，那麼出錯也就不足爲奇。這正是毛澤東想聽的話，林彪的發言等於預告毛澤東將從劉、鄧手中奪回權柄[6]。

毛澤東對七千人大會的回應

幾乎是在大會剛結束之際，黨內就已出現公開分歧。鄧小平肯定毛澤東的作爲，但到了一九六二年七、八月，中共在渤海邊的避暑勝地北戴河開會，局面開始逆轉，毛澤東重提階級鬥爭。雖然在北京召開的十中全會上（一九六二年九月二十四～二十七日），他公開承認階級鬥爭不應牴觸經濟重整，私底下卻運用四清運動達到目的。四清運動又稱爲社會主義教育運動，以毛澤東的名義發起，主張階級鬥爭的重要性。這場運動本質上是文化大革命的測試版，強調找回農民價值，消滅黨內（包括領導階層）的「資產階級」心態。一位名叫雷鋒的二十一歲無私軍人，據說在值勤時被倒下的電線桿擊中，不幸身亡，他在這次運動中成了無產階級的殉難英雄，受到全中國人民瘋狂崇拜。

一九六四年末，媒體開始出現「走資本主義道路的當權派」說法，而且據說北京有兩個獨立王國。（譯注：毛澤東開會時表示：「現在成了獨立王國，北京，我說的不是北京市委，就有兩個獨立王國，你們去猜，我就不講了。」林彪認為毛澤東所謂的「北京兩個獨立王國」是指劉少奇和周恩來。）經濟開始好轉，但領導階層分歧依舊。即便鄧小平苦心規劃七千人大會，也取得卓越成效，但毛澤東自我意識的膨脹及政治野心依然無解。

階級鬥爭是馬克思主義者分析社會和政治變遷的核心觀念，毛澤東以奇特方式運用它，如同蘇聯的史達林。自一九五〇年代中期，只要毛澤東本人或其主張遭到任何反對，他便聲稱中國出現新資產階級，無產階級（他把自己當作代表）一定要起來推翻。一九五七年的反右派鬥爭和一九六六年的文化大革命都是由此而生。中華人民共和國成立後，出現一批新的統治菁英，或稱新階級，正如米洛萬・吉拉斯（Milovan Djilas）對蘇聯和東歐等相似政權所作的分析一樣[7]。毛澤東以有原則的局外人自居，表現出對廣大農民十分關心的姿態，但他和其他領導階層一樣都是菁英階級。

劉少奇和鄧小平對於利用階級鬥爭來延續革命不感興趣，一心只想重建中國。在一九六二這樣的年代，唯一能作為參考榜樣的似乎只有蘇聯，而這正是毛澤東深惡痛絕的[8]。

一九二九年廣西起義的傳承

彷彿政治協商、陰謀算計還不夠多，鄧小平發現有人利用他的過去打擊他。一九五八年，中共鑑於壯族占廣西總人口三分之一，加上壯族方言與泰語多少有點關連，決定成立壯族自治區。爲了慶祝自治區即將屆滿十週年，當地政府計劃推出一系列出版品。

這套出版品包含小說、詩歌和民間故事，整個計畫的代表作是以廣西軍區名義出版的《廣西革命回憶錄》，此書於一九五九年九月問世，由曾和鄧小平於一九二九年在廣西率領百色起義的張雲逸將軍作序。書中沒有鄧小平的題字，可能是故意忽略，也有可能是因爲出版時間緊迫。

不管是基於何種原因發生疏漏，一般認爲一九四九至一九五五年在廣西任職的張雲逸有必要寫信給鄧小平，除了致歉，也邀他在第二版題字。一九六三年春節期間，編輯委員張武帶著張雲逸的信前往北京。鄧小平將此事列爲第一優先，在一週內便寫好簡短的題辭，當中有傳統革命情懷，也有勸人警醒的意味，字跡優雅，但不具藝術氣息。《廣西革命回憶錄》的出版方很快發現自己惹上麻煩，這本書被指爲「毒草」，據推測是林彪下的令。出版方、作者和那些出主意請鄧小平題辭的軍方及地方官員，全都遭到整肅，在社會主義教育運動期間被送去鄉下接受再教育。文化大革命爆發後，紅衛兵查封收藏原稿的櫃子（但很識相地沒有毀掉它），張武設法保存了鄧小平的題辭。到了一九八〇年代，本書終於得以出版，也刊登鄧小平當年的題辭，張武因而受到表揚。這個故事正足以說明個人與政治的緊密關連，以及某些人以政治話術和評斷掩飾惡毒的攻擊[9]。

吳晗

吳晗是知名歷史學家，他所撰寫的明朝開國皇帝朱元璋傳記是相關議題的權威之作，值得一讀。他也是鄧小平的牌友兼好友，鄧小平總喊他「教授」。吳晗還是中國民主同盟的主要成員，這是一九四九年後少數得以存續的非共黨黨派，但他很可能也是共產黨員，只不過文化大革命前一直沒有公開。他的名聲來自一九五〇年代撰寫的劇作《海瑞罷官》，描述明朝一位誠實的模範官員生平事蹟。劇作寫於一九五一年，但經過數度修改，到了一九五九年已經成為名噪一時的京劇，只有最遲鈍的讀者或觀眾看不出來劇情影射彭德懷在大躍進時黯然下臺的遭遇。姚文元後來成為惡名昭彰的四人幫成員，他對此劇的批判代表文化大革命已然呼之欲出。

一九六五年，吳晗聽說《海瑞罷官》很可能即將受到批判，時任北京市長的彭眞便替他寫了一封信給鄧小平。吳晗除了學術界和歷史界的工作，同時擔任北京副市長。鄧小平回信表示，他已觀賞過北京名伶馬連良（一九〇一～一九六六）飾演的海瑞，沒有什麼好擔心的，「有些人總想踩著別人的肩膀往上爬，對別人一知半解，抓著一點辮子，就批半天，好自己出名。」他說，「你告訴教授，沒什麼了不起。」他也對彭眞說，政治和藝術應該分開，把它們攪和在一起很危險，將會扼殺表達意見的機會。他對危險的看法是對的，但他錯估了此事對吳晗造成的威脅。他沒有料到毛澤東居然打算利用文化爭議在派系鬥爭中扳回一城，也沒有充分意識到江青在上海文化圈權力愈來愈大，政治陰謀也愈來愈多。

有一天，吳晗和鄧小平打橋牌，打到一半忽然扔下牌，向鄧小平道歉，表示他今天沒有心情玩牌。性格更爲強悍堅毅的鄧小平問「教授」在怕什麼，天又還沒有塌下來。他說，從參加革命到現在，經歷那麼多風浪，都熬過來了。經驗無非兩條，「第一不怕，第二樂觀。向遠看，向前看，一切問題都好辦了。有我們給你往前頂，你總可以放心了。」一番話讓吳晗安下心，兩人便繼續打牌。

吳晗不該安心，因爲天終究塌了。早在一九五九年四月五日，八屆七中全會在上海召開時，會上討論人們是否有勇氣講眞話並批評毛澤東，此時毛澤東便針對海瑞提出問題。他說，他讀過《明史》（清朝人寫的明朝正史套書）記載的海瑞生平，並寄了一本給彭德懷，也建議周恩來總理讀一讀。他詢問在場的中央委員，誰有像海瑞一般的勇氣。毛澤東此舉顯然是存心挑起爭端。散會後，曾於一九四〇年代擔任毛澤東祕書的歷史學家胡喬木，將毛澤東的評語告訴吳晗，並建議對方，聰明的話最好寫點對海瑞的正確評價。吳晗倉促中寫了一篇文章，於一九五九年六月二十六日刊登在《人民日報》上，標題是〈海瑞罵皇帝〉。九月十七日，他又在《人民日報》上發表作品，這次題爲〈論海瑞〉，由負責文化事務的胡喬木審查並修訂。盧山會議剛開始，爲求謹愼，吳晗又添了一篇後記，批評「右傾機會主義分子」（自然是針對彭德懷）。就在這時，任職北京京劇團團長的馬連良問吳晗，能不能將海瑞的英雄事蹟改寫爲京劇。吳晗雖然覺得不大合適，但又不好意思潑對方冷水。一九六〇年三月，新編歷史劇《海瑞》問世，在朋友的建議下，將劇名改爲後來大家耳熟能詳的《海瑞罷官》，一九六一年初由北京京劇團舉行公演。

有些人替吳晗辯護，認爲這只是一齣單純的歷史劇，與彭德懷在盧山會議後下臺扯不上半點關係，但這種說法有點不眞實。吳晗分明察覺山雨欲來風滿樓，才會補了一篇後記；既然毛澤東已於一九五九年注意到彭德懷與海瑞的歷史連結，吳晗仍改寫劇本，至少可以說有些危險。就算吳晗沒有預料到問題，馬連良也該有所警覺。

然而，風暴直到一九六五年才猛然颳了起來。與毛澤東妻子江青關係密切的姚文元，於十一月十日在上海的《文匯報》刊登文章，攻擊《海瑞罷官》。一九六六年初又出現攻擊《三家村札記》的文章。《三家村札記》是報紙刊登的系列諷刺文，由吳晗、鄧拓和廖沫沙合寫，他們在文中諷刺大躍進時期某些粗鄙愚蠢的行爲。一九六〇年代早期，本系列和鄧拓的《燕山夜話》在中國知識分子間很受歡迎。吳晗雖然不是主要目標，但拿他當代罪羔羊最方便，所以他遭到逮捕和審訊，可能是江青和林彪直接下令。一九六九年十月十一日，吳晗於獄中含恨離世。據說他是被迫自殺死的，但也有可能是被打死，或者因爲肺結核復發後沒有及時治療。鄧小平對好友的遭遇束手無策，他早已自身難保，被下放到江西。吳晗直到一九七九年終獲平反，部分歸功於鄧小平的努力，他也爲吳晗舉行了追悼會，恢復老友的名聲[10]。

擔任總書記的最後一段日子

在一九六二年七千人大會舉行期間，鄧小平和劉少奇的最大阻礙來自毛澤東。到了一九六五年，情況更爲惡劣。毛澤東的年紀已邁入七十大關，身心狀況恐怕不穩定。其妻江青與國防部長林彪明爭暗鬥，都想在他死後繼位。

解放軍總參謀長羅瑞卿在這一年遭到批判與解職。他在職時反對軍隊政治化及忽視軍事訓練與技術專精，不可避免地與林彪起衝突。一九六五年十二月，中央與政治局常委在上海開會，羅瑞卿在會中遭林彪冠上從事反黨活動的罪名，因而被免職，其副總理職務則保留到文化大革命爆發前。鄧小平不接受這些指控，在會議結束之際發表演說，試圖保護羅瑞卿。事後，鄧小平帶著妻子卓琳以及周恩來造訪羅家，三個男人在樓下談話，卓琳上樓找羅瑞卿的妻子郝志平，表達心中遺憾，並邀她與鄧家一同住在北京。一九六五年十二月十七日，他們和鄧家及李富春一同搭機前往首都，鄧小平和卓琳對羅家照顧有加，卻成了文革時期鄧小平的罪狀之一，顯然鄧小平此時已無力保護政治圈夥伴和朋友。

視察西北

鄧小平的政治和管理等活動因文革而全面停擺。一九六六年三至四月，他執行最後一項任務：視察陝甘青三省省會——西安、蘭州與西寧。三月十日，他與李富春及薄一波抵達西安，身爲國務院代表團成員，他們亟欲了解窮鄉僻壤的建設情形。鄧小平在西安聽取當地官員報告，視察幾座工廠，接著前往甘肅。三月十六日下午三點，代表團搭乘專用火車抵達蘭州，大半個月都待在當地，大家對甘肅的油田和航空工業特別感興趣。在這次考察之旅的照片中，鄧小平的神情並不輕鬆，顯得比平常嚴肅。代表團成員一律穿著毛澤東喜愛的中山裝，在半沙漠地區，抵擋風沙又保暖的衣物相當重要，但爲了拍照需要，必須穿得保守且正式，才不會和毛澤東及其跟班顯得格格不入。視察工廠與開會都是例行公事，鄧小平最感興趣的則是預估產量，這是大躍進時期最具爭議性的一項指標。

三月二十九日，代表團前往青海，下榻勝利公園招待所，接著搭火車向西行，鄧小平和同僚在火車上聽取當地領導的簡報。青海省與西藏自治區相鄰的邊境是少數民族混居之地，也是中華人民共和國最落後的地區之一，在大躍進時期飽受飢荒之苦。鄧小平秉持在西南的個人與政治經驗，很快便發現農業、畜牧業和少數民族關係是青海的三大發展瓶頸。他聽說當地於一九六一年出現大荒，如今糧食產量已漸漸恢復，今年更達到前所未有的成績。這樣的回答自然引起鄧小平懷疑，但他姑且相信產量確實大幅進步。

青海的現代工業有礦物提煉和核子裝置，包括位於海晏縣草原深處的金銀灘核武發展基地。這讓鄧小平想起四川境內靠近甘肅省界的小鎮毛爾蓋，當年他和紅軍一同長征時曾路過此地。他視察核子設備時，想起這是一九五〇年代在蘇聯協助下打造而成的，但是到了一九六〇年代，莫斯科撤回所有技術援助，中共決定自行研發軍事與和平用途的核子技術。一九六四年十月十六日，中國試爆第一顆原子彈，對鄧小平及全中國來說，這代表國家邁入現代化、強盛及獨立的階段。

鄧小平一行人於三月三十一日回到蘭州，聽取新疆維吾爾自治區第一書記王恩茂報告新疆概況。王恩茂爲領導展現令人滿意的發展成果，涵蓋了農業、工業、軍事與民兵各方面，他特別表揚新疆生產建設兵團的貢獻。鄧小平雖未造訪新疆，但蘭州軍區負責控管新疆部隊。他們於四月三日抵達此行最後一個視察點，也就是當年中共打天下的老根據地延安。

來到最後一站延安，鄧小平趁機去看了一九五〇年建於市郊的革命紀念館，順道走訪附近的楊家嶺窯洞。一九三六年至一九四七年，許多共產黨員曾在楊家嶺窯洞生活並工作。李富春、蔡暢以及幫鄧小平寫過傳記的小女兒毛毛也陪同前往，蔡暢說，當年鄧小平和卓琳便是在楊家嶺某座窯洞的入口舉行婚禮，鄧小平說他記得很清楚。大家一起回憶當初誰住在哪個窯洞裡，這個小地方曾是毛澤東、周恩來、劉少奇和鄧小平的家，鄧小平離開太行山後來到此地住下。上述幾位都是一九四九年拿下政權的高層核心，如今他們已漸行漸遠，開始分崩離析。鄧小平在廣場上受到當地幾百位官員和人民的熱烈歡迎。

這趟西北視察之旅收穫滿滿，令人雀躍，代表團開會討論如何順利發展當地經濟，不受北京緊張情勢波及。不料這一切於一九六六年四月八日戛然而止。當天康生打電話請鄧小平立刻回北京，他是毛澤東的心腹，一向以毛主席的打手自居，隨時準備攻擊任何實質或可能的對手。鄧小平搭乘專機從延安回首都，他雖然貴爲中共總書記，是黨和政府最高領導人之一，仍然沒有料到全黨、全國乃至全體人民即將陷入文革的天搖地動中，也沒有料到自己即將在充滿憎恨與毀謗的群眾運動中淪爲攻擊目標。鄧小平是文革中受害最深的領導人之一，儘管他曾經歷長征、抗日和內戰，但事後回想起來，他依然認爲文革是畢生最難熬的階段。

回顧一九四九至一九六六年的鄧小平

中國一九七八年後開始邁入現代化，鄧小平的功勞舉世稱頌，或許有些過譽，畢竟這並非他一人所爲，但整體來說他依然功不可沒。一九四九至一九六六年間，很難對鄧小平所扮演的角色給予正確評估，不如參考他對自己在這個階段的表現有何評價。中華人民共和國自成立以來至一九五六年，鄧小平認爲這第一個七年大體來說是成功的。這個階段是戰後重建期與第一個五年計畫，外界同樣給予正面評價。然而，中共也藉機對眞實或假想的敵人採取嚴厲打壓。鄧小平表示，儘管有時候高層過於躁進，這個時期的社會主義農業與工業改革仍然可以說相當成功。

他依然認爲，「還是要肯定」一九五九年的反右派運動，但後來「錯誤愈來愈多」。毛澤東兩次公開演說——「論十大關係」和「正確處理人民內部矛盾」，鄧小平認爲基本上「是好的」，毛澤東是從一九五〇年代末期開始出現錯誤。大躍進「不正確，一哄而起」地將農場全改爲人民公社。（毛澤東）試圖把每件事放進大集體，要每個人「吃大鍋飯」，引發後來的災難。一九五九年上半年，這些「左派」錯誤獲得糾正，中央不再嚴格控管人民公社，就連同年夏天的廬山會議上，大家也認眞討論如何發展經濟，但接下來便經歷了一段「困難時期」。

鄧小平對這段困難時期發表官腔十足的看法，畢竟這牽涉到他的管轄範圍，工業和農業政策都由他負責推行。當時由於糧食歉收和全國飢荒，導致數千萬人餓死，他堅稱黨中央曾想努力克服這場難關，但他也承認，只有部分幹部付諸行動。他也主張，不應將過錯全歸咎於毛澤東，因爲事涉中央全體。鄧小平甚至堅稱，儘管自己有絕佳意圖和清楚認識，仍須爲毛澤東的某些錯誤負責。鄧小平這些評論於一九八〇年代發表，大約在毛澤東過世四年後，此時鄧小平已經完全掌權。一九五六年，鄧小平成爲總書記候選人，不妨回憶一下當時毛澤東對他的看法：「我看鄧小平這個人比較公道，他跟我一樣，不是沒有缺點，但是比較公道。這個人處理問題比較公正，他犯了錯誤對自己很嚴格。」毛澤東對鄧小平很有知人之明，正因如此，即使鄧小平不認同毛澤東的政治主張，依然願意效忠。鄧小平在政壇若想保有穩定地位，必須仰賴他和毛澤東的關係。一九六〇年代，他努力保持微妙平衡，表面上對毛澤東忠心耿耿，暗地裡設法與這位主席的嚴重錯誤保持距離[11]。

第十二章　二號走資派（一九六六～一九七三）

一九六六年開始搞文化大革命，搞了十年，這是一場大災難。當時很多老幹部受迫害，包括我在內。我是劉少奇之後第二號「走資本主義道路的當權派」，劉少奇是「統帥」，我是「副統帥」。這十年中，許多怪東西都出來了[1]。

即使已過幾十年，文化大革命依然無法簡單歸類。毛澤東在大躍進之前每每動員解放軍、中學生和貧農，凝聚這些族群的支持，文革本質上是他又一次奪回權力和威信的嘗試。它是黨內領導階層的權力鬥爭，也是群衆運動。就連時間也有爭議，一般認爲它始於一九六六年，終於一九七六年，但最慘烈的階段於一九六八年結束，群衆運動則在一九六九年四月的第九次全國代表大會期間結束。一九七六年九月毛澤東過世，政治惡鬥依然持續，直到一九八一年一月「四人幫」審判結果揭曉才宣告終止。

文化大革命始於一場文化答辯。江青和林彪批評中國當代文化缺乏無產階級精神，北京市長彭眞予以回應，最後卻演變爲反對劉少奇和鄧小平。一九六六年五月二十八日，毛澤東的跟班組成中央文革小組，由江青統領，不久這個組織便取代政治局和書記處，成爲黨內最高權力機構。

鄧小平與文革爆發

一九六六年六月初，此時的中央多少仍在劉少奇和鄧小平的掌控下，他們決定派遣工作組進入北京的中學和大學尋求支持，並從江青手中奪下先機。他們已無力阻止文化大革命，只能盡量控制。這個階段的文革看似無害，只是要讓文藝創作更貼近日常生活，不要總是在逝去的帝王和交際花身上打轉。但鄧小平明白情況沒有表面看來那麼單純，檯面下早已暗潮洶湧，可能隨時會失控。

沒有人知道文革是否一開始就是爲了攻擊鄧小平和劉少奇而發動，還是毛澤東及其同夥後來才發現，這是讓二人丟臉及背上不忠罪名的絕佳利器。鄧小平或許早有所覺，誠如他在打橋牌時對吳晗的暗示，暴風雨即將來臨，但除了認命，他也無計可施。

一九六六年夏，文化大革命以公開的群衆運動之姿登場。八月十八日，毛澤東站在紫禁城天安門城樓上，一九四九年他在此宣布中華人民共和國成立，如今則接受成千上萬紅衛兵致敬。這群紅小將從全國各地湧入天安門廣場，對毛澤東表達支持。在政治局和中央委員會，兩派鬥爭僵持不下，一派是劉少奇和鄧小平，另一派是毛澤東、林彪和江青，儘管情勢愈演愈烈，入秋後劉少奇和鄧小平才開始遭到對手公開點名攻擊。兩人在黨內的地位穩如泰山，而毛澤東獲得的支持還不夠多。

起初派系衝突僅限於中南海，但學生和年輕工人受到江青和康生鼓動，開始熱烈討論政治。七月二十四日，毛澤東批評工作組「妨礙群衆運動」，而群衆運動正是文革的目標。劉少奇和鄧小平正式提出自我批判，七月二十八日，中央同意停止工作組一切活動。

但毛澤東仍不滿意，他下令全面重新發動文革。一九六六年八月二日，第八屆十一中全會召開，毛澤東發布一道惡名昭彰的指令，名為「炮打司令部——我的一張大字報」，支持聶元梓於五月二十五日張貼的大字報。聶元梓堅稱，北京大學已經被資產階級控制。這正合了毛澤東對新階級鬥爭的觀點，於是他在指令中聲稱，中央也有「資產階級司令部」，一個與中央互別苗頭的權力根據地。毛澤東指的就是負責處理日常事務的中央委員會，由劉少奇和鄧小平領導。他雖然沒有公開點名二人，但公安部長謝富治在中央會議上指責鄧小平妨礙毛澤東進攻「資產階級反動路線」。最後中央改組，儘管鄧小平依然是政治局常務委員，但在政壇已經被邊緣化了。

對鄧小平和劉少奇的個人攻擊

一九六六年十月九日至二十八日，中央工作會議在北京召開，陳伯達聲稱文化大革命中有兩條反動「路線」，林彪更公開指稱劉少奇和鄧小平是「錯誤路線的代表」。鄧小平被迫自我批判，寫下「在十一中全會中，毛主席的一張大字報，就是炮轟的劉少奇同志和我兩人的司令部。」字裡行間充分表露無奈，若有什麼值得懷疑，那就是他這番話並非出於自願，很可能是為了保護底下的工作組，他才會獨自承擔罪名。

毛澤東認為對劉、鄧二人的批評屬於黨內問題，不准手下將攻擊二人的大字報貼在大街上。他說：「要允許人家犯錯誤，允許改嘛！劉、鄧二人是搞公開的，不是祕密的，要允許人家革命。」然而，過不了多久，一些「江青等人教唆的造反派」就進了中南海，向毛澤東請願，要求公開批評劉、鄧二人。中南海向來戒備森嚴，若非黨內高層暗中配合，「造反派」代表絕不可能堂而皇之入內[2]。

一九六六年十一月八日，公開「第一張馬列主義大字報」的聶元梓和另外十人聯手張貼新大字報：「鄧小平是黨內走資本主義道路的當權派」。指控鄧小平是黨內領導中僅次於劉少奇的反毛澤東「走資派」，批評劉少奇和鄧小平的標語從此激增。十二月十八日，張春橋在中南海西門會見清華大學造反派分子蒯大富，要他全力打倒劉少奇。一九六六年十二月二十五日，為了打倒劉少奇和鄧小平而發動了第一次有組織的系列示威活動。

一九六七年八月，江青趁毛澤東不在首都，對劉、鄧二人及其家屬發動新一波批判。文革爆發初期，廣東省委書記原本支持毛澤東，後來看見此運動造成的影響，便開始反對，一併遭到批鬥。鄧小平這時已經被打為「二號走資派」，被迫辭去總書記，並遭到衛兵監視。自一九六七年九月至一九六九年十月，他被軟禁在中南海的住所，沒有經過審判程序，也沒有舉行過內部紀律審查會，就因為和毛澤東、江青及林彪的政治路線不同，他只能靜靜接受懲處，遠離政壇。

到了一九六九年，許多黨政軍大老都被迫去職。江青繼續鞏固個人勢力。林彪以中蘇邊境的緊張情勢為藉口，發布緊急戒備命令，並調動解放軍進入北京，「以便隨時應戰」。他的「一號命令」除了動員全軍，也將黨內高層如劉少奇、鄧小平、朱德和陳雲等人調離北京，分別派往河南、江西、廣東和安徽，由各軍區監控。這次疏散表面上基於戰術考量，但這樣一來，這些領導再也沒有機會留在北京妨礙毛澤東、江青和林彪等人獨攬大權[3]。

在江西修拖拉機

鄧小平在中南海的居所遭到軟禁兩年，同住的有妻子卓琳與繼母夏伯根，孩子則因父親淪為政治棄子而被迫遠離。大兒子鄧樸方原本就讀北京大學物理系，卻因父親是鄧小平而遭到紅衛兵追趕，身受重傷並留下永遠的殘疾。其他子女包括鄧林、鄧楠、鄧榕和鄧質方都被送去鄉下接受「改造」。一九六九年十月二十五日，原本遭軟禁的鄧家三人搭上飛機，前往江西省會南昌（也是一九二七年八月紅軍的發源地），開始為期三年的下放生涯，鄧小平還得接受勞改。他們會受到當地軍區的監控，但周恩來與江西革命委員會（地方政府都已重新命名為革命委員會）聯繫，安排鄧小平在新建縣的拖拉機修配廠工作。三人的住處位於將軍樓，是南昌步兵學校前任校長徐光友將軍的官舍。樓面寬廣，二樓有六間房，樓下也有數間。鄧小平的祕書黃文華和其他工作人員也在此協助並守護他。此處遠離北京，遠離政治圈，他再也不是運籌帷幄的掌權者，但至少工作和生活仍保有一定程度的自主性，他和卓琳也藉機遠離紅衛兵殘酷的暴行。

文革結束後，曾和鄧小平一同在拖拉機工廠共事的人都說，他們從來沒把他當作「二號走資派」，而是一位真正的同事。鄧小平在中央復職後，難免出現逢迎諂媚和放馬後炮之人，但他從未過度在意自己的地位，不管擔任什麼職務都能泰然處之。

鄧小平和卓琳與新鄰居結為好友，這些鄉下人單純、老實而且心地善良，遠不及中南海的人那般複雜。鄧小平或許因為念舊及眷戀鄉村生活而為這段回憶平添豐富色彩。新建縣雖然不是他嚮往之地，但從各方面來看，比他被軟禁的那兩年好多了。他很高興能遠離被文革荼毒的中南海，遠離政治惡鬥與江青、林彪無止境的攻擊。鄧小平的家鄉四川位於中國西南內陸，江西則地處華東，境內水系與群山交錯，並有中國第二大淡水湖鄱陽湖，水文景觀比四川境內更為豐富。對鄧小平來說，這種環境並不陌生，長征前中共根據地就位於江西南部。

鄧小平剛到工廠時顯得一本正經又沉默寡言，但幾天後他便發現，支部書記、車間主任和全體工人都對他相當友好，沒有人刻意與他作對或者惡言相向，廠方甚至嘗試讓他過得輕鬆一點。看來周恩來的安排挺好。鄧小平雖不願將北京的痛苦帶來此地，但難免心情煩躁，見到大夥對他友善，他也寬慰不少。當然，他們沒有把他當作工人看待，同事也常常要他累了就休息，畢竟他已六十五歲，一般人到這年紀就要準備退休了，可是他往往拒絕休息。

鄧小平起初每天早上走正門進工廠上班，但這樣就得穿過主幹道，或者繞路走上二十多分鐘。為了節省時間並確保他的安全，新同事在鄧小平工作的車間側面籬笆開了一扇小門，讓他可以穿過山腳下的田間小徑，直通南昌步兵學校的住處。這樣一來，他只需要走兩里路（一公里），大幅減少上下班的交通時間。他們在門上安了一把鎖，將鑰匙交給鄧小平，還把小徑剷平，清除路上的雜草和荊棘。

鄧小平有低血壓和低血糖的老毛病，有一次他發病昏倒，同事細心照料，用一輛豐收二十七型拖拉機載他回家。由於工廠規模很小，連一輛汽車或卡車都沒有。工人堅稱他們都把鄧小平看作真正的工友，但很難判斷他們對他的照顧究竟是出於人的自然反應及尊重老革命，或是他們深知不能怠慢一個終究會重新掌權的人。有一點值得注意，儘管狂熱激進的文化大革命在青年與容易受影響的人群中造成迴響，並不是每個人都能接受。許多老人和質樸的工人見過部隊領導和革命分子來來去去，對北京颳來的政治旋風沒有興趣。從後人追憶鄧小平在江西的那段日子可以看出，他受到當地人很好的照料，他們在很多小地方都熱心協助鄧家人，比如送藥，以及傳授當地特殊的米粉製法。

鄧小平被下放江西，原本以爲會在淒涼與消沉中度過，後來和鄰居及同事建立友好關係，日子也不再那麼難熬。卓琳深知鄧小平除了工作，生平只有三大嗜好，稱爲他的「三愛」：一是讀書，爲了讓他高興，卓琳總是設法找來足夠他讀的書。二是打橋牌和麻將，三是吃熱辣辣的菜餚。儘管秋收後，江西鄉間屋頂總是點綴著紅辣椒，農民將它們放在大太陽底下曝曬，但江西北部人不像四川人那麼嗜辣。

鄧小平閒暇時幾乎都在讀書，常可見到他伏案讀到深夜。江西鄉下可讀的書不多，後來他爭取到中央同意，將北京的藏書送到新建縣。他除了研讀馬克思和列寧的著作，也一再反覆閱讀中國早期古典名著，尤其是司馬遷（逝於公元前一〇四年）的《史記》。《史記》又稱爲《太史公書》，是一部中國歷史巨著，內容包括皇帝事蹟、名人生平及儀式、天文、曆法和稅制等專文。鄧小平除了此書，也研究後續的史書。

雖然一九七〇年離文革結束還有很長一段時間，但對那些處在文化沙漠的中國讀者來說，總算盼到一個好消息。鄧小平在報上看到一則報導：人民文學出版社即將發行新版傳統小說名著。鄧小平找到江西省革委核心領導小組祕書趙子昌，請對方幫忙購置一套。趙子昌費盡千辛萬苦，好不容易找來全套十一冊四大名著：《三國演義》、《紅樓夢》、《水滸傳》和《西遊記》。這些小說都以文言文寫成，用字雖然古典，但也摻雜不少口語，已經流行了幾個世紀，但在文革中全成了禁書，儘管毛澤東自己也是忠實讀者。這些名著有的是將歷史寫成小說，不適用非黑即白、非善即惡或非對即錯的二分法，有的則描寫上流社會的家庭生活。《西遊記》（外國人比較熟悉的書名是《猴》〔*Monkey*〕）描寫佛教徒前往印度朝聖的奇妙旅途。那些沒有文化又神經質的文化委員無法接受這樣的內容。對鄧小平和中國知識分子來說，這套書和其餘陸續出版的名著讓他們得以呼吸新鮮的文化空氣。

文革狂潮終於漸漸退散，鄧家子女獲准前去探視父母和祖母。骨肉長久分離令鄧小平夫婦痛苦萬分，尤其是卓琳。孩子們抵達江西後，一家人總算可以重享北京的天倫之樂，父母常常把最近讀到的故事說給他們聽。孩子們發現鄧小平正利用機會彌補革命和軍旅生涯中無暇閱讀的缺憾。結束下放回到北京後，鄧小平依然保持閱讀習慣，即使他於一九九〇年代正式退休後也不例外。

鄧小平終於被召回北京，基於和鄰居好聚好散，他與卓琳把甜食、糕餅和香菸全送了人。後來，他於一九七八年全國人大會議上見到江西省委書記，不忘叮嚀對方撥款給拖拉機工廠的老同事，為他們打造新車間，改善工作環境，並添購幾輛公務車。鄧小平和卓琳與江西老友們保持通信，並在他們來北京時安排會面。鄧小平掌權後，保持連絡愈來愈不容易，但一九八五年，卓琳仍排除萬難，邀請她當初在江西的一位女同事上家裡作客[4]。

鄧樸方的不幸事件

鄧家在文革中遭受巨大苦難，但鄧小平和妻子沒有受到身體上的傷害，至於「頭號走資派」劉少奇就沒有那麼幸運了。他於一九六九年過世，享年七十歲，由於在獄中遭到紅衛兵虐待，又沒有得到醫治，最後傷重身亡。同樣遭遇不幸的還有鄧小平的大兒子鄧樸方。

鄧樸方原本是北京大學物理系高材生，一九六八年，適逢紅衛兵派系鬥爭最激烈時期，號稱「亂世狂女」的聶元梓率領一群紅衛兵攻擊鄧樸方，只因他是鄧小平的兒子。事實經過有不同說法，總之，他不是被人推出窗外，就是爲了躲避追趕而跳樓，脊椎遭受重創。校內一位後勤人員伸出援手，可能還救了他的命，但他從此腰部以下癱瘓，只能坐在輪椅上。任誰在文革中都不好過，但身障人士更難熬。鄧小平聽說兒子被送進北京的醫院，他束手無策，只好寫信給毛澤東，請求將鄧樸方送來江西。信件由八三四一特別軍團指揮官汪東興送達，這支部隊專門保護毛澤東和其他中共高層，汪東興本人則從一九四〇年代起就負責保護毛澤東。他生於江西北部弋陽，此地距離鄧家居住的將軍樓不遠。鄧小平因爲林彪頒布的一號命令而遭到下放，汪東興當時便告知，若有需要可透過他在江西的親戚聯繫。一九七一年一月，鄧樸方抵達將軍樓，他不能自行站立、穿衣或盥洗，必須有人從旁協助，照顧起來相當吃力，鄧家此時也不可能找到專業護士。鄧小平除了要在拖拉機工廠上班，爲了讓鄧樸方不至於挨餓，他和卓琳還得種菜並養雞。此時他們在北京的藏書已經運來，鄧樸方也可以靠閱讀打發時間。

一九七〇年代早期，中國最好的醫療照護仍然落後西方一大截，鄉下地方尤其明顯，好比江西北部，只能找到所謂的「赤腳大夫」（受過基本訓練，熱心救人的江湖郎中）來醫治重症或重傷患者，而且藥品與設備也嚴重短缺。鄧樸方的傷勢不見好轉，雙親心急如焚，在無計可施的情況下，只好寫一封聯名信寄去北京，請求中央協助。一九七二年，周恩來代表中央，命令鄧樸方由妹妹陪同，乘火車前往北京三〇一醫院接受治療。但鄧家認為，即使周恩來親自下令，他們的兒子依然沒有即時獲得醫治，因為醫生深怕觸怒江青的支持者。鄧家終於在一九七三年三月結束下放並回到北京，鄧樸方的情況依然沒有好轉。一九七四年夏，卓琳終於找到幾位剛從鄉下結束勞改，得以「解放」回上海的專家。他們來到北京與三〇一醫院的醫師一同會診，發現為時已晚，鄧樸方的癱瘓情況再也無法逆轉，必須終生仰賴輪椅。後來他成了中國身障人士的象徵與代言人。

對鄧家和千千萬萬中國家庭來說，文革不只是思想理論之爭、政治鬥爭，或是紅衛兵周遊全國的好機會，而是一場苦難，他們蒙受其害，職涯中斷，像鄧樸方遭到的傷害，則是全家共同的不幸。

鄧小平在文革期間是否經歷精神或政治危機？不管是他本人或其他消息來源，都不曾提到他對那場災難有這樣的評語。傅高義認為，鄧小平即使被下放江西，依然察覺到中國的問題來自「體制深層的缺陷」，決心一有機會便要改變體制。對於改變中國，他始終充滿希望，下放江西給了他「時間去思考」問題和解決辦法。雖然當時覺得是種磨難，事實證明剛好相反，他不僅避開了撕裂北京政壇的派系鬥爭，也有時間好好規劃改革方針。

鄧小平做出結論：未來中共仍應頌揚毛澤東，儘管他犯過一些錯誤，也不能「全盤否定」其貢獻。按傅高義的說法，毛澤東的教導應當被解讀為「不是嚴格的意識形態，而是根據當時情況所做的調整」。這讓鄧小平等人有了轉圜餘地，畢竟他們需要調整毛澤東思想以因應中國面臨的新挑戰，以及應付黨內所謂的毛派。沒有證據顯示鄧小平決定拋棄馬克思主義或共產主義的世界觀，但社會趨勢已經轉變，必須調整以往所受的共產主義訓練，以適應新環境。鄧家經歷過重重折磨與審判，大多數中國人也一樣，文革導致人民對派系鬥爭深惡痛絕，對嚴格的意識形態充滿懷疑。鄧小平生來就是實用主義者，適逢這一波懷疑浪潮崛起，他站在最有利的位子上，準備在最好的時間點放手一搏[5]。

第十三章　從牛棚回來（一九七三～一九七五）

一九七三年周恩來總理病重，把我從江西「牛棚」接回來，開始時我代替周總理管一部分國務院的工作[1]。

一九七三年三月十日，中央「根據毛澤東和周恩來的建議，決定重新任命鄧小平」[2]。事實上，中央之前便已做出決定，而鄧小平早在一九七三年二月底便回到北京，結束三年半江西下放生涯。鄧小平復職多虧了周恩來，而非毛澤東，由於受到強烈反對，此事進展緩慢。儘管如此，這次成功表明領導階層的內部政策大幅逆轉。毛澤東已然重病，周恩來積極謀求重新掌權，尤其是在一九六七年八月紅衛兵占領外交部，中國國際地位一落千丈之後。

林彪在文革期間發動解放軍挺毛澤東，在黨內躍居高層。一九六九年，中共召開全國代表大會，他在會議上被指爲毛澤東的「親密戰友」與接班人。然而，一九七一年九月十三日，林彪原定搭機逃往蘇聯，卻在蒙古墜機，他和幾位家人全部喪生。這樁戲劇化事件衆說紛紜，但從未有過令人滿意的解釋，官方說法則是林彪密謀發動軍事叛變，意圖推翻毛澤東。江青和林彪亦友亦敵，很少人贊成她當毛澤東的接班人，但她和三位上海激進分子（後來被指爲四人幫）大權獨攬。

周恩來是中央唯一有足夠權柄和江青抗衡的人，然而他也病得不輕，最後在一九七六年一月八日逝世，比毛澤東早八個月。周恩來和鄧小平從一九二〇年代在法國留學時便是舊識，兩人的性格和脾氣儘管迥然不同，但始終互相尊重，而且他們看重的是組織和秩序，而非浮誇作風、群衆運動和沒完沒了的革命論調。周恩來需要一個人從旁協助，鄧小平是當然（恐怕也是唯一）人選。鄧小平復職的消息並未立刻公開，因爲江青和周、鄧二人已經開始鬥爭。媒體漸漸放出鄧小平回來的風聲，小道消息此起彼落，有人看見他在北京一家飯館吃飯，在場的食客鼓掌表示歡迎。他雖被下放了幾年，仍不改昔日幽默本色，一見衆人鼓掌，他也對他們鼓掌（以中國傳統方式），並高聲喊道：「繼續批鄧。」

公告和慶祝酒

鄧小平是堅毅又守紀律的軍人和政治家，但不是清教徒，偶爾也會小酌兩杯，他尤其偏愛後勁很強的蒸餾酒五糧液。這種酒原料來自四川南方宜賓出產的高粱、大米、糯米、小麥和玉米，酒精高達四十五度。鄧小平被下放江西後，薪水也跟著停發，但還能領到一些生活費。原本每月五百元收入減爲兩百元，除了要供應鄧小平夫婦和繼母生活開銷，還要盡可能接濟子女。鄧小平降低生活水準，只喝普通米酒（類似日本清酒），這種酒沒有後勁，比五糧液便宜多了。他甚至學習自釀米酒，由拖拉機工廠的監督員教他如何弄到酵母、糖和其他原料。

一九七一年十月一日是中華人民共和國建國二十二週年紀念，所有高層通常都會出席國慶活動，但這次少了副統帥林彪。鄧小平即使遠在江西，他敏感的政治嗅覺也已嗅到北京不尋常的氛圍，但他決定保持謹慎，而且絕口不提。十一月五日，工廠通知他和卓琳到大會堂，按照慣例，所有工人要一起聆聽官員透過黨的廣播頻道宣讀中央重要文件。他們抵達大會堂時，現場已經聚集了一些人，全場肅靜。鄧小平在後面找到座位，但黨支部書記羅朋看見他便大喊：「老鄧，你聽不清楚，過來前面坐。」

鄧小平挪到前排，公告播放了兩個多小時，他始終專心聆聽，幾乎沒有動過。結束後他找到羅朋，要求親眼看看那份文件，因爲有幾段聽不清楚。此舉違反常態，這樣的文件自然只能由高階領導宣讀，但現在是非常時期，鄧小平也不是一般人。羅朋不假思索地答應，只是請他要小心保管文件。鄧小平和卓琳直到午餐時分才回家，把繼母和剛抵家門的女兒給急壞了。他們看見夫婦倆的表情都鬆了口氣，但礙於監管全家的幹事在場，他們什麼也沒有說。卓琳示意女兒跟她去廚房，接著用手指在女兒的掌心寫下四個字：「林彪死了。」大家的反應既具有象徵意義又很實際，他們上樓回房，打開一盞非常明亮的燈泡，讓室內充滿亮光。卓琳煮了一桌菜表示慶祝，鄧小平開了一瓶茅臺酒（專門用於國宴的高粱酒，評價比他最愛的五糧液還高），大家一起乾杯，齊聲祝賀：「林彪不死，天理難容。」消息很快傳開來，其他同事紛紛趕來共襄盛舉，據說鄧小平和幾位老工友至少喝了五瓶茅臺。

林彪一死，政治風暴隨即冷卻下來。在北京，中央的日常事務由周恩來掌控，毛澤東則給予形式上的支持和協助。周恩來第一件事便是釋放一群被毛澤東或其同黨監禁的「老幹部」。雖然周恩來有執行權，依然認爲在敏感問題上需要獲得毛澤東許可，以免下令後又被江青撤回。

申請工作

鄧小平認爲時機成熟，便寫信向中央表達復職意願，這是「爲黨、爲人民、爲國家」盡力。信是寫給毛澤東的，但由周恩來轉交，他不僅立刻擺在毛主席眼前，也確保鄧小平得到想要的回應。

毛澤東寫了封指示信作爲答覆：

請總理（周恩來）閱後，交汪主任（汪東興是中央辦公廳主任暨八三四一特別軍團指揮官，也是領導階層的護衛）印發中央各同志。鄧小平同志所犯錯誤是嚴重的，但應與劉少奇（所犯的錯誤）加以區別。（一）他在中央蘇區是挨整的，即鄧、毛、謝、古四個罪人之一，是所謂毛派的頭子。整他的材料見《兩條路線》、《六大以來》兩書。……（二）他沒歷史問題，即沒有投降過敵人。（三）他協助劉伯承同志打仗是得力的，有戰功。除此之外，（我們）進城以後（一九四九年建立中華人民共和國行政機構），也不是一件好事都沒有做的，例如率領代表團到莫斯科談判，他沒有屈服於蘇修。這些事我過去講過多次，現在再說一遍。

這封信提到鄧小平自一九三〇年代早期便效忠毛澤東，以及抗戰時期不容抹煞的貢獻，句句都是實情。但是那迂迴曲折及雙重否定的敘述方式，可以看作不甘願的心情，勉強同意鄧小平回歸中央。周恩來需要鄧小平待在北京提供政治支援，因此這封信很可能是他向毛澤東「挖」出來的。不管實情如何，周恩來要想說動中央替鄧小平復職，還是需要毛澤東同意。

周恩來指示中央辦公廳將毛澤東和鄧小平的信複印多份，發給政治局成員，接著便召開政治局特別會議。他以中央的名義聯繫江西省委，要他們解除對鄧小平的監管，恢復「黨組織生活」。他也要求江西省委書記替鄧小平安排參觀訪問和調查研究的行程。

省委書記黃知眞剛剛復職，決定親自將這個好消息送去新建縣。鄧小平表明希望走訪江西各地，特別想重遊井岡山和贛州（舊時隸屬江西蘇區），這兩處都是紅軍在長征前的神聖革命基地。一九七二年九月底，中央批准他的請求。

這是一項非比尋常的請求，需要小心處理，畢竟鄧小平的地位尚不明確。他的「二號走資派」政治標籤還沒有撕掉，也尚未恢復舊職。他申請參訪的目的地及沿途城鄉等地方黨委都致電上級，詢問如何接待這位訪客，近期他的地位忽然轉變，但沒有人知道新身分究竟是什麼。上級以電話詳細指示各相關單位應遵循的接待禮儀：

一、要按省委主要領導待遇接待，與他會面時，可稱呼「小平同志」或「老首長」。

二、小平同志到了各地，都要由領導出面接待、陪同。

三、各地在向小平同志匯報工作時，只講「黨內十次路線鬥爭」（毛澤東的「正確」路線與一九三〇年李立三到一九七一年林彪等所有敵人之間的鬥爭）後工農業出現的大好形勢。

四、接待時不能向他提出任何要求，不能照相。

五、要絕對保證安全，特別是交通安全。

六、接待一定要熱情，要做好準備工作。

還有更詳細的指示，比如鄧小平的棉被不能超過五公斤重，下榻處要準備兩張床、兩大條毛巾毯。上級特別強調，一路上張貼的標語都要仔細檢查，雖然沒有明白表示，但意思夠清楚了，也就是要他們清掉或蓋住文革時期張貼的標語，尤其是那些點名攻擊鄧小平的。江西東北部和中國許多鄉村，到了一九八〇年代仍然看得到文革留下的標語，特別是在偏鄉地區。除了這些規定，他們還要對鄧小平的行程絕對保密，不管由哪個單位接待，維安都要做到滴水不漏。沿途各縣安排接待事宜時，禁止以電話討論，要由地區派人當面向各縣負責接待的人員口頭指示。

鄧小平的參訪安排如此高規格維安，似乎比較像是軍隊或國安機構的祕密行動，不像是為了單純接待來訪的高層。這意味著鄧小平的地位依然敏感又不確定，這個問題直到一九七二年仍未解決，自林彪死後，政壇刮起一股懷疑風潮。最高層的周恩來和毛澤東，前者掌管政府，後者身為黨主席，眾所皆知這位主席身心狀況不堪一擊，兩人的關係劍拔弩張。毛澤東的指示往往由周恩來和鄧小平的死對頭江青轉達，更添幾分混亂。鄧小平還處於政治冷凍狀態，雖然中央已撤銷對他的監管，但尚未允許他復職。然而，中央（周恩來）對江西官員下達的指示，只有最遲鈍、封閉的人才看不出來箇中含意：中國即將發生巨變，鄧小平將在其中扮演要角[3]。

井岡山朝聖之旅

歷經漫長三年，鄧小平終於擺脫中央監管，踏上象徵意義濃厚的井岡山與贛州朝聖之旅。毛澤東和朱德在江西瑞金建立蘇區後，鄧小平也加入其中，但沒有去過井岡山，他一直想找機會去一趟，可能因爲這片貧窮的山區和家鄉四川一樣，自古就是客家人的聚集地。自從一九四九年建國，他身兼共黨和政府高層，公務繁忙，自然沒有機會造訪此地。從某個層面來看，一九七二年的這趟行程，名義上是參訪，實則視察，代表鄧小平朝復職之路又邁進一步，距離他回到活躍的政治生涯，還有一段緩慢痛苦的路要走，或許這次視察也象徵對下放幽禁的一種補償。從另一方面來看，這也是一趟贖罪和朝聖之旅，他在過程中與中共的根源重新連結，也可看作他回歸高層的必要儀式。鄧小平精挑細選目的地，爲的是與毛澤東一九六五年文革前夕的井岡山之旅遙相呼應。透過相似旅程，鄧小平向毛澤東本人及其在中共歷史上的地位致敬，同時宣告自己有權成爲毛澤東的接班人。此時的毛主席雖仍在世，但已重病纏身。

一九七二年十一月十二日上午十點左右，鄧小平、妻子卓琳、私人祕書黃文華、警衛李樹林及五位工作人員，搭乘蘇聯灰色伏爾加轎車出發。他們向南行，第一站來到清江縣，此地現已改名為樟樹市，是傳統藥材集散地，當地人都稱它為「藥都」。鄧小平一九三〇年代就聽說過這件事，至今依然不忘。

鄧小平夫婦身穿灰色中山裝，來到當地革委會招待所，一同進入接待廳。鄧小平挑了一張朝東的椅子坐下，因為在風聲鶴唳的文革時期，「東方紅」是毛派推崇的頌歌，可能是一種對黨甚至是對毛澤東效忠的含意。或者鄧小平只是因為這張椅子看起來挺舒適的，才會挑中它。夫婦倆經人介紹，與前黨委副書記陳祉川會面，此人在文革初期就被指為「劉鄧路線的忠實執行者」，因而丟官，最近才獲得「解放」，回到縣革委。選擇此人接待鄧小平也有象徵意義，不過他恪守本分，僅按照中央指示，向鄧小平報告發展概況，大多聚焦於農業和工業生產，儘管他也對文革以來「傑出的」意識形態與政治轉變稍微談了幾句。

鄧小平參訪清江縣南郊的鹽礦時，受到五、六百名礦工和職員熱烈歡迎，有些人原本在休假也趕過來。廠長和黨委書記無視中央嚴令，早就把鄧小平來訪的消息發出去，還號召一組人打掃環境，以便迎接貴賓。鹽礦自一九七〇年代開挖，只有基本設施，卻為江西提供大量的鹽。鄧小平看了機器和製程，想起以前紅軍駐紮井岡山時，鹽的供應嚴重不足。那天午間，他和卓琳與陳祉川及一些職員共進午餐，還喝了當地出產的四特酒，鄧小平表示這酒很對他的胃口。飯後，鄧小平夫婦不顧主人反對，堅持付清餐費，還交了糧票。不管從實際面或象徵意義來看，鄧小平此舉都延續了紅軍傳統，也就是不為當地人造成負擔。那張糧票（第〇〇〇五七七六號）的存根印著一九七二年十一月十二日，至今還珍藏在鹽礦辦公室。一九五〇年代中期，中國開始推行以糧票換取糧食，目的是穩定糧食價格。到了一九八〇年代依然沿用，直至九〇年代市場經濟改革穩定後才廢除。

鄧小平前往四特酒酒廠短暫參觀，表達他對此酒的敬意，接著一行人沿著南昌至贛州的公路南行，大約下午四點抵達吉安。此地位於南昌至贛州的中間點，井岡山就在附近，一九六八年曾短暫改名爲井岡山地區。井岡山如今是縣級城市，隸屬吉安縣。鄧小平受到熱烈歡迎，被安排在一九六五年毛澤東來訪時的住處。這棟屋子位於郊外的贛河岸邊，現在已改爲吉安招待所一號樓。附近有吉安縣最珍貴的古蹟白鷺洲書院，建於南宋時期（一一二七～一二七九年），朱熹和一些知名的新儒學大師曾在此講學。

傍晚，鄧小平沿著贛河岸邊散步，有人看見他默默佇立，凝望著對岸白鷺洲上的古蹟。在此停留的幾個晚上，鄧小平趁機和井岡山地區（亦即現今的吉安）黨委的資深幹部崔永明談話，此人也是贛州軍區副政委。一九四二至一九四三年，崔永明曾任一二九師政治部安全處情報與偵查人員，當時鄧小平是軍團政委。崔永明很高興有機會作東招待這位老長官，他向鄧小平匯報時，清晰的山西口音讓鄧小平想起在太行山打仗的那段日子。夜深了，鄧小平房裡的燈光依然透亮，他還在聽崔永明述說文革時期江西的生活。鄧小平也發現，林彪曾試圖篡改紅軍在井岡山的歷史，目的是削弱朱德的角色，並誇大自身的功勞。

十一月十三日，他們參訪井岡山根據地戰役遺址。早上九點鐘左右，一行人下了車，在茂密山林中沿著崎嶇小徑前往三灣村。一九二七年，毛澤東便在三灣村楓林中的空地重整紅軍。負責這部分行程的官員非常重視維安，當地人得到的消息是要「接待東南亞外賓」。當一位身穿灰色中山裝、腳踏舊黑鞋、看來朝氣蓬勃的小個子現身時，大家覺得有種奇異的熟悉感。他一開口說話，濃重的四川口音便洩了底細。消息很快傳開，村民蜂擁而至，只爲親眼見他一面。鄧小平早就知道江西山村自大躍進後便生活困苦，但從一九三〇年以來，這還是他第一次有機會接觸當地人。時序已入初冬，天氣寒冷，赤貧的村民身穿單薄的土布自製衣，圍繞在鄧小平身旁，只有幾個人穿著北方冬天用的棉衣棉褲。

由於行程緊湊，他們只能迅速穿越幾座小村莊，一行人最後來到茅坪的八角樓。茅坪靠近江西與湖南交界，是國共內戰時期的戰場。這座有八角形天窗的建築曾是紅軍總部，當年紅軍撤退時與國民黨交戰，它沒有毀於戰火，因為醫師屋主和兩黨的關係都很好。現在此處已改建為博物館，成為「紅色旅遊」的熱門景點，迎合中國人參觀「革命聖地」的喜好。

鄧小平在八角樓旁的寺廟前下車，大步上前並迅速走上階梯。一樓曾是朱德的住處，兼作會議室，幹部們在此商討整合兩支軍隊及建立江西蘇區相關事宜。兩軍整合稱為「朱毛會師」，到了文革時期卻被改為「毛林會師」。最近身亡的林彪被冠上篡改歷史的罪名，但很可能只是本地的馬屁精幹的好事。鄧小平默默聽完此事，斷然說道：「假的就是假的，真的就是真的。」二樓是毛澤東當年的住處，鄧小平參觀現場，看見毛主席用過的床、墨條和檯燈，還有他在景岡山時期寫的兩篇文章：〈中國的紅色政權為什麼能夠存在〉與〈井岡山的鬥爭〉。此外，鄧小平也參觀了救治紅軍傷兵的醫院和療養院。

當地幹部並未主動報告地區經濟現況，不是怕冒犯他，就是礙於上級指示。鄧小平只有簡單表示，從許多方面來看，井岡山地區人民的生活和一九二九年一樣窮，他保證將來一定會好轉。一行人繼續往南走，來到茨坪，傍晚鄧小平和卓琳入住井岡山招待所。十一月十四日早晨，他們參觀茨坪的井岡山革命博物館，下午則造訪毛澤東故居與烈士紀念碑。隔天等到霧散開，他們重遊黃洋界，紅軍曾在此守住山中要道。毛澤東在詩中提過黃洋界，一九二八年秋，他便是在此寫下知名的《井岡山》一詩。

鄧小平在林木茂密的井岡山參訪，具有濃厚的政治朝聖意味。他的地位尚不穩固，但政治嗅覺一如以往敏銳。除了爲北京的支持者增添火力，他也盼望與毛澤東的革命歷程更緊密連結，畢竟這向來是取得黨內正統地位的要素之一，哪怕毛澤東曾經對他造成傷害。他同時展現無比決心，意欲糾正任何對中共歷史的錯誤解讀。從一九八〇年代開始，在世人眼中，鄧小平沒有一件事遵循毛澤東的路線，此刻他卻努力拉近彼此距離。此舉究竟是反映他對毛澤東忠心耿耿，抑或只是一種政治上的權宜之計？

一九七二年十一月十七日，用過早餐後，一行人立刻離開井岡山，前往贛河西岸的泰和縣。當地革委剛舉辦過全國農業機械化南方現場會議，鄧小平在拖拉機工廠工作數年，對縣裡製造的小型機械特別感興趣。池龍在現場目睹參訪過程，他曾是空軍一員，因爲冒犯林彪黨羽暨空軍總司令吳法憲，被打爲反革命而遭到解職，之後被下放到山東一處農場，只好將子女留給泰和的親戚照顧。林彪死後，池龍終於可以離開山東，回家鄉與子女團聚。他聽說十一月十七日有貴客蒞臨，便到現場一探究竟。當他發現來者是鄧小平，便請求與其會面，獲得批准。池龍向鄧小平行軍禮，接著緊緊握住他的手，說明自己是紅一方面軍的老兵，與鄧小平一起參與長征，隸屬通訊單位。鄧小平似乎認出了他，或者只是基於禮貌，兩人坐下來談了兩個多小時。池龍脫下外套，讓鄧小平看身上的傷，竟不是戰場上而是文革造成的。鄧小平表示，他們都是受到林彪的「一號命令」迫害。十一月十九日，一行人離開泰和縣，前往吉安縣附近參觀公社的軍民聯合生產大隊。鄧小平仔細詢問當地領導糧食生產和養豬情形，爲期十天、橫跨兩千里的江西南部考察之旅至此劃下句點。只要能了解當地問題，並能評估各地幹部對文革、毛澤東及他自己抱持何種態度，鄧小平絕對不會放過任何機會[4]。

回到北京

鄧小平和卓琳結束江西南部行程，回到新建縣，這趟臨時起意的江西之旅至此結束。一九七三年二月十七日，江西革委辦公室接到中央辦公廳主任汪東興（同時是八三四一特別軍團指揮官及高層護衛）來電，通知江西幹部，中央已經批准鄧小平的復職申請。此外，汪東興堅持要鄧小平立刻回北京。他說，這是「根據毛澤東的指示，由周恩來親自安排的」。既是周恩來的決定，自然不容懷疑。汪東興命令江西幹部以汽車將鄧家送至鷹潭，再從這座江西東部的鐵路運輸中心城市搭火車回北京。他並嚴令相關單位要絕對保密，不可洩漏鄧家的行程，維安也須做到滴水不漏。一九七三年二月十八日早上十點鐘，江西革委書記黃知眞通知上饒的部屬王瑞清，要他將鄧小平復職的消息發出去，並負責在鷹潭接待鄧家。王瑞清叮嚀準備去鷹潭迎接鄧家的當地幹部，爲了避免誤會，要熱情並周到地接待他們，畢竟鄧小平已不再是不受歡迎的人物。

一九七三年二月十八日下午四點五十分，鄧家與工作人員分乘兩輛公務車抵達鷹潭招待所。鄧小平有感於年近七十即將迎來人生重大轉折，前一夜已輾轉難眠，這天傍晚又執意在寒冷的戶外漫步，令招待所職員和警衛大驚失色。第四十六次快車經福州開往北京，要等到二月二十日早上十一點才會經過鷹潭站，歷經漫長等待後，鄧小平在歡送儀式中向北方的首都前進。

一九七三年三月十日，周恩來召開政治局特別會議，討論鄧小平復職一事。會後中央發布正式公告：「關於恢復鄧小平同志的黨的組織生活和國務院副總理的職務的決定」。四月十二日，從江西回來一個多月後，副總理鄧小平與總理周恩來聯袂出席在人民大會堂舉行的盛大宴會，歡迎柬埔寨西哈努克（Sihanouk）王子及其夫人訪華，這是鄧小平復出後第一次公開亮相。

儘管鄧小平已貴爲副總理，距離掌權還有很長一段路要走。預定於一九七三年八月召開的第十次全國代表大會正值籌備階段，江青的主要支持者已經在謀劃爭奪中央職位，而中央依然處於分裂狀態。這時距離鄧小平展開大規模經濟改革還有整整五年[5]。

中共第十次全國代表大會（一九七三年八月）

一九六九年四月在北京召開第九次全國代表大會，適逢文革高峰期，鄧小平和劉少奇遭到整肅後，此次大會的目的是賦予毛澤東與林彪身邊的當權派合法地位。一九七三年夏召開第十次大會，此時林彪已死，鄧小平也已復出。毛澤東與妻子江青的黨羽（都是她在上海的政治夥伴）在會上入選爲中央委員會委員，而鄧小平與其他在文革中「長期遭到迫害的老幹部」也獲選進入中央，但鄧小平沒有進入政治局。從周恩來的開幕典禮政治報告到王洪文的修改黨章報告，皆可看出此次大會情勢緊張與中央嚴重分裂。王洪文曾是紅衛兵，江青希望以他取代周恩來的總理職務，後來他成爲四人幫成員。一九七三年十二月十二日，政治局召開會議，毛澤東提議鄧小平入主中央委員會與中央軍事委員會，並任命其爲解放軍總參謀長。中央於同日發布鄧小平的新人事命令，但直到一九七五年一月五日，軍事任命才正式批准，三、四天後他才正式成為中央副主席。命令頒布多日後方能執行，純粹是江青及其支持者從中作梗。

皮耶·杜魯道訪華與聯合國大會

儘管鄧小平的地位尚未穩固，他已開始投入一系列備受矚目的官方活動，首先是一九七三年十月接待訪華的加拿大總理皮耶·杜魯道及其夫人。鄧小平全程陪同總理夫婦參訪各地，包括最近剛對外賓開放的洛陽、鄭州和桂林。回到北京後，他參加一場會議，探討廣西（剛剛才陪同總理夫婦前往參觀）灕江河谷的環保議題，接著再度上路，這次前往毛澤東出生地湖南韶山致敬。十月十九日，他抵達韶山，二十二日轉往河北邯鄲，一九三八年他曾在此與日軍作戰，此次造訪為他的政壇絕地大反攻平添幾分象徵意義。

鄧小平於一九七四年四、五月在聯合國大會第六屆特別會議上發表演說，探討中東議題與嚴重影響能源價格及世界經濟的「石油危機」，這是他在國際間參與過最重要的官方活動。他在演說中強調開發中國家應團結一致，呼應毛澤東於一九七三年提出的主張，毛澤東相信「天下大亂」時，有助於開發中國家崛起。日後鄧小平的國際活動以務實外交為主，但這次演說例外，他只是向國際社會提出中央（由毛澤東主事）的觀點。一九七四年四月四日，毛澤東批准演說內容，鄧小平便於四月十日下午對一百多國代表演講。

周恩來正式提名鄧小平，意欲由他代表重病的自己。儘管鄧小平並未進入政治局，卻擁有他人缺乏的外交經驗，但他的提名必須由中央批准，如此一來就得面對江青與「左派分子」的激烈反對，針對此次提名召開的第一次討論會議就此難產。周恩來不顧江青反對，逕自通知外交部，鄧小平的提名已獲中央批准，並將外交部草擬的方案上呈毛澤東，接著審愼挑選政治局成員。江青大發雷霆，嘗試廢除這個決定。毛澤東告訴周恩來，鄧小平也是他屬意的人選，他還說：「若政治局同志都不同意，那就算了。」周恩來很高興，將毛澤東這番話轉告王洪文。三月二十六日召開另一次會議，只有江青反對鄧小平的任命，而且行爲變得歇斯底里，毛澤東不得不下達書面命令，要她停止反對。

一九七四年四月六日，周恩來親自到機場爲代表團送行。四千名黨員也集結示威，表態支持鄧小平。在鄧小平登機的照片中，可以看到周恩來病容憔悴，這場病於一九七六年一月奪走他的生命。此外，兩人臉上也清楚顯現智取江青的滿足感。鄧小平在聯合國的演說禁不起嚴格檢視，內容缺乏深度或精妙之處，但他的策略是尋求各方建議，以毛澤東說過的話和其政治地位抵禦他人更進一步的攻擊[6]。

對抗江青與批林批孔

鄧小平的地位日漸鞏固，擁有周恩來的公開支持，而周恩來又深獲民心。此外，江青不管公開或私底下都極力反對他，其言行愈來愈令人痛恨。一九七四年十月四日終於爆發嚴重衝突。周恩來考量到自己病勢沉重，提議由鄧小平擔任國務院第一副總理，鄧小平將因此成爲他的副手與接班人，毛澤東原則上同意。江青果然震怒，並於一九七四年十月十七日的政治局會議上責罵鄧小平。這時已經被毛澤東稱爲「四人小宗派」的成員千方百計撤銷鄧小平的任命，試圖自組「內閣」。毛澤東不在北京，十月十八日，王洪文奉江青指示，前往長沙遊說毛澤東不要同意鄧小平的任命。毛澤東斷然拒絕，並且明白表示，要他們四人別再搞小團體，應該以鄧小平爲主團結一心。十一月十二日，毛澤東在信中警告江青勿自行「組閣」，不要走一九六〇年代在上海搞小團體的老路。從中南海到江青把持的釣魚臺國賓館（位於北京海淀區），氣氛愈來愈緊張。隨著鄧小平日漸掌權，江青與同夥想盡辦法阻止他，舉凡說謊栽贓、穿鑿附會等等奇招盡出，甚至妄想控制毛澤東。

毛澤東雖已沉痾難起，但頭腦依舊清楚，不輕易受騙上當。一九七五年一月，他決定任命鄧小平爲第一副總理、共產黨與中央軍委副主席，以及總參謀長。一九七五年一月八日至十日，中央爲了籌備第四屆人大，在北京召開會議，於會中同意毛澤東的決定。江青機關算盡，得到的結果恰巧相反，這下子鄧小平成了她實現政治野心的絆腳石與「攔路虎」。江青的反對來自私人恩怨，她無所不用其極地謾罵，手法異想天開又極度誇張，讓人很難接受。她的主要目標似乎不是鄧小平，畢竟鄧小平在仕途上逐漸高升，看起來沒有不合理之處。她應該是針對重病的周恩來，她對他的敵意深沉而久遠，在批林批孔運動中達到巔峰。即使以文革的標準來看，批林批孔仍是超乎尋常的運動，它的目的是雙重攻擊，一開始鎖定江青昔日及已故盟友林彪，接下來又瞄準周恩來（表面上拿孔子當幌子），從中國歷史中斷章取義，歪曲僞造史實，在亟需穩定的中國製造政治動盪，從而癱瘓政府功能[7]。

第十四章　治理中國（一九七五年一月）

一九七五年我主持中央常務工作[1]。

一九七五年一月十三至十七日召開第四屆全國人民代表大會（簡稱人大），距離上一屆已有整整十一年，也是文革後首次恢復召開。人大是中國最接近議會的組織，但沒有公開選舉或全民代表。周恩來在會上提出「政府工作報告」，並根據農業、工業、國防與科技四個現代化目標，制定中國經濟發展計畫。今人熟知的「四個現代化」是周恩來提出的，他死後鄧小平以此作為改革開放的理論基礎。會中選出周恩來、鄧小平及志同道合的幹部，組成「內閣」，江青控制政府的野心宣告失敗。周恩來身為總理，必須處理政府日常事務，但是他的身體非常虛弱，只能由鄧小平代理職務。雖然鄧小平還需要獲得毛澤東正式批准，但此時的他已開始治理中國，可謂生涯中始料未及的成功。

江青依然是鄧小平的大敵。隨著她陸續被定罪、下獄，最後於一九九一年死在獄中（據說是自殺），幾乎全民都指責她是為了刻意報復而製造分裂，並且妄想以毛主席妻子的身分奪權。中國人對於女人執政向來存有偏見（最著名的例子便是慈禧太后垂簾聽政），就算能公正看待江青，也很難舉出她對中國政壇有過任何貢獻。就在毛澤東風燭殘年之際，她的支持已經變調為把持，並以毛澤東的政治守門人自居，很難說毛澤東的某些指示究竟出自他本人抑或妻子之手[2]。

與胡喬木對談及全面整頓

鄧小平從江西回到北京後，最令他頭痛的對手或許是江青，但最大政敵不是她。鄧小平在政壇的頭號大敵是黨內知識分子，他們是可敬的檯面上人物，有能力引用馬克思理論辯證到底，條理分明，態度果決。雖然鄧小平不是理論派，但也曾研讀他們引用的理論。這當中最難纏的是胡喬木和鄧力群，兩人在宣傳機構和媒體可謂影響力十足。胡喬木（一九四一至一九六六年擔任毛澤東祕書）和鄧力群（曾擔任劉少奇祕書）堅決反對鄧小平的改革開放政策，他們代表黨內領導階層、全國及北京一大部分的意見。儘管鄧小平透過第十一屆三中全會鞏固民意，訴求自一九七八年起推動經濟改革，但直到一九九二年發表南巡的結論，胡喬木、鄧力群及其支持者才不再表示反對。

鄧小平與這兩位理論派理念不合（胡喬木尤其嚴重），與他和江青之間的嫌隙屬於不同層次。胡喬木和鄧力群的反對是基於對馬克思主義的不同理解，既沒有對鄧小平個人懷恨在心，也沒有摻雜大量敵意。一九七五年一月至一九七六年一月間，鄧小平和胡喬木等人總共進行二十四次「談話」，這些人後來成為國務院政治研究室成員，當中十五次是和胡喬木單獨會談。鄧力群後來帶著一批編輯，製作並出版胡喬木傳記，當年的訪談紀錄也包括在內，詳細刻畫了鄧小平整頓共產黨與對抗反對改革勢力的艱辛歷程。一九七五年六月，國務院正式批准成立政治研究室，七月初開始運作。在第十屆二中全會及第四屆全國人大（一月十三至十七日於北京召開）會議上，由於周恩來和年老體衰的毛澤東表達支持（至少毛澤東表面上如此），決議由鄧小平掌管中央的日常工作。鄧小平的升遷緩慢而曲折，仍須經歷數月慎重協商與痛苦爭戰。

此時的鄧小平正走在意識形態鋼索上。儘管目標是從根本改革經濟，他必須找到適合的推動方式，以便符合毛澤東的三個基本理論：「反修防修」、「安定團結」及「把國民經濟搞上去」。鄧小平和周恩來選擇性運用這幾個理論，只是口頭應付毛澤東對修正主義的指責；此外，他們無視於大多數與階級鬥爭和無產階級專政有關的說詞。毛澤東一方面謹守這些口號，另一方面支持鄧、周二人的工作，所謂的「三項指示」成了他們推動改革的方便大旗。

整頓軍隊

鄧小平成功避開教條地雷區後，開始著手改革，率先拿軍隊和經濟開刀，當務之急是在部隊中樹立威望。一九七五年一月二十五日，他剛被任命爲總參謀長和中央軍委副主席，便對高級幹部講話。他說，部隊正處於混亂狀態，在林彪統領下，許多寶貴的傳統紛紛喪失；要將人浮於事的龐大解放軍整頓一番，回復到一九五九年以前高效又充滿信心的原貌，這是多麼艱鉅的任務。六月二十四至七月十五日，中央軍委召開擴大會議，討論鄧小平的改革措施。七月十四日，鄧小平開始要求軍隊：恢復固有傳統；揚棄「腫、散、驕、奢、惰」等舊日惡習；避免派系鬥爭，服從黨的命令。說來容易做來難，因為不知道誰有權柄來代表黨下令。鄧小平的提議在軍中獲得普遍支持，軍方迅速果斷地整頓了主力部隊的領導，推行新的幹部任用政策，以便穩定軍隊。

恢復全國經濟

一旦鄧小平有了軍隊作為後盾，並全權掌控國務院，便可開始恢復經濟。一九七五年二月十日，他代表中央發布「關於一九七五年國民經濟報告」，「強烈要求全黨團結一切可以團結的人，調動一切積極因素發展國民經濟」。

中國經濟已然搖搖欲墜，文革期間，經濟部門遭到全面嚴重破壞。一九七四年上半年，許多部門和企業不但沒有達成預定目標，甚至負債累累。生產早已停頓，收入大減，但支出不斷增加。近期農業生產稍微提升，但工業生產始終停滯不前，尤其是鋼和煤產量下滑。由於根深蒂固的觀念與積習，導致這些問題存在已久。沒有人知道該從何處著手，但全面整頓經濟勢在必行，零星改革斷不能解決問題。

儘管如此，事情還是有輕重緩急之分。工業和交通是鄧小平最關切的項目，他立刻找出四個亟需解決的難題：鐵路、鐵、鋼和煤。改組是令人望而生畏的工作，他開始一一篩選這些部門的領導，在必要之處重新調整人力，根除派系鬥爭與陰謀，根據可靠紀錄來恢復組織架構與規章制度[3]。

整頓鐵路

中國幅員廣大，鐵路是交通命脈。鄧小平身爲四川人，深知鐵路在中國歷史上扮演重要角色。清朝末年，四川出現保路運動，企圖阻止鐵路發展落入外國銀行手中，間接促使清朝滅亡。鄧小平任職西南局第一書記時，大力主張興建成都到重慶的鐵路，這也是一九四九年建國後修築的第一條鐵路。直到一九七〇年代晚期，四川才完全接上全國鐵路網。鄧小平認爲，鐵路不發達顯然拖累了經濟發展。

一九七五年一月二十八日，鄧小平指示鐵道部部長萬里到他的辦公室進行簡報。萬里曾在文革爆發前擔任北京副市長，接任鐵道部部長剛滿十天，但他仍盡可能提出不加任何修飾的報告，因爲他知道這才是鄧小平想要的。鄧小平對報告內容並沒有大感訝異，不過依然高度重視。一九六五年每日運輸生產量可達五十萬節次，到了一九七五年已經銳減到四十萬節次。交通事故發生的比例非常高，一九七五年的重大事故發生率是一九六五年的十倍。車頭和車廂毀損程度令人擔憂，新車頭的產量只有以前的六成。鄭州、徐州等重要鐵路中繼站都有嚴重堵塞，影響整體運輸網。沒有鐵路，整頓經濟只能淪爲空談。

鄧小平召集各省、市及自治區負責工業的黨委書記開會，處理這些棘手問題。會期自一九七五年二月二十五日至三月八日。三月五日這天，與會者擠滿大堂，鄧小平對他們發表重要演說。幹部們提早抵達會場，期盼在這場演講中爲鐵路運輸發展找到一線希望，帶動自己負責的區域經濟發展。鄧小平急步進入會場，對聽衆揮手，省級領導蜂擁而上，搶著跟他握手，但遭到婉拒，他表示，唯有將來經濟情況好轉，他才願意與他們握手致意。有些代表眼見失去在正式場合拍領導馬屁的大好機會，莫不深感訝異，但鄧小平就是要他們明白當前經濟問題嚴重，迫切需要他們確保物質基礎獲得改善。

按文革的說法來形容，這些領導幹部們「只顧著抓革命，沒有抓生產」，才會導致嚴重危機。萬里與鄧小平磋商後，起草「中共中央關於加強鐵路工作的決定」，獲得中央批准（九號文件）。主要內容是整頓目前混亂的鐵路網，恢復秩序，此外也有一些新規定，著重於火車的安全與準時。鄧小平的演說加上「九號文件」，等於賜與萬里一把尚方寶劍，他隨即廣泛運用在工作上。他率領工作組前往徐州、太原、鄭州和長沙等鐵路重鎮，逐一整頓當地的鐵路營運。這不只是在大家面前晃一晃中央的新命令那麼簡單，需要長時間開會，強調情況非常嚴重，還有亟需解決的派系鬥爭。此外，必須補救錯誤的法律制裁；要求管理員將紀律、團結和國家需求擺在第一位；並恢復文革前的規章。新命令首先下達徐州，到了四月，當地的月度目標已經超越預定計畫。大家眞誠並全面支持鄧小平改革，員工和管理階層莫不忠心期盼擺脫混亂與無謂的意識形態之爭，因此人人專心努力工作。

鋼鐵業

鋼鐵為工業和消費性產品提供基礎原料，對製造火車頭、車廂和鐵軌來說尤其重要。五月八日至二十九日，鄧小平在北京召開座談會，邀請省級工業部門幹部與中國前十一大鋼鐵廠廠長與會，他在會中談到當前工業遭到嚴重損害。萬里也介紹了近期整頓鐵路的概況，葉劍英、李先念、谷牧及其他資深黨員也表態支持。這對鄧小平來說非常重要，因為他的改革並非一帆風順，也不是他一個人說了算。江青及其支持者正在謀劃一場政治鬥爭，打算攻擊「經驗主義」，這是實用主義的舊名，它對經濟改革的重視勝於意識形態。

在這次座談會上，鄧小平最大的貢獻是五月二十九日發表的演說：「當前鋼鐵工業必須解決的幾個問題。」他深知在場並非人人接受改革，於是提出毛澤東的「三項指示」，符合馬克思主義精神。但他略過第一項「反修防修」，只談到「安定團結」以及「把國民經濟搞上去」，強調工業的實際需求，這正呼應了他對整頓鐵路的初期主張。中央根據他的講稿擬定一份文件：「關於努力完成今年鋼鐵生產計畫的批示」（十三號文件），並於一九七五年六月四日發布，國務院據此成立鋼鐵工業領導小組。不到一個月，工業已然展現進步跡象，並不是因為鄧小平擅長行使奇蹟，而是其策略保障管理階層和職員回復正常工作，不需要擔心受到持續的政治批鬥。

科技與教育

文革嚴重損害了全中國的經濟與社會，但遠不如教育和科技所受的傷害。大學院校在文革期間成為紅衛兵的戰場，他們宣稱要發揚毛澤東政策的眞諦。中學及大學院校的正規教育幾乎全面停擺，原本學習的科目都被毛澤東的作品取代，理由是這樣比較「安全」。正因如此，一整代青年學子錯過了眞正的教育。

許多科技研究機構不是關閉就是無法運作，由於缺乏經費或擔心遭到批鬥，這些機構再也沒有從事研究。一些科學家只能暗中繼續工作，彷彿偷偷摸摸的罪犯，整個科技圈莫不惶惶終日，垂頭喪氣。科學進步是國防與經濟發展的基本要素，一九七五年，中國成立七機部以發展太空計畫，但是缺乏需要的科技知識。

胡耀邦任職於國務院政治研究室，在胡喬木手下工作。一九七五年九月，他提出〈關於科技工作的幾個問題〉，強調科技在經濟生產扮演關鍵角色。他否認學術有不應觸碰的「禁區」，也批評了中科院的管理方式阻礙專家學者的研究。這份報告正合鄧小平心意，它不僅可作爲管理中科院的範本，也是普及科技和教育的藍圖。然而，事與願違，毛澤東並未批准此報告的出版許可。儘管它始終沒有被正式接受，卻爲中國未來的科技發展方向奠定了基礎。

整頓共產黨

整頓共產黨的時候到了。一九七五年七月四日，鄧小平在中央學習班發表名爲「加強黨的領導，整頓黨的作風」談話，對於文革後地方上黨的領導沒有建立起來，表達由衷關切。他強調：「省委一級的領導一定要建立起來，如果說文化大革命初期的兩派是自然形成的話，現在還搞兩派，性質就不同了，如今毛主席強調要安定團結。」文革的迫害和不公爲全黨帶來傷痛，雖然毛澤東同意讓一些遭到誣陷的「特例」盡快平反，但進展依然緩慢。一九七五年四月底，鄧小平和周恩來透過中央政策，釋放當初遭政治迫害而入獄的受害者，只有少數林彪的黨羽例外。三百多位資深幹部獲釋，許多人也重返工作崗位【4】。

胡喬木與國務院政治研究室

一九七四年，鄧小平和周恩來成功粉碎江青及其黨羽自組「內閣」的野心，但是到了一九七五年，江青黨羽再度發動新一波運動，打出「反經驗主義」口號，意欲阻撓改革。媒體掌握在江青手裡，有一批寫手專門當她的「吹鼓手」和「棍子」。鄧小平一方面樂見務實政策與決議推廣成功，另一方面也深知，他需要打造專屬的意識形態利器，以便與四人幫率領的這群「意識形態突擊隊」打一場「短兵相接的爭奪戰」。

一九七五年初，鄧小平與毛澤東前任祕書暨起草文件專家胡喬木進行一系列會談。胡喬木也深諳毛澤東的想法和反應，如果能巧妙解釋毛澤東思想，使其表面上支持鄧小平需要進行的務實改革，那麼胡喬木的專業就顯得特別重要。儘管胡喬木依然堅決反對鄧小平的經濟改革政策，但他也不挺四人幫，畢竟他在文革期間也遭到整肅，幸而因毛澤東的保護逃過一劫，不像其他毛主席的敵人都遭到殘酷虐待。一九七三年三月，鄧小平回到北京後，胡喬木剛剛獲得短暫「解放」，直到一九七四年十月國慶大會上才公開露面。

儘管理念不同，鄧小平與胡喬木合作無間，聯手對付共同的敵人江青及其上海黨羽。既然這是一場意識形態之爭，他們決定利用編纂《毛澤東選集》第五冊的大好機會，成立國務院政治研究室，由胡喬木率領六位助理全權負責。這六位都是黨內的老幹部，包括吳冷西、胡繩、熊復、于光遠、李鑫和鄧力群。一九七五年一月初次提議建立這個機構，但遭到江青黨羽張春橋和姚文元阻撓。雖然這兩人已不再掌控黨或政府的日常事務，對黨內的意識形態卻有深遠影響力。在鄧小平等人的努力下，提案總算於一九七五年六月獲得中央批准。

《毛澤東選集》是共產黨員必讀的經典大作（不過文革期間由《毛語錄》暫時取代），前四冊囊括毛澤東一九四九年九月十六日前的文章與談話，內容都經中央核可，於一九六〇年出版。儘管來源可靠，但並不完整，而且經過大幅改編；其他由歐美日等學者編纂的版本，比較完整並正確地傳達了毛澤東思想。中國國內出版的第五冊涵蓋毛澤東建立中華人民共和國後的著作，對於後毛澤東時代的意識形態定調具有重大意義。任誰都明白，後毛澤東時代很快就要降臨，於是鄧小平一手抓住第五冊的主導權。政治研究室除了為即將來臨的改革計畫提供意識形態上的正當依據，也要利用《毛澤東選集》為改革提供政治影響力、可信度與意識形態保護傘，並獲得毛澤東時代的知識分子繼續支持，以便對抗敵人。這些反對者不是沒有正當理由，他們指控鄧小平意圖推翻毛主席所有主張。鄧小平無意與毛澤東劃清界線，唯有以毛澤東的權威為政策護航，才能推動改革。

政治研究室成為鄧小平對抗四人幫意識形態的總部，它被定調為智囊團，然而這個稱呼太過平淡又不夠完整，畢竟在這重大衝突時期，它同時扮演了嚴陣以待及衝鋒陷陣的角色。這個研究組織由七位獲選的「領導幹部」帶領，在鄧小平的實用主義與毛澤東的理論之間搭起橋梁，除了這幾位上級，還有四十位成員。不妨套句泰維斯（Frederick Teiwes）和孫萬國的形容：「鄧小平在政治研究室不僅扮演重要角色，也親自指揮這個組織的各種活動[5]。」中南海撥出兩棟建築供研究室處理日常事務（一處編纂《毛澤東選集》，另一處進行調查、研究和擬定政策），負責人是胡喬木，他只需要向鄧小平匯報。一九七五年七月初展開為期四個月的初步工作，除了製作《毛澤東選集》第五冊（後於一九七七年春發行），成員也制定了四大領域計畫，向中央與國務院提供建議與協助。

首先，他們就四人幫對文化產業的負面影響進行報告。四人幫阻撓了電影發行，禁止出版魯迅的信件與李自成（明朝末年叛軍，後成為家喻戶曉的民間英雄）生平小說。這場由政治研究室發起的消耗戰，將許多四人幫的決定都按毛主席的指示推翻了。研究室成員也支持一場運動，對於江青熱愛的「革命樣板戲」長據戲院深表批評，迫使她決定採取防禦措施。這場運動有效解除了一九七〇年初江青及其黨羽對藝術的箝制行動。

第二，他們重新起草國務院文件，並修訂現有重要文件，這自然是鄧小平的強項。其中最重要的是〈關於加快工業發展的若干問題〉（〈工業二十條〉）與〈關於科技工作的幾個問題〉（〈科學院工作匯報提綱〉）。兩份文件詳細制定政策，為了實現鄧小平迅速工業化的心願，並發展工業化所需的科技和教育基礎。對於江青及其黨羽從中作梗，文件也提出了激烈批評。

第三，政治研究室重新撰寫理論式文件〈論全黨全國各項工作的總綱〉（〈總綱〉），作爲鄧小平的改革宣言，建構在毛澤東三項基本理論：「反修防修、安定團結及把國民經濟搞上去」。這篇〈總綱〉加上〈工業二十條〉與〈科學院工作匯報提綱〉，成了壓垮江青的最後稻草。她和一干黨羽把這些批爲「三株大毒草」，並發起「批鄧、反擊右傾翻案風」運動。這場運動於一九七五年十一月三日開始，不擇手段（大多不正當）地反對或破壞鄧小平的改革政策。

第四，政治研究室支持中科院哲學社會科學部發行新期刊《思想戰線》，與江青等人把持的半吊子學術出版品分庭抗禮[6]。

江青的反抗

鄧小平擔任黨政軍要職，對江青來說是個「沉重的打擊」，顯然毛澤東屬意由鄧小平接班。江青一伙無所不用其極地批鄧，成功阻撓或拖延鄧小平的許多政治創舉。

一九七五年八月，受到大衆歡迎及尊敬的歷史小說《水滸傳》在媒體掀起爭論，使得「批林批孔」運動再次復活。江青及其黨羽姚文元認爲與其直接挑起政治議題，不如在文化領域中帶風向來得輕鬆自在。這次爭論根據毛澤東對《水滸傳》的評價而來，他說這本小說是政治投降的範例。爭論焦點在於主角之一叛軍首領宋江向皇帝投降是否有錯。當然，爭論本來就不是針對宋江或《水滸傳》，顯然是要攻擊重病的周恩來及其戰友鄧小平所制定的政策。

另一個更明確的攻擊和大寨公社有關。這個地方在文革期間被樹立爲農業組織典範，毛澤東曾爲此發布著名的「農業學大寨」指示。一九七五年九月十五日，全國農業學大寨會議在山西省昔陽縣召開，這裡是大寨公社所在地，會議後來在北京延續，由副總理暨政治局委員華國鋒統籌，一般認爲他和周恩來志同道合，對中國經濟邁向現代化的看法大致相同。大寨黨委書記暨政治局委員陳永貴在文革中被奉爲農民領導典範，他站上講臺自我宣傳，大談其大寨公社經驗在中國農業發展中的重要性。接著華國鋒請鄧小平上臺，針對農業現代化發表談話，全場掌聲如雷貫耳，鄧小平愈示意大家安靜，大家愈熱烈鼓掌，因爲聽衆中有許多「老幹部」在文革中遭到監禁，最近才因鄧小平和周恩來的指示而「平反」。鄧小平談到，他和周恩來爲了中國未來而鋪設「四個現代化」道路，其中農業改革是關鍵。他也指出，許多縣分和區域的糧食生產比一九四九年建國前要少，這句話惹惱了江青，她立刻插話反駁，指控鄧小平舉出的只是一、兩個特例。鄧小平不甘示弱，拿出最窮省分貴州和第二窮省分四川的糧食產值圖表予以嚴詞反駁，暫時堵住敵人的嘴。鄧小平接著提出其他需要重整及改革的農業問題，並強調唯有全面改革軍事、地方政府、工業、商業、科學、技術、教育和文化（江青認爲這是她的私人領域），才能澈底解決各種農業問題。鄧小平並呼籲，應讓優秀能幹的人才擔任農村地區的領導，要學習大寨就要眞學，不要只是做表面工夫或只學一部分，而應通盤檢視大寨的優缺點。

江青無視會議程序，尚未輪到她便強行發言，她說毛主席的指示遭到扭曲，並抱怨農業被邊緣化，因爲各省書記都沒有出席這次會議（儘管這是中央的命令）。後來她乾脆離題，大談用來攻擊周恩來與鄧小平的水滸傳運動。她要求公開發行她的演說，並在會上廣爲流傳，但顯然毛澤東並未同意。

毛澤東在這段期間的想法或作爲已不可考，鄧小平、周恩來和江青都聲稱獲得他的支持，但沒有一個他的門徒或政壇活躍分子正式成爲接班人。毛澤東對鄧小平的領導能力讚譽有加，或許他一直盼望鄧小平總有一天願意承認文革是必要運動。江青及其黨羽比較實際，他們發現鄧小平使出拖延戰術，他期待將來能安全無虞地否定文革並翻案，其眞實用意也就是否定四人幫與毛澤東。

毛澤東夾在接班人與妻子之間，爲了解決尷尬處境，他要求召開政治局內部小型會議。侄子毛遠新與江青等人走得很近，並在毛澤東的阿茲海默症惡化後，擔任他與政治局的主要連絡人。一九七五年十一月二日，毛遠新找鄧小平、陳錫聯和汪東興開會。鄧小平不打算承認強加在他頭上的「錯誤」，因此所謂的中央「打招呼會議」直到十一月底才在北京召開。會中討論〈右傾翻案風否定偉大的無產階級文化大革命〉文件，由毛遠新撰寫，毛澤東批准，藉以批鄧。這份文件有幾分可信度，畢竟有毛澤東背書，但很難說毛澤東當時的身心狀況足以應付審閱文件。

江青及其黨羽認爲政治研究室是他們實現野心的主要障礙，於是江青在同夥姚文元把持的《人民日報》上公開撰文批評。政治研究室撰寫的文件被批爲資本主義復辟的祕笈。一九七六年八月，江青一伙人又在一本小冊子中大肆批評，並將它發行到全國各地。事後證明，鄧小平的政策將會帶來何種長期影響，全都被江青一伙人神奇地說中了，但諷刺的是，小冊子和批鬥最後招來反效果，反而讓鄧小平的理念和政治提案廣為流傳。政治研究室遭受這些批鬥與嘲諷，又被指控散布謠言、假消息及洩漏黨與政府的機密文件，七位領導人不可避免地面臨龐大壓力與政治意見嚴重分歧。即使在這樣的局面下，七人依然緊密團結，他們心知肚明，打倒江青一伙人乃當前第一要務。胡喬木在鬥爭最激烈的時刻撰文批鄧，後來他為此事道歉，但鄧小平堅稱沒有必要[7]。

一般認為，鄧小平自一九七五年起開始擔任中國領導人，但是當時他受到強烈的反對和阻撓，以致到了一九七五年年底，他依然無法如願執行改革計畫，這個問題至少要再過兩年才能解決。

第十五章　掌權（一九七六～一九七八）

我是在粉碎「四人幫」之後九個月，即一九七七年七月才出來工作的，到那時我才能參加中央的會議。

比較實際地說，我是實事求是派[1]。

對中國和鄧小平來說，一九七六是扭轉命運的一年。政治領袖接二連三過世，恰巧為政治體制的適度變革清除了障礙，經濟結構也是數十年來頭一次有機會改變。但這一切並非一蹴可幾。中國在文革「十年浩劫」摧殘下一片蕭條，接下來的一九七六到一九七八年，中國共產黨及其政權陷入生死存亡關頭，衝突主要表現在兩方的鬥爭，一方主張「實事求是」，另一方則強調「兩個凡是」。這兩個口號對外國人而言既怪異又毫無意義，當中的含意模糊不清，即使是國內消息靈通的人士，想要跟上北京政治菁英迂迴曲折的套路，恐怕也不容易。鄧小平與支持者主張「實事求是」，他們一心想要滿足中國的實際需求，不管那些意識形態之爭，因而被嚴厲批判為「經驗主義者」。「兩個凡是」則是毛澤東說過的話與做過的事，這代表毛澤東的革命路線，也是中國必須遵從的方針，只要是江青的支持者都擁護「兩個凡是」。（譯注：當時「兩個凡是」的口號是：「凡是毛主席做出的決策，我們都堅決維護；凡是毛主席的指示，我們都始終不渝地遵循。」）

周恩來於一月八日過世，鄧小平痛失最年長、最有權也最值得信任的政治盟友。華國鋒被任命爲代理總理，接替周恩來的位子。他與江青一伙走得很近，堅稱批鄧依然是官方政策。下一位離開政壇的歷史性人物是朱德，他在革命初期曾是毛澤東的軍事搭檔，於七月六日過世。儘管朱德早已失去對政治的直接影響力，他的死依然是時代交替又一個有力的象徵。

天安門四五運動

只要提到天安門動亂，一般都會聯想到一九八九年六月三日至四日中共鎮壓民主運動，但其實早在一九七六年就發生過類似情形。周恩來一月八日過世，全民悲痛，各地舉行哀悼儀式。他被奉爲能幹的資深政治家與慈悲的共產主義者，毛澤東和江青在文革期間掀起腥風血雨，周恩來極力減輕兩人造成的傷害。鄧小平下放江西後，周恩來親自監管，爲的是保護他。鄧小平熬過文革，劉少奇卻在開封遭到紅衛兵虐待，於一九六九年十一月去世。周恩來在文革期間的所作所爲是否眞的保護了黨內的自由主義者和中國知識分子，這一點自然値得專文探討。到了一九七六年春，那些反對江青一伙延續毛澤東政策的人，紛紛以周恩來爲榜樣。

事件發生在中國傳統的清明節，這一天家家戶戶都要掃墓，藉由打掃祖先的墳墓表達對死者的崇敬。清明節通常在四月初，也就是春分後的十五天，一九七六年的清明節是四月五日。這一天，群眾在天安門廣場聚集，一同悼念周恩來。天安門廣場是紫禁城前方一處大型公共空間，於一九五八至一九五九年打造而成，與莫斯科的紅場分庭抗禮。示威者聚集在人民英雄紀念碑周邊，這座碑建於一九五八年，用以紀念在革命戰爭中陣亡的將士。早在三月間，紀念碑其上和周邊就已出現許多獻給周恩來的花圈，直到四月一日，北京化學纖維廠八十名年輕工人敬獻的花圈上，出現頌揚周恩來及攻擊江青的字句，這才正式點燃了政治衝突的火花。江青的支持者撤掉花圈，隨即湧入更多花圈、告示和大字報，全都在譴責江青一伙的批鄧運動。年輕人開始在此朗誦悼念周恩來的詩文，廣場上漸漸聚集大批學生、工人和官員。王洪文和張春橋（不久後被捕的四人幫成員）站在廣場西側的人民大會堂，驚恐地望著示威情況愈演愈烈。到了四月四日，他們下令撤除所有花圈和大字報，此舉激怒示威者，至少一萬人「湧入廣場」，在現場以擴音器要求群眾解散的警車被他們推翻。到了中午，廣場上聚集的人潮可能達到十萬人之多，一些示威者聲稱已經成立「首都人民悼念總理委員會」。王洪文找來文革時期的激進分子大喊口號，譴責周恩來和鄧小平。群眾不甘示弱，製作許多標語旗幟，譴責慈禧太后和印度第一位女總理英迪拉・甘地（Indira Gandhi）。示威者不敢直接攻擊江青，但這些指桑罵槐的標語也不會令她高興。

警車與治安崗亭被人放火，警民之間爆發激烈衝突，許多人因而受傷。華國鋒猶豫了一陣子，遲遲不能下決定，只好求助於毛澤東，之後便派出軍隊武力鎮壓示威群眾。部隊造成更慘重的傷亡，根據報導，這當中也包括共產黨和解放軍要員的子女。江青一伙發動更激烈的批鄧運動，指控鄧小平是煽動示威的罪魁禍首，儘管中國此時期的所有事件都是自然發生的。華國鋒在批鄧中扮演重要角色，據說他是遵照當時毛澤東的指示，但江青一伙不信任他謹愼節制的處理方式，便與他劃清界線。文革期間的激進分子開始在媒體發表文章，指控華國鋒是周恩來和鄧小平的同夥。隨著毛澤東的身心狀況日漸衰退，那些聲稱出自他本人的指示變得愈來愈不可靠。這時再要將反對鄧小平及其現代化政策推到毛澤東頭上已經說不過去，眞正反對的人其實是不受歡迎的江青，而她的影響力已明顯降低。

毛澤東逝世

七月二十八日，一場七點五級地震摧毀河北省唐山市，廣大區域受到影響，死亡人數超過二十五萬。一些迷信的中國人後來將這次天災視爲老天爺的預兆，用以昭告帝王撒手人寰。毛澤東於九月九日逝世，距離他的八十三歲生日還有三個月。他已多年身心狀況不佳，這段期間他對政治的影響力到底多大已不可考。由於沒有合乎憲法的接班人挑選流程，於是江青手下的激進分子和鄧小平的支持者展開激烈爭奪戰。華國鋒則聲稱自己有權接掌大位，因爲主席臨終之際對他說：「你辦事我放心。」上海那幫激進分子不吃這一套，江青以毛澤東革命性政策的唯一眞正接班人自居。鄧小平遭到排擠，爲了安全起見，只得暫且退回廣州。

華國鋒成爲中國官方領導人，但王洪文（後來被列入四人幫的上海激進分子）在中南海成立辦公室，一天二十四小時運作，企圖爲自己和江青一伙當中的另一位成員保住權力大位。十月六日，負責護衛領導的汪東興率領八三四一特別軍團，逮捕江青、張春橋、姚文元和王洪文，這才結束北京的混亂局勢。逮捕四人幫的決定由此而來：

中央政治局以華國鋒、葉劍英、李先念等人為主，採取斷然措施，對江青、張春橋、姚文元、王洪文實行隔離審查，由此粉碎了江青反革命集團[2]。

對許多人來說，這件事象徵文化大革命終於結束，但並不表示大位爭奪戰就此告終。鄧小平不在工作崗位上，沒有受到直接影響。華國鋒是剷除四人幫的發起人之一，隔天他被任命為中央委員會與中央軍委會主席，但他的任期只維持了九個月。

華國鋒執政的過渡時期

一九七六年全國各級幹部都被要求彌補文革的「極左」錯誤，鄧小平的支持者批評華國鋒沒有回應這項要求，而是把重心擺在以「兩個凡是」政策來追憶毛澤東。情況變得更為複雜。黨內及政府許多幹部已經意識到毛澤東的所作所為大有問題，他在世最後幾年問題尤其嚴重，後來統稱為毛澤東的「錯誤」，但普羅大眾仍盲目信任他，幾乎可以說是崇拜他。根據華國鋒的指示，《人民日報》、《紅旗》和《解放軍報》於一九七七年二月七日首度在報導中刊登「兩個凡是」政策。三個最具影響力的媒體同時發聲，彰顯這篇報導的權威性。

報導的直接政治目的是阻止鄧小平重返工作崗位，並阻撓任何人將天安門廣場的抗議活動重新定調為革命事件。既然毛澤東於一九七五年底正式核准繼續批鄧，並將天安門四五運動定調為反革命，想要推翻這兩個定論並不容易。「兩個凡是」的長期影響是將毛澤東奉若神明，其著作與生平事蹟都成了不容質疑的教條。這可能是華國鋒保住大位的唯一方法，但也因此延續了文革的不公不義，使得許多幹部無法復職，尤其是限制了知識分子的活動，這些被貶為「臭老九」的人亟欲推動經濟和技術改革。臭老九這個名稱源自文革時期的「黑九類」名單，這群知識分子是「紅色」毛澤東及其思想的反對派，被打入社會最底層。

鄧小平失去工作，不再是政壇炙手可熱的頭號人物，他認為「兩個凡是」正是中國發展的最大阻礙，但他幾乎沒有機會直接反對。與他志同道合的有陳雲、王震及鄧力群，他們繼續在黨內的會議上替他說話，最著名的一次發言是在三月十日至二十二日召開的中央工作會議，這次會議的目的是為了規劃下個年度的政治工作。他們在會中為鄧小平爭取復職，但會後出版的正式紀錄沒有列入這段發言。華國鋒表面上牢牢掌控共產黨，但天安門四五運動後，鄧小平於四月十日正式去函中央，抨擊「兩個凡是」教條，指控它違反了毛澤東精神與整個馬克思主義的思維模式。鄧小平聲稱，馬克思、恩格斯、列寧、史達林和毛澤東絕不會堅持「凡是」他們所說的都要列為指導方針。唯有探討中共對馬克思主義的理解，以及毛澤東「思想」與馬克思主義的關係，鄧小平才能說服那些頑固的資深同僚，讓他們相信他的觀點正確。

一九七七年五月三日，中央終於接受鄧小平的說法，正式將他的信函傳達開來。很少有人膽敢公開批評毛澤東犯了錯，但一九七七年四、五月間，中央開始偏向鄧小平更具批判性的做法。五月二十四日，鄧小平在演講中進一步以馬克思主義抨擊「兩個凡是」，雖然這次演講的地點和聽眾身分沒有紀錄，但王震與鄧力群都在場。華國鋒始終不輕易屈服，不但在重要會議（四月二十日至五月十三日）中討論大慶油田（與大寨公社都是毛澤東的革命性創舉），並於一九七七年五月一日的《人民日報》刊登報導，藉以鞏固他的地位。一九七七年七月十六日至二十一日舉行十屆三中全會，權力轉移更為明顯。華國鋒保住中央委員會與中央軍委主席職位，但鄧小平被任命為中央委員會及中央軍委副主席、國務院副總理與解放軍總參謀長。兩個水火不容的人看似勉強妥協，實則為華國鋒保住顏面，但他的權力從此被架空，徒留虛位。鄧小平表面上是華國鋒的副手，事實上他握有發號施令的權力。七月三十日，鄧小平在北京工人體育場的國際足球友誼邀請賽閉幕儀式上公開露面，新華社的報導與現場持續的掌聲代表鄧小平重新掌權。

鄧小平在三中全會談到，必須「正確而完整」地運用毛澤東思想，這番話是為了鞏固他的策略。他聲稱自己對毛澤東思想的解讀是正確的，在此基礎之上最後一次重回權力中心，從此屹立不搖。他和毛澤東對於發展的看法其實背道而馳，但他無法完全切割毛澤東的意識形態。中國的改革僅限於經濟面，不包括政治面，這可以說是原因之一。

一九七七年八月十二至十八日，中共第十一次全國代表大會在北京召開，華國鋒與鄧小平都在會中發表政策性演說。會議結束時，就連鄧小平最忠心的支持者都承認，「兩個凡是」派（華國鋒）尚未解決，儘管他們認為「實事求是」派（鄧小平）的影響力正逐漸增加。趨勢已然轉變，但不能公開承認。局面正慢慢且迂迴地轉向鄧小平掌控的派系與政府組織。就某方面來看，他負責指揮中央日常事務，但從另一方面來看，他有義務接受華國鋒的正式領導。政治與意識形態之爭懸而未決，鄧小平卻以國家領導人之姿造訪北韓，並前往東北視察。九月十九日，他造訪一九七六年七月遭到大地震摧毀的唐山，並表示將支持當地重建工作，要在鄧小平時代打造「新唐山」。

胡耀邦與中央黨校

鄧小平的支持者在幕後策劃名爲「眞理標準」的意識形態之爭，雖不明確但影響力不容小覷，新近復校並由胡耀邦管理的中央黨校成了主戰場。這場勝仗爲更自由的辯論與討論風氣預先鋪路，用當時的說法來形容，它「解放」了中國人的思想。華國鋒容許外界批評四人幫的錯誤，但他不樂見這場批評擴大爲針對「毛澤東晚年的錯誤」。

這場意識形態之爭因〈實踐是檢驗眞理的唯一標準〉而浮上檯面，這篇報導由知識分子熱愛的《光明日報》刊登，新華社也在五月十一日登出，後來常被簡稱爲〈實踐〉。這篇文章來自中央黨校的討論，胡耀邦是該校副校長。將毛主席一字一句奉爲人生準則的強硬派與鄧小平正展開意識形態之爭，中央黨校則是鄧小平的支持者之一。

胡耀邦表面上擔任副校長，實則握有管理中央黨校的權力，校內日常事務由他全權處理。校長由有名無實的華國鋒主席擔任，第一副校長則是汪東興，這位毛澤東的前任侍衛曾率隊逮捕四人幫。中央黨校在一九五五至一九六六年間又稱爲高級黨校，當時在政治上受到康生的嚴密控管，此人是毛澤東生前的貼身助理，他與在中央黨校任教的妻子曹軼歐聯手迫害毛主席的敵人和對手。康生在一九五七年開始的反右運動中冷酷地行使威權，專門針對不聽話的知識分子下手。中央黨校於文革期間停辦，儘管核心組織仍以中央黨校五七幹校（這是文革的機構，用以逼迫不聽話的黨內知識分子就範）領導小組的身分運作。中央黨校被康生一手摧毀，需要重建。

胡耀邦在復校初期便走馬上任，儘管中共的資料對於確切日期交代不清。一九七七年十月九日舉行開學典禮，但稍早已經開始討論重建事宜，以及知識分子對黨內的思想造成何種影響。一九七七年，解放軍元帥葉劍英擔任全國人民代表大會副主席，同時也是國家當權派，他邀請胡耀邦到他在北京城外西山的家中，詢問胡耀邦是否願意復職。由於胡耀邦和地位尚不穩固的鄧小平關係密切，北京大多數重要官職對他來說都太敏感。葉劍英便建議他擔任中央黨校副校長，負責重建事宜及日常事務（職務全名爲常務副校長）。葉劍英誇讚他的才能與這個職位完美契合，並且語帶狡猾地表示，學校位於北京西郊，少有機會發生衝突。後來學校搬去大學校園密集的海淀區，恰巧是衝突頻繁的區域。

一九七七年三月三日，政治局正式決定重建中央黨校，胡耀邦帶著祕書梁金泉赴任。三月九日上午，他與校方的領導班子會面。儘管他深深懷疑這群人的政治忠誠度，依然堅持黨校也要和其他地方一樣「揭批」四人幫的惡行。三月二十五日，他召集全體職員與幹部開會，揭示三月十日至二十二日中央工作會議的文件內容，這份文件尚未批准鄧小平的正式復職。中央黨校東報告廳擠滿幹部，很多人提早到場。胡耀邦帶著祕書梁金泉抵達會場，他獨自走上講臺，平靜地宣布他已展開工作。衆人以熱烈掌聲表示歡迎，他接著宣布將召開整風會議，以根除校中殘存的文革思想餘毒。

中央黨校的重建刻畫了毛澤東死後複雜、不穩定而矛盾的政治情勢。葉劍英說服胡耀邦接管中央黨校，當初也是他暗中策劃逮捕四人幫，或許他就是此事的主謀。葉劍英也是華國鋒的支持者，而華國鋒決意阻撓胡耀邦導師鄧小平復出，正在重新考慮葉劍英的職位。中央黨校爲鄧小平的政策提供知識層面的支持和意識形態上的正當性，等於否定了「兩個凡是」，終究爲華國鋒的政治生涯劃上休止符。

「實事求是」對上「兩個凡是」

培養有知識、有教育水準的黨員成了首要之務。不管是在中央黨校或全國各地，只要牽涉到研究中共黨史，胡耀邦認爲都要遵守兩個原則：一、對毛澤東一切指示要有澈底而正確的認識；二、要善加運用「實踐是檢驗眞理的唯一標準」。他和鄧小平一樣謹愼行事，慢慢試水溫，不會離毛澤東主義太遠，只是逐漸將重心擺在實務上，作爲檢驗理論功效的唯一方法。

「實踐」運動在一九七八年四月初成形，當時楊西光剛接下《光明日報》總編，他同時也是中央黨校的一分子。楊西光邀請南京大學政治系教授胡福明撰寫文章，並經數度修改，內容更合時宜，重點更明確，之後在《光明日報》發表。這篇文章的標題是「實踐是檢驗眞理的唯一標準」，開頭便抨擊四人幫和「兩個凡是」。胡福明在南京的醫院照顧重病妻子，有時候替她搧風，驅散「火爐城市」的暑熱，有時候在醫院走廊校閱這篇稿子。楊西光也找來中央黨校理論研究室的孫長江支援，此人先前也研究相同主題。最後在三人通力合作下，文章於《光明日報》刊登，只有標題的措詞略微更動。這篇文章經過胡耀邦認可，五月十日在黨校的內部刊物《理論動態》上首度問世，隔天發表於《光明日報》，署名是「本報特約評論員」。一九七八年五月十二日，它也登上了《人民日報》與《解放軍報》。

文章經過二十四小時才在各大媒體披露，這代表中共內部情勢依然劍拔弩張，局面極不穩定。〈實踐〉一文引起各方評論，多半是嚴厲的抨擊，許多人指控它攻擊毛澤東的遺教——在許多方面確實如此。

鄧小平與這篇文章的問世沒有直接關連，他不是理論派，這種研究理論的工作留給專家去做就行了。鄧小平注意到這場爭議，赫然發現這篇文章解決了推行「四個現代化」面臨的諸多問題，他聲稱此文符合「馬克思主義」，並拿它作爲自身立場的宣言。一九七八年五月底，他和胡喬木會談時提到這篇文章，七月二十一日，他與中宣部高階幹部開會，堅稱在討論〈實踐〉一文所引發的各種問題時，不應該有「禁區」。七月二十二日，鄧小平與胡耀邦碰面，恭賀他發表此文。

一九七八年九月，鄧小平前往北韓進行官方訪問，隨後視察中國東北。他在東北發表一系列正式談話，堅稱共產黨必須「高舉毛澤東思想的旗幟」，但也必須堅持「實事求是」的原則，這四個字與他密切相關。這些談話內容陸續在十月與十一月間傳達給中國各地的高階幹部，鄧小平全力支持的這個新方法，爲〈實踐〉一文帶動的意識形態轉變注入強大動力，也爲他預先鋪路，在一九七八年十二月的十一屆三中全會上一舉獲得政治勝利，在他這一代改變了中國的面貌。

入秋後，〈實踐〉一文在黨內引起熱烈討論，但是中共官方理論期刊《紅旗》依然不願明確表態。編輯部抱持「不捲入」的立場，但此舉大大支持了華國鋒的「兩個凡是」。一九七八年十一月，資深政委暨中央委員譚震林應《紅旗》之邀撰寫文章，紀念毛澤東八十五歲冥誕，他藉機在文章中提倡〈實踐〉一文。譚震林位高權重，編輯部不敢擅自修改他的文章，十一月十六日，原稿呈報中央常委。鄧小平閱畢批示如下：

我看這篇文章好，至少沒錯誤。改了一點，如《紅旗》不願意登，可轉《人民日報》登。為什麼《紅旗》不捲入？應該捲入。可以發表不同觀點的文章。看來不捲入本身，可能就是捲入。

李先念原本支持華國鋒，現已轉向鄧小平，他也寫了一篇文章支持譚震林，《紅旗》編輯部只得照登。鄧小平和李先念就這樣結束了《紅旗》的「不捲入」策略，並移除一大障礙，得以公開討論以「實踐」作爲衡量政策是否正確的標準。

在謹愼構思之下，對「實踐是檢驗眞理的唯一標準」所作的評論，提供高層一個學習典範，既能藉此展現他們確實遵守革命領袖（主要是毛澤東）的意識形態傳統，同時也可視中國當下實際需要擬定理論和政策。儘管鄧小平並非理論派，但他深知理論典範的重要，他在這方面可以說相當明智。他將設計這個必要典範的任務交給中央黨校（由他的追隨者胡耀邦掌管）的職員，也交給最近再度受歡迎的知識分子。這個典範成了鄧小平支持者反駁華國鋒「兩個凡是」的利器，華國鋒漸漸被邊緣化，終於在一九八一年失去黨主席寶座。他提出正式自我批評，承認「兩個凡是」只是一場錯誤。一九八二年，他離開決策第一線。

唯有經歷過一九六〇和一九七〇年代中國高度政治化的緊張氛圍，或者曾在那個時代飽受歷史與政治瑣事的紛擾，才能明白為什麼打造理論典範如此重要。為什麼鄧小平不直接宣布他要遵循並執行務實政策？答案很簡單：若他真這麼做，絕對無法成功。不管是公開表述或自我感覺，對於文革的口號和半軍隊式價值觀，以及毛澤東本人，全國依然有大批共產黨表示支持。如果鄧小平不願意採用這個時期流行的話術，也不宣揚毛澤東的政治遺贈，幾乎可以斷定他會再度遭到冷凍。此人不怎麼把馬克思主義放在心上，不得不披上一件理論外衣，以掩蓋他的務實主義[3]。

第十六章　經濟改革與對外開放（一九七八～一九七九）

我個人愛好打橋牌，但中國在政治上不愛好打牌[1]。

三中全會解決了黨的歷史上所遺留的一系列重大問題，以便團結全黨、全軍和全國各族人民，向著四個現代化的宏偉目標前進[2]。

一九七六年或許是中國命運面臨重大轉折的一年，毛澤東逝世爲中國開啓重要轉變的歷史新頁，但直到一九七八年才眞正在政治上實現。一九七八年十二月開始，人們總算可以懷著幾分自信說：鄧小平終於成爲中國政壇的領導人。不過局面尚未完全底定，仍有一些問題需要解決。華國鋒依然是黨主席，但在一九八一年六月去職之前，他的權力與影響力已經消失殆盡。外國觀察家開始封鄧小平爲中國「最高領導人」，這並不是中國政府和中共體系當中的頭銜，只是一種表達方式，認可鄧小平掌握中國的統治權，但他並非主席。即使過了一九七八年，鄧小平依然沒有完全掌權，這從一九九二年他的一項決定可以看出來。當年他以八十八歲高齡踏上艱苦的南巡，爲了打擊反對改革開放政策的勢力。黨內有一股顯著的反對聲浪，這批人深恐改革將危急共產黨的權威。

儘管問題重重，鄧小平仍爲改革開放政策積極爭取政治上的必要支持，而且成績斐然。

一九七八年，他在兩次中央會議上推動改革政策，面前不是心存疑慮的同僚，就是積極反對改變的勢力。在尋求政治支持的初期，他召開中央工作會議，從一九七八年十一月十日至十二月十五日，歷時一個多月。其後於一九七八年十二月十八日至二十二日，再度召開較短但政治上較具權威性的另一次會議，中央全體委員一致出席，正式名稱爲第十一屆三中全會，一般簡稱爲三中全會（或全會）。這次正式會議支持鄧小平提出的所有改變。在這兩次會議中，鄧小平的個人威望與改革開放的未來面臨存亡關頭，而中央在這股陌生的政治氛圍中，其威望、可信度與行政能力也面臨相同考驗。

三中全會是毛澤東逝世後首度召開的中央全面性會議，此前中共只開過兩次全會。第一次於一九七七年八月十九日舉行，緊接在中共第十一屆全國代表大會之後，除了遴選華國鋒爲黨主席，也批准包括鄧小平在內的副主席名單，以及政治局委員和常委人選。第二次全會於一九七八年二月十八日至二十三日舉行，目的是籌備第五次全國人民代表大會。這兩次全會都由華國鋒主持，但實際主導的是鄧小平本人及其政策。到了一九七八年十二月二十二日，三中全會閉幕之際，鄧小平已然成爲中國實質領導人，儘管沒有獲得主席頭銜。到了這個地步，再也沒有其他競爭對手與鄧小平一較長短，華國鋒徒具虛名但無實權[3]。

登上世界舞臺：日本

三中全會召開前，鄧小平早已在國際舞臺亮相，在海外的知名度出乎意料地高，連帶拉抬他在國內的地位。儘管部分開發中國家對毛澤東的革命理論曾掀起追捧熱潮，但他畢生從未獲得國際注目。鄧小平一舉一動都展現出他很滿意自己在國際間的高曝光率。一九七八年以前，他除了年少時旅居法國，海外經驗都侷限於共產世界，主要是蘇聯和北韓。然而，如今他成爲國家領導人，新角色的立場是對內改革並對外開放，由此帶來了兩個中國近代不曾結交過的盟友——日本和美國。

一九七八年十月二十二日，鄧小平搭乘專機抵達成田機場，在東京展開官方訪問，他說自己早就盼望有機會造訪這座城市。鄧小平是第一位任內拜訪日本的中國領導人。孫中山曾旅居日本，但當時他只是流亡海外的革命人士。蔣中正曾在一九〇七至一九〇九年間就讀東京振武學校，這是中國學生加入日本皇軍前就讀的預備學校。畢業後，他進入高田軍團服役。自從他領導國民政府對抗日本侵華，這段日本求學史成了不願提及的往事。毛澤東年輕時對海外旅行不感興趣，一生從未造訪日本。一九七二年九月二十五至二十九日，日本首相田中角榮訪問北京，毛澤東曾經親自接見，雙方並達成協議，同意建立雙邊外交關係。

日本對中共來說是個隱患。從十九世紀晚期開始，日本不斷侵略中國，在部分地區殖民。一八九五年，日本控制臺灣，一九三一年控制滿洲，並透過簽訂條約開放的通商口岸及租界，逐漸擴張其經濟與政治影響力，山東一省首當其衝。一九三七年七月七日，日本皇軍正式侵華，自此成爲中共的大敵。抗日是當時中共的核心策略與宗旨，直到日本政府於一九四五年九月二日投降，二次世界大戰結束爲止。這場戰爭對中國人來說是抗日戰爭，至少大陸人這麼認爲。日本占領中國時行徑野蠻殘忍無比，即使擺在二十世紀血淚斑斑的戰爭舞臺上，依然無人能出其右。南京大屠殺的姦淫擄掠，數百萬中國農民遭到日軍慘無人道的對待，至今這段歷史依然烙印在人們心中，透過文學和電影呈現。鄧小平曾在共軍服役多年，深知這歷史的傷痛多麼重要。

然而，一九七〇年代，日本不僅是中國近鄰，也是高度開發、成熟而且成功的資本主義經濟體。中國正在尋找願意投資的外資以及易於引進的現代科技。日本在文化上與中國有許多共通點，尤其是泛稱爲儒家思想的傳統思維：重視社會階級與群體，輕視個體，強調一致。日文和中文雖然無關，但由於兩國歷史上緊密的關係，日本在五世紀採用了漢字，並且沿用至今，儘管許多字都改了寫法，還要加上注音作爲輔助。這些相異之處成了鄧小平和福田赳夫首相會晤時的趣味話題。雙邊文字的相似度使得人們普遍認爲文化上也高度相似，實則不然。二次大戰前，「同文同種」觀念在擴張主義者之間廣爲流行。歷史上，日本可以說是中國的「小老弟」，從儒家思想的角度來看，日本必須向中國學習。到了十九世紀末，局面完全翻轉，中日都遭受西方強權壓迫，但日本轉而學習西方制度，搶先中國實施現代化。

因此，當尾翼印著五星標誌的飛機降落在成田機場，日本外相暨保守派自民黨黨員園田直在紅毯另一端恭迎嘉賓時，成了雙邊具有重大意義的歷史事件。園田直於一九三八年加入日本皇軍，服役地點包括中國及太平洋戰區，並受訓成爲神風特攻隊飛行員。基於二次大戰經驗，他決心阻止中日再度發生衝突，進入國會後，他開始積極推動雙邊外交關係正常化。

鄧小平在一九七八年十二月三中全會召開之前訪日，當時他只是黨的副主席和國務院副總理，但日方採取如元首一般最高規格接待他。秋天的東京到處充滿紅葉，秋高氣爽的氣候令人想起北京，大家莫不盼望這種相似處代表這次訪問一定成功。空橋搭好後，園田直顧不得禮儀，一個箭步衝上臺階，直接進入機艙迎接鄧小平和卓琳。鄧小平不待他說話便一把抓住他的手，對他說道：「我還是來了。」園田直感謝鄧小平一行人帶來晴朗的天氣，以此作爲問候語。或許這只是一般寒暄，但對雙方來說意義非凡。園田直曾在八月八日赴北京簽署《中日和平友好條約》，當時北京剛熬過長期旱災。園田直抵達當地時雷雨交加，前來迎接的是中國德高望重的外交官暨外交部長黃華，他感謝園田直爲他們帶來雨水。八月十二日簽訂條約，鄧小平九月決定訪日，就是爲了鞏固雙方的友好關係。

鄧小平和妻子抵達下榻的赤坂國賓館時，他表示，這裡很像迷你版凡爾賽，令他想起旅居法國的歲月。赤坂離宮是天皇的私人產業，於一九一〇年代爲裕仁太子（後即位爲昭和天皇，一九二六～一九八九年）打造而成，太子一家曾於一九二〇年代在此居住五年。一九七四年，此處改建爲國賓館，確實稱得上日本的凡爾賽。一九七二年九月，日本首相田中角榮曾赴北京商討中日關係正常化，當時他便提到這處離宮的改建計畫，希望周恩來總理成爲國賓館落成後接待的第一位外賓。周恩來說只要雙邊條約順利簽訂，他很樂意訪日。然而，事與願違，周恩來於一九七六年一月八日逝世，中日雙方直到一九七八年才結束協商過程並簽訂條約，因此鄧小平註定要取代周恩來，成爲第一位在此下榻的中國領導人，哪怕他不是國賓館接待的第一位外賓。十月二十三日上午，福田赳夫首相在國賓館舉行正式儀式，歡迎鄧小平一行人，日方將他當作國家元首來款待。儀式結束後，兩人進行非正式會談。福田赳夫戰時任職於財政部及內閣，他對中國的了解僅限於二次大戰前，因此他表達了訪問中國的心願。

鄧小平也拜訪了皇宮，他和卓琳接受昭和天皇與皇后的款待。二次大戰結束後，這是天皇第一次會晤中國領導人，因此具有非凡的象徵意義。一九三〇年代，日本帝國擴張與侵華都是以天皇個人的名義進行，許多中外人士都認爲，天皇要爲慘絕人寰的二次大戰負起全責。他這次接見鄧小平，十足象徵兩國人民盼望解決分化的政治意識形態及冷戰時期形成的聯盟，最終達成和解。日方對這次會面自然提心弔膽，生怕鄧小平藉機對日本和天皇表達中國人的憤慨。但事情進展得十分順利，令他們又驚又喜。十月二十三日中午，鄧小平將務實精神和政治家風範發揮到極致，他身穿中國人的正式服裝中山裝，與身穿西裝的天皇握手。雙方的談話符合外交規範，不會引起爭議，兩人都強調雙邊簽署新條約的重要性。此外，天皇也提到中日之間「不幸的事件」，他希望這些事都已成爲過眼雲煙。所有和天皇的會談及對外發布的談話內容事先由宮內廳和外務省辦公室確認無誤。日本頗具影響力的共同通訊社報導，天皇所謂「不幸的事件」是間接對中國人承認自己應負起二次大戰的責任。鄧小平自然同意這種說法。

隔天十月二十四日上午，鄧小平會見前首相暨自民黨黨員田中角榮，此人在中日關係正常化上扮演重要角色。一九七二年九月二十九日，中日雙方各派代表在北京簽署建立外交關係的聯合公報，田中角榮是其中之一，一同參與簽署的還有周恩來、日本外務大臣大平正芳，以及中國外交家姬鵬飛。十月二十四日下午，鄧小平與日本國會參、衆兩院議員會面，他在會談中指出，儘管中日已簽訂正式和平條約，未來仍有很多努力空間。接著鄧小平出席記者招待會，並參觀東京、大阪等地的寺廟和工廠，於十月二十九日返回北京，結束八天訪日行程。日本於二次大戰戰敗三十二年後，雙邊開始修補關係，也逐漸搭起溝通管道。對中國來說，這位從前的敵人雖然還沒有成爲政治上的盟友，至少是邁向現代化的經濟夥伴。自一九七二年簽署公報後，鄧小平遲了六年才訪日，但根據北京的說法，這次造訪立刻在日本掀起一股「中國熱」，而日本媒體和政客則將它形容為「鄧小平旋風」。不管是哪一種說法，這樣的結局令雙方備覺寬慰[4]。

登上世界舞臺：東南亞（一九七八年十一月）

一九七八年十一月五日下午，鄧小平與妻子卓琳搭機前往曼谷，開啓泰國、馬來西亞與新加坡的拜訪旅程。他的心頭始終縈繞著中國經濟的各種問題，因此在啓程前一天，他特地邀請胡喬木來到家中，商討經濟計畫該由人民公社或者生產隊負責執行。他在泰國與總理暨上將克利安薩・差瑪南（Kriangsak Chamanan）會面，並參觀農業與淡水養殖合作社，以及一處重要的空軍基地，此外也會見當地的華人團體。十一月九日，他離開曼谷，前往馬來西亞首都吉隆坡進行例行性政治和文化拜會，接著於十一月十二日上午前往新加坡。

鄧小平一九七八年訪日與一九七九年訪美成了國際頭條新聞。但他在三中全會前訪問新加坡，此行的影響力往往被低估，不過當時的總理李光耀有不同看法。李光耀和鄧小平都是客家人，在二〇一一年前一直擔任內閣資政。他在英語和馬來語的環境中長大，但他對自己的華人血統深以為傲，畢生提倡說華語運動。李光耀於一九七六年首度訪中，他始終以自己對鄧小平提出開放經濟的建言而自豪不已，並聲稱自己是鄧小平在經濟發展方面的主要指導者。這個說法或許有些誇大，但確實有充足理由可以證明，在鄧小平於三中全會前訪問的國家當中，新加坡的經濟實力最強，是中國改革開放最值得效法的典範。

在泰國和馬來西亞（以及鄧小平沒有實地造訪的印尼），華人屬於少數族群，但在經濟和政治層面都具有重要影響力。新加坡則有將近百分之七十五的人口說華語，馬來人和印度人反而是少數。新加坡是英國殖民地，隸屬海峽殖民地一員，但於一九五九年在聯邦體制內獲得自治權，一九六三年成為馬來西亞的一個州而獨立，一九六五年脫離聯邦，成為共和國。這個由華人主導的國家從此完全獨立，儒家思想在當地並非人人奉行，但備受尊崇。這是一個很小的城市國家，面積只有兩百七十四平方英里，但擁有傲人的經濟成長紀錄，由於快速工業化，被列入亞洲四小龍之一（與香港、南韓及臺灣齊名）。此外，新加坡也以穩定和重視社會秩序而聞名，由於高度要求一致性，引發各界對其少數族群及異議分子之人權、言論自由和公民選舉權的疑慮。雖然新加坡採多黨民主制，但自一九五九年起，人民行動黨在各種選舉成為常勝軍。中國自一九七八年三中全會後走向現代化，許多方面與新加坡有驚人的相似處。新加坡沒有照單全收西方民主制度，卻能在如此狹小的區域內實現經濟奇蹟。至於中國，在南方幾個城市建立經濟特區（比如深圳，面積大約一百六十平方英里），宛如在中國境內打造一連串正蓄勢待發的新加坡。

十一月十二日晚間，鄧小平參加李光耀安排的正式晚宴，席間他盛讚新加坡的經濟成功，以及政府一方面堅持不結盟政策，另一方面積極參與東南亞國家聯盟，也積極尋求和其他已開發經濟體建立貿易往來和其他關係。他向新加坡人民保證，中國有心推動和平，北京絕不會採取大國欺壓小國的做法。他還說，中國並非霸權至上國家，也不會在經濟發展之際謀求霸權，絕對不會「侵略、干預、控制、威脅或顛覆」其他國家。這番話是為了平息新加坡政府自一九六〇年代晚期以來的擔憂。十一月十三日下午，鄧小平與李光耀開會，討論新加坡華人與中國大陸之間棘手的關係。鄧小平重申，他反對有人（不是李光耀）提出的雙重國籍建議。隔天十一月十四日，鄧小平與新加坡華裔商人代表會談，討論日本的建立聯營銀行提案，他認爲，中國應該善加運用日本的資金和技術。他提醒與會人士，中國依然貧窮，即使中華人民共和國即將歡慶第一個三十週年紀念，這次慶祝將保持低調，不過分張揚。中國不應該以虛有其表的建設自欺欺人，這些開發案外表光鮮亮麗卻毫無內在。中國的農業和科技仍處於低度開發，應該提出來討論，但不應該強加不必要的限制。鄧小平詳加闡述他在日本和新加坡的所見所聞，他對於發展經濟和中國將來會受到何種影響，漸漸有了自己的看法。

江蘇省蘇州市以園林、運河和絲織業聞名，鄧小平在此興建工業園區，實爲新加坡之行對中國現代化帶來深遠影響之強而有力的鐵證。鄧小平訪問新加坡後，中國考察團尋找開發靈感或投資標的時，往往將新加坡列入考量，新加坡卻直到多年後才開始投資蘇州工業園區。園區管理階層表示：

> 鄧小平對花園城市的清潔美麗及整個社會面貌印象良深，而且對新加坡城市建設、政府組屋計畫十分推崇。一九九二年南巡期間，鄧小平說：「新加坡的社會秩序算是好的，他們管得嚴，我們應該借鑒他們的經驗，而且要比他們管得更好。」從此，中國的社會主義建設事業與新加坡經驗結下了不解之緣。

在開發者眼中，新加坡不僅是蘇州工業園區的榜樣，更是全中國改革開放的模範。李光耀對新加坡發展的詳細解說令鄧小平印象深刻，尤其是成功吸引外資的方式。而李光耀所謂的「新加坡將西方世界可能帶來的負面影響拒於門外，進而維繫國家凝聚力、民族和諧、社會穩定與文化尊嚴」等論述，也深深影響了鄧小平。一九九四年二月二十六日，專職負責吸引外資的中國副總理李嵐清與李光耀簽署協議，一開始名為新加坡工業園區，吸引了許多投資上門，後因新加坡公司損失慘重而成為一大醜聞。儘管如此，新加坡對中國經濟發展的影響毋庸置疑[5]。

中央工作會議（一九七八年十一～十二月）

一九七八年九月，中央（也就是鄧小平）決定召開籌備性質的「工作會議」，確保更為正式的十一屆三中全會能在十二月順利進行。兩次會議對鄧小平的改革政策具有重大意義，儘管仍是在黨的威權體制下召開，依然有些差異，值得仔細探究。

一九七八年十一月十日至十二月十五日，工作會議在京西賓館舉行。這座賓館位於北京海淀區，為解放軍產業，由軍方負責營運，是首都最安全的地點之一，而且不對外開放，黨內高層與政府官員很喜歡在此舉辦祕密會議。除了十一月十三日與二十五日召開全體大會，其餘時間均為小組討論，代表們按地區分組，共分為華北、東北、華東、中南、西南和東南等。十二月十三日舉行閉幕儀式，鄧小平、葉劍英和華國鋒分別上臺致詞，但儀式結束後仍有兩天繼續討論，直到十二月十五日會議才正式落幕。

兩百一十九位代表（也有其他資料顯示應到的是兩百一十八位，實到兩百一十二位）敏銳地察覺到檯面下暗潮洶湧，重大政治變革即將登場。這些代表包括北京黨政軍當中最資深的大老，以及各省和各軍區的高階幹部。在政策正式呈報中央之前，必須先找個隱密安全之處，私下將這些重要人士一一說服，讓他們相信鄧小平的改革路線是正確的。很少有人公開提及軍隊對討論政策有多少貢獻，但軍方的觀點仍應納入考量。十年前，解放軍對全國發布戒嚴令，不但阻止政府腐化，也使得一九六九年四月的第九次全國代表大會順利召開，為文革浩劫畫上句點。

此時，全國多數黨委都已正式宣布擁護〈實踐〉一文。這篇文章與鄧小平的評論早已廣為流傳，「兩個凡是」的支持者被孤立及邊緣化。會議原本聚焦於經濟議題，然而代表們一開始便離題。中央黨史研究室的武國友表示，儘管華國鋒於十二月十三日發表開幕致詞時，聲稱他已正式接受黨需要改變經濟路線，但他還沒有完全體認到黨內已出現意識形態轉變。

這次工作會議討論了六大重點：

一、黨的方針轉向經濟現代化，關於這一點沒有太多異議。

二、解決歷史遺留問題，也就是文革後遺症，包括一九七六年的天安門四五運動。

三、農業發展，一開始訂為主要議題。

四、黨的意識形態，「真理標準」對上華國鋒的「兩個凡是」。

五、鄧小平的主要政策：經濟任務與改革開放。

六、組織議題，鞏固鄧小平的權威。

許多代表一心想要批判華國鋒與一九七六年的天安門四五運動，大家普遍有個共識：若不推行政治改革，經濟改革勢必無法成功。整場會議可以說鄧小平衆望所歸，華國鋒則是衆叛親離。

登上世界舞臺：與美國的外交關係

一九七八年十二月十六日，工作會議進入尾聲，代表們預計休息兩天，趁空熟讀及修訂會議報告。當局已宣布，自一九七九年一月一日起，中美正式建立外交關係。華盛頓方面由卡特總統代表、北京方面則由名義上的領導人華國鋒代表，發表了聯合聲明。華國鋒擔任檯面上的領導人直到一九八一年，部分原因是給他留點顏面，順帶維繫外交禮儀。中美建交宣布的時機頗耐人尋味，等到中央召開三中全會時，需要消化的除了鄧小平那些激進的經濟改革政策，還有與昔日仇敵美帝的新關係，這在以前都是難以想像的事[6]。

十一屆三中全會（一九七八年十二月十八～二十二日）

十一屆三中全會於一九七八年十二月十八至二十二日召開，正式認可並公告中國走上全新路線。這次會議僅僅五天，比起一個多月的工作會議短多了。三中全會主要是向全國人民闡明經濟政策，他們當中大多數都不是黨員，而且長年從新聞界和廣播接收矛盾訊息，這兩種管道都受到黨的監控。除了昭告全國，這次會議也對全世界宣布中國的改變，尤其針對那些將資金與技術引進中國的國家與企業，他們的挹注對中國的經濟發展具有重大影響。

三中全會也和工作會議一樣在西京賓館舉行，代表們擠在會議室裡，一個挨著一個沿長桌而坐，只有一點點空間可以做筆記。這次會議緊接著工作會議召開，對於兩百八十一位代表來說相當便利，即使沒有入住西京賓館，他們也早就為了參加工作會議而住在北京。三中全會的議程和先前的工作會議不同，主要是滿足所謂的「社會主義現代化」需求。毛澤東的觀念流傳已久，如今遭到揚棄，華國鋒的「兩個凡是」也被推翻。會議室牆上掛著兩大張毛澤東和華國鋒的照片，儘管表面看來仍是中央一貫的會議形態，但討論的本質已澈底改變。雖然不能完全捨棄毛澤東思想，但仍以「完整並準確理解毛澤東思想」作為替代。提到毛主席是為了安撫保守派，這場會議代表運用毛澤東的分析來解釋中國實際問題的時代已經過去，黨內許多前任資深幹部都曾遭受不平等待遇，如今在會議中獲得平反，尤其是反對毛澤東一九五九年大躍進政策的彭德懷，並於一九七八年十二月二十四日舉行了彭德懷的追思會。彭德懷死於一九七四年，他的健康急遽惡化主要源自文革時期遭受虐待。

許多鄧小平的支持者獲選進入中國三大權力機構：中央、政治局和中央紀律檢查委員會。新面孔中不乏改革大將，包括陳雲和胡耀邦在內。華國鋒依然擔任主席，但不再掌握實權。華國鋒的軍方副手汪東興曾負責逮捕四人幫，如今被免除中央辦公廳主任一職，但仍保留中央候補委員的職位。

三中全會探討五大議題：

一、自一九七九年一月起，工作重心轉向經濟改革。
二、黨如何領導經濟工作。
三、加強黨內民主，建立民主組織和規則。
四、根據「實事求是」，恢復馬克思主義路線。
五、提升黨內健康的領導力量。

這些討論的目的是將共產黨擺在全新立足點上。三中全會否定文革時期與更早以前提出的政策，如今這些政策都被定調爲「左傾」錯誤。會中也揚棄了社會改變是基於階級鬥爭的觀點，轉而支持經濟發展的論調，體制也由封閉轉爲開放。這種做法是否符合馬克思主義路線仍有爭議，但它畢竟是鄧小平提出的，而且他總算說服了黨內領導階層和全國多數黨員，大家一致認同這是正確的方式。

按照中央黨史研究室武國友的說法，三中全會開啓了「撥亂反正」，這個過程直到一九八一年六月六中全會上華國鋒被免職才正式結束。自一九五〇年代晚期開始，中國政治史一路走來曲折多變，沒有人知道這次改變能持續多久。因此，爲了保護改革政策，鄧小平提醒黨的地方組織：「理論必須基於實踐」。他堅持展開各項教育計畫，以確保政策順利執行[7]。

兩次會議：局內人的觀點

一九七八年，胡喬木時任中國社科院院長，他是鄧小平最親近的顧問，但也不忘批評指教。朱佳木當時是胡喬木的祕書，後來成爲社科院副院長，他與長官一同參與工作會議及三中全會，並於三十年後撰寫回憶錄，爲大衆提供補充資料。他提到兩次會議有三個重點，由於三中全會幾乎可以說是工作會議的延續，他將兩者合併討論。

第一，兩次會議都明顯偏離原本議題。工作會議原定討論人民公社與農業發展速度；一九七九與一九八〇年的國家經濟計畫；發表李先念在國務院務虛會議上的談話。開始討論正式議題前，與會人士花了兩天討論，工作重點大幅轉向經濟改革將對黨和政府工作造成何種影響。然而，幾乎所有代表都想討論其他事項，包括文革遺留的歷史問題；「眞理與實踐」的爭論；幾位「該負責任的同志」之政治地位，以及「中央高層人事調整」。簡而言之，這是對華國鋒仍擔任黨主席的集體批評，並要求正式恢復鄧小平的職位。對會議見證者朱佳木來說，重點是代表們突破了意識形態限制，提出的各項主張也受到重視。三中全會召開後，首先處理第一項議程——成立中央紀律檢查委員會，緊接著會議方向迅速轉變，改爲確認工作會議上的各項討論，尤其是關於中央領導結構的討論。

第二，兩次會議都延長開會時間。工作會議原定進行二十天，簡短休息後繼續召開三中全會，最後卻開了三十六天。工作會議的討論涵蓋所有層面，而且鉅細靡遺，三中全會上已經幾乎沒有需要討論的新議題，但全會仍從原定的三天延長到五天。中央及其顧問與工作人員前後共開了四十一天的會。儘管時間已經延誤，胡喬木仍要求在兩次會議間短暫休息，以便工作人員修訂文件。如果把這段時間也計算在內，加上全會結束後又花了一天準備並通過公報，可以說總共花了四十五天的時間。

第三，兩次會議活躍的氣氛令朱佳木印象深刻。代表們熱烈討論，暢所欲言。他們及時提出詳盡的正式報告，上級用心聆聽並仔細記錄。剛開始有些報告被禁止，經代表們抗議，便不再出現類似情形。朱佳木注意到，一九七七年三月的工作會議沒能讓鄧小平復職，如今黨內的權力平衡已大幅改變，資深黨員的態度也澈底翻轉。隨著議程一天又一天過去，儘管每天長時間討論，氣氛依然愈來愈熱絡。朱佳木認爲，即使這兩次會議不是空前創舉，也可以算是極爲罕見。

眾人的心態轉變如此之大，就連提出「兩個凡是」的華國鋒也不得不討論「實踐是檢驗眞理的唯一標準」所扮演的角色。他終於適度讓步，承認媒體支持這類觀點的文章不應視爲對毛澤東的攻擊，但他依然戀棧權位。

工作會議進入尾聲，葉劍英、華國鋒及鄧小平分別發表談話，並以鄧小平的談話作爲這次會議的主要報告及三中全會的議程依據。早在十月期間，鄧小平便在胡喬木的協助下寫好這篇講稿，但工作會議開幕時他在國外，未能及時發表。十一月十三日他從新加坡返回北京，隔天便開始與會，但因身兼數職，不時需要告假外出。某次他聽取了討論的進度和概況，便大幅修改原先的講稿。他強調，國家需要盡快轉向經濟現代化，並呼籲大家重視「解放思想」及「實事求是」，此乃進步的兩大要素。他的演講表達了急迫感，他認爲領導階層務必要抓住這次歷史機會，實施他和周恩來擁護的「四個現代化」。若要說華國鋒和鄧小平的路線及權位在一九七〇年代某個時間點對調，那便是在工作會議的討論當中，並非名氣響亮且公開舉行的三中全會上【8】。

小崗村與廢除人民公社

工作會議與三中全會或許並未討論農業和改革公社制度，但它們依然是當務之急。有些農民已經開始改變做法。安徽北部的鳳陽縣原爲窮鄉僻壤，卻在一九七八年聲名大噪，尤其是境內的小崗村，當地農民私自推翻一九五〇年代開始的公社制度與集體農場，因而聞名全國。他們的做法令政府倍感壓力，不得不進行全面改革，另一方面，這也證實了大衆確實支持鄧小平的改革政策。人民廣泛的支持說服中央的懷疑派，現在他們願意支持經濟改革。小崗村設計的「家庭承包責任制」將集體經營事業改爲家庭農場，同時仍保留了法律層面集體制度的精神。

安徽並非中國落後地區，但小崗村沒有公路和鐵路，也沒有發展經濟的各項建設。一九七八年以前，此地人民極爲窮困，到處都是乞丐。到了一九七八年十二月，經歷過一場嚴重的夏季旱災後，十八位農民勇於挺身挑戰既有的集體生產政策，轉而投入所謂的責任制（俗稱大包幹）。農民手蘸紅墨水，在契約上蓋手印，農業生產經營轉移到個體戶手上，試圖在短時間內增加糧食供應。二〇〇八年六月十九日紀念館啓用，最早的契約和奮鬥歷程的紀念物都成爲館內展示品。這十八位叛徒不知道官員對他們的反抗有何反應，但農民抗爭的時機已然成熟。他們不曉得三中全會即將把全中國推上改革之路，這當中也包括經營農場。

他們設計的責任制恰恰符合改革精神，不久便上行下效，最後得到鄧小平最重要的認可[9]。

五老與工業新時代

爲改革政策鞏固政治認可雖是艱鉅的挑戰，但落實政策可以說難上加難。一九七九年一月十六日，榮毅仁、胡厥文、胡子昂、古耕虞及周叔弢等十多年未曾謀面的原工商業者都收到相同訊息：鄧小平想和他們會面。當晚，五人聚集在榮毅仁家中，他們很高興有機會和領導見面，一方面推敲鄧小平想要談論哪些議題，另一方面擬定一些重建中國經濟的提議，準備呈報鄧小平。爲了將衆人的意見統整爲一致的報告，古耕虞直忙到深夜。一月十七日上午十點，鄧小平在人民大會堂接見五人，他說想聽聽他們對重振經濟的看法，並如實告知目前的政治局勢。三中全會決定將黨的工作方針轉移到建設「社會主義現代化」，他們再也禁不起浪費時間，問題是要怎麼進行。他們必須極力避免重蹈大躍進的覆轍，比起一九五八年的封閉狀態，現在有了更多方法，不但爭取到外國資金和技術，海內外也有許多華人專家，不管是暫時定居國外或已成爲他國公民，都表示樂意回國開辦工廠。可透過補償貿易（以貨物而非現金付款）及合組公司吸引外資，但首先要找出資金週轉快速的行業以吸引投資者。

這是一種全新的表達和體制，五老熱烈響應。胡子昂堅稱應該運用現有人才，從那些有生意經驗的人開始，經認定合格者可授與官職。鄧小平表示贊同，他們確實比他還要熟悉問題，不過他也建議，任命各界人才（比如旅遊業）管理公司，不願任管理職者也可擔任顧問。他請五老推薦具有特殊科技才能的專家及善於管理的長才來經營企業，特別是在全新領域。他說，只要是能幹、肯奉獻又愛國的人才，不管是外國人或中國人都要列入考慮。話題轉向五老可以貢獻哪些良策，古耕虞便呈報前夜草擬的建議。鄧小平接過並回應：

要落實對原工商業者的政策，這也包括他們的子女後輩。他們早已不拿定息了，只要沒有繼續剝削，資本家的帽子爲什麼不摘掉？落實政策以後，工商界還有錢，有的人可以搞一兩個工廠，也可以投資到旅遊業賺取外匯，手裡的錢閒起來不好。你們可以有選擇地搞。總之，錢要用起來，人要用起來。

這段話背後的涵意是：國家可以接受商人運用才能發展企業，但獲益必須妥善運用並再投資，企業和業主不能只顧著積聚錢財。既然實施市場改革，商業機構卻積聚龐大資金不用，這種做法實在是古怪又天真。

鄧小平對五老暢所欲言，所有事開誠布公，但他對中央和政治局的同僚談話時只能採取完全不同的表達方式。此外，幾位賓客也能直抒己見。這些原工商業者至少被冷凍了十年，現在可以說重見天日，回來參與改革，鄧小平爲他們加油打氣，但眼前仍須面對黨內許多同志的堅決反對。鄧小平有勇氣又足智多謀，而且充滿活力，更重要的是，不管任務多麼艱困，他都能激勵人心。中午會談結束，鄧小平帶五老前往飯館，大家圍坐一桌，享用鄧小平最愛的蒙古火鍋。十年後，古耕虞對當天情景如此描述：「一只火鍋，一臺大戲[10]。」

榮毅仁與中信集團：對全球開放中國經濟

鄧小平的計畫中有一項重大考量：吸引外資。一九七〇年代，中國貧窮落後，嚴重缺乏資金是阻礙經濟現代化的一大因素。鄧小平結束與五老會談後，任命榮毅仁負責吸引並管理外資。在鄧小平改造中國經濟的奮鬥歷程中，這是他做過最重要的決定之一。

榮毅仁有商業背景，一九四〇年代，他在江蘇省無錫市經營家族的麵粉廠和棉花廠。二次大戰前，榮毅仁的父親榮德生是中國最富有的企業家之一，到了二〇〇〇年，榮毅仁成爲中國首富。一九四九年共產黨取得政權後，許多生意人帶著所有資產遷去香港或臺灣，但榮毅仁選擇留在大陸，他的決定被視爲愛國之舉，而他也是一九四九年以前就和中華人民共和國政府密切合作的少數企業家。一九五〇年代，榮毅仁和毛澤東與周恩來走得很近，和鄧小平的關係比較疏遠。韓戰期間，他捐錢購買飛機，並在大型私人企業被收歸國有時與共產黨合作，逐漸吸引鄧小平注意。一九五七年，榮毅仁擔任上海副市長，一九五九年，鄧小平推舉他擔任副部長，負責管理紡織業。文革期間，榮毅仁遭到嚴厲批判，但或許因爲周恩來出面干預，他得以躲過紅衛兵最殘酷的手段。

一九七八年，鄧小平深刻體認，爲了改造經濟，中國需要吸引經驗豐富、才能出衆及目光獨到的黨外人才，請他們「出山」。這批新政治支持者有能力「去探索，去實驗，去開創新天地」。這是鄧小平的長處，他不僅明白自己能力有限，也深知共產黨和領導階層並非萬事通，他不至於盲目相信共產黨及其理論派掌握了世間所有智慧。鄧小平開始將榮毅仁引進北京高層，首先邀請他擔任中國人民政治協商會議副主席，這是爲黨外人民與團體所設置的國家級公共論壇。

一九七九年春天，中共中央統一戰線工作部召開會議，由工商業界與北京的「民主黨派」推派代表出席，目的是籌劃另一場會議。這些非共產黨的「民主黨派」共有八個，一九四九年後獲准保留，因為在八年抗戰和國共內戰中，他們的表現被視為一種愛國行為。但一九五七年出現反右運動，許多資深幹部都被送去鄉下接受再教育，這些黨派僅餘的一點影響力至此蕩然無存。一九七九年，鄧小平邀請其中數人與他會面，榮毅仁是促成此事的重要人士。

鄧小平開始召集所需人才，他要求榮毅仁放下手邊所有生意，全心重建中國經濟。鄧小平強調，不管資本主義國家用了哪些方法和工具，中國也要照用。榮毅仁聽從鄧小平的指示，以現代國際金融原理為基準，不再以政治教條作為最高指導原則，創辦了全新的對內投資機構。這個機構後來演變為中國中信集團公司。榮毅仁的任務是招攬人才、管理業務，以及負責經營整個企業。中國沒有類似的機構，而鄧小平又要盡快回報中央。榮毅仁沒有助理，就請妻子楊鑒清從旁協助，兩人在位於北京傳統院落的書房中熬了數夜，終於擬妥經營理念及方法。

中央收到這份報告後立刻批准。鄧小平、陳雲和李先念莫不熱血沸騰，但黨內依然存在著質疑聲浪，甚至有許多人澈底反對「改革開放」政策。鄧小平嘗試為榮毅仁鋪路，移除可能的絆腳石。他提醒榮毅仁注意，切勿讓其他機構接管其職責，自身與機構也都不應落入官僚窠臼。初期鄧小平細心看顧榮毅仁與其經營的機構，他明白黨外人士必須掌握實權才有成效，也就是要讓他拿到皇帝御賜的尚方寶劍。唯有獲得鄧小平的公開支持，榮毅仁才能完成任務。

中信集團的籌備小組於一九七八年七月八日成立，中外合資法於同天頒布，意味著中國決心要向全球經濟開放市場。中信集團於同年十月四日正式成立，隨即吸引國際目光。這棟大樓座落於北京朝陽區建國門外大街，曾經是全市最高建築。中信集團後來成爲金融與產業界的聯合大企業，不僅實力堅強，還擁有廣泛的國際關係。它爲政府進行各種投資，也是中國和國際資金市場的主要連結，更是海外投資進入中國的管道。

榮毅仁有四百多位親戚分布各國華人聚居地，這是他的主要優勢之一。當中許多人都是商界、技術界或科學界的佼佼者。不久前，這種海外關係會遭到質疑，甚至可能引來更大的問題。如今已是鄧小平引領的新時代，反而成爲幫助中國與世界接軌的重要管道。一九八六年六月，這個特別龐大的榮氏家族有一半以上成員來到北京，橫跨五代，兩百位來自海外，二十位來自國內各地。除了是親人團聚，也可以說是一種政治結盟。海外的成員來自美國、加拿大、澳洲、巴西、西德與瑞士等國，對榮氏家族來說是空前創舉。自一九七二年尼克森訪華後，許多生意人和各領域專家紛紛前往中國，這次團聚順勢讓這些人齊聚一堂。一九八六年六月十八日，鄧小平在北京的人民大會堂接待廳會見榮氏家族代表。當天下午，文革時期遭受迫害的北京前市長暨老黨員彭眞也獲邀出席。榮氏家族的海外成員在北京停留三天，接下來啓程前往西安及祖籍無錫，最後抵達上海。

鄧小平的直接介入提升了榮毅仁的威望，這次家族團聚是榮毅仁的個人勝利，也是榮氏家族的集體勝利。對鄧小平來說，這是海外華人公開展現愛國情操，並對故鄉的發展貢獻一己之力。這同時是一種必要的象徵，代表中國對商業和專業領域的態度已經澈底改變。

一九四九年，許多在海外留學或工作的專家回到故鄉，決心在日據和內戰之後打造一個「新中國」。到了一九五〇年代末期，隨著反右運動興起，鎮壓行動節節高升，受到迫害的全是具備技術和專業的人才，他們當初建設祖國的希望就此破滅。一九八〇年代，另一個「新中國」的領導階層出現，引領全國進入經濟改革新時代，他們亟欲說服海外華人回歸祖國貢獻己力，即使大多數都已離鄉背井數十年，他們和故鄉依然有著緊密連結。當中許多人在海外事業有成，也有些人是專業領域中的佼佼者。甚至有些人極為富有，對中國未來的發展而言，這批人的資金及事業夥伴都是重要資產。中共決心吸引榮氏家族這樣的人回國報效，表面看來是一種倒行逆施，事實上，這不過是回歸當初的理念，它被稱為「新民主」，具有廣泛的政治基礎，曾於一九五〇年代早期短暫存在，後來演變為更獨裁而狹隘的制度。

儘管榮毅仁與政府及中共密切合作，鄧小平甚至稱呼他為「紅色資本家」，但據說他沒有入黨。傳言指出他最後成為黨員（有些人說在一九八五年），但他和黨中央達成協議，終其一生不對外公布他的黨員身分。二〇〇五年十月二十七日，新華社發出訃文，文中稱他為「共產主義戰士」，但並未宣稱他是共產黨員。榮毅仁自一九八八至一九九三年擔任全國人大副委員長，並自一九九三至一九九八年擔任國家副主席，但因他和一手創辦的投資機構始終密不可分，直到去世前都被稱為「中信先生」。北京領導階層之間的政治關係往往直接影響私交，因此鄧家和榮家來往密切，雙方的孩子常結伴玩耍，也一起長大，尤其是兩家的小女兒都叫毛毛，這是小女孩常用的暱稱[11]。

登上世界舞臺：美國（一九七九年一月二十八日至二月五日）

一九三〇和一九四〇年代，日本是中國的大敵。韓戰爆發後，時序來到一九六〇年代，大敵這個角色由美國或稱「美帝國主義」接棒。中國人如今不再將「美帝」二字掛在嘴上，但文革時期，他們很少以「美國」稱呼對方。兩國政府一直以來互相仇視，到了鄧小平的新時代，想要締造正常外交關係，北京和華盛頓都需要澈底調整心態。

一九七一年九月，林彪突然失勢，逃往蘇聯途中墜機死亡。北京認爲莫斯科對中國造成嚴重威脅，因而決定和美國恢復友好關係。中國政府的外交政策忽然出現戲劇性轉折，令中國人民乃至全世界瞠目結舌。

自一九四九年以來，聯合國的中國席次一直由臺灣占據。由於各方聲稱只能有一個中國，因此中華人民共和國便被排除在聯合國以外。一九七一年十月二十五日，經過激烈的遊說及美國與其盟友日本的倡議下，聯合國會員大會投票表決，將中國席次授與中華人民共和國，並排除臺灣。第一個代表團由北京出發，於十一月十一日抵達紐約聯合國總部。中華人民共和國正式投入國際外交。

美國總統尼克森於一九七二年二月二十一日訪華，可以說是這段新關係最爲公開的證明。尼克森與中國幾位領導人長談，尤其是周恩來。尼克森的國務卿亨利・季辛吉（**Henry Kissinger**）於前一年赴北京考察，促成總統此次訪華之行。在尼克森訪問期間，各項工作細節大抵由季辛吉和中國外交部副部長喬冠華負責進行。但兩國直到一九七九年一月一日才建立正式外交關係並互派大使，主要是雙邊對臺灣的地位沒有共識。直到問題解決，鄧小平才有可能回訪，他是中華人民共和國第一位訪美的領導人。毛澤東和周恩來都曾受到正式邀請，但註定要由鄧小平踏上訪美之行。他早在當上國家領導人之前便去過美國，那是在一九七四年的四月，他率領代表團前往聯合國。

一九七九年一月二十八日，恰逢中國大年初一，鄧小平和卓琳在北京搭乘中國國際航空公司波音七〇七飛機，前往華盛頓市郊的安德魯斯空軍基地（Andrews Air Force Base）。當地剛下過大雪，溫度只有攝氏三度，鄧小平夫婦受到副總統華特・孟岱爾（Walter Mondale）與國務卿塞勒斯・萬斯（Cyrus Vance）的歡迎。鄧小平或許可以說是受到世界認可的中國領導人，但他並非國家主席，而且從來沒有擔任過這個職務。中國有專門接待外國貴客的釣魚臺賓館，但鄧小平夫婦沒有住進類似的地方，而是在茲比格涅夫・布里辛斯基（Zbigniew Brzezinski）位於郊區的家中留宿。布里辛斯基生於波蘭，是專門研究國際關係的學者，於一九七七至一九八一年擔任卡特總統的國家安全顧問。一九七八年五月，布里辛斯基曾在北京與鄧小平會晤，商討建立外交關係的最終協議，並承諾將來鄧小平訪美時，一定會爲他準備一頓家庭式晚餐。他以布里辛斯基特製烤牛肉兌現承諾，鄧小平不僅嘗到烤牛肉的滋味，也體驗了美式生活。鄧小平應付這種場合駕輕就熟，不時妙語如珠，顛覆了美國人對共產主義政治家的想像。

一月二十九日上午，鄧小平在白宮與卡特總統會晤，訪美期間在其他場合也曾兩度與卡特碰面，但兩人的交談時間很短，談話內容也很正式，他倒是與布里辛斯基進行多次最重要和詳細的討論。卡特（一九二四～）任職總統（一九七七～一九八一）往往被低估，他的表現也受到中傷，多半是因爲一九七九年冬天爆發伊朗人質危機，美國某些思想偏狹的媒體不贊同他以開明的社會觀處置此事。鄧小平和卡特簽署一系列協定，雙方承諾進行技術與文化交流，但是雙邊領導人都沒有預料到後來的交流規模。儘管這次訪問相當成功，直到一九七九年三月一日，雙方終於正式訂立完整外交關係，北京與華盛頓也分別設置大使館。雙邊邁向全面建交是卡特任內的決定，但是這個重要進展並沒有像尼克森訪華那般吸引衆人的目光。

鄧小平陸續造訪亞特蘭大（Atlanta）和西雅圖（Seattle），並於德州參觀詹森太空中心（Johnson Space Centre），還看了一場牛仔競技表演，戴著牛仔帽拍照留念。這些參訪不具政治意義，卻是良好的公共關係榜樣，對美國人來說，他們看到鄧小平深受美國文化吸引（事實並非如此），而對中國人來說，他展現了親和力、自信而輕鬆的一面，所到之處人們均熱烈歡迎，雖然置身異地，他卻表現得樂在其中。一九七九年二月六日，鄧小平夫婦離開美國，回程經過日本，他們在當地停留兩天，鄧小平與日本首相大平正芳會談。在日本的短暫停留合乎邏輯與地理考量，但也別具政治意義，因爲與日本關係的正常化取決於和美國建立外交關係的進展[12]。

民主牆與四項基本原則（一九七八～一九七九年）

鄧小平掌權時對經濟和政治的高度反差態度成了最令人猜不透的謎題，在經濟上他堅決投入改革（而這人僅在一九七八年以前稍微接觸過西方資本主義世界），但他也堅決阻擋中國的政治改革，任何西方多黨民主制度的色彩都不容存在。如欲解開這道謎題，除了深刻剖析他早年的訓練和經歷，還需了解他在政治局和中央面臨經濟與政治改革抉擇時，宛如在高空走鋼索的心路歷程。中國愈頻繁接觸西方世界，這個問題愈明顯，最具體的表現便是毛澤東死後，鄧小平為了維繫黨的運作，不得不在一九七九年提出「四項基本原則」。

一九七九年一月十八日至四月三日，在中央一次特別會議上出現四項基本原則的說明。這次會議又稱為「理論工作務虛會」，會期特別冗長，持續了大約六週，意味著黨內領導階層正面臨艱困處境（中共史上還有另一個相似例子，政治局和中央自七月二日至八月十六日在廬山召開連續會議，成了毛澤東和彭德懷互鬥的戰場，共持續六週）。一九七九年三月的會議上，新領導階層試圖協調兩個層面：一方面要澈底實施改革計畫，將大量自主權還給私人資本家；另一方面又要兼顧中共和鄧小平奉行不輟的意識形態傳統。

黨內出現不同派別的思想，其中一些引起鄧小平注意。少數黨員依然緊抓著林彪和江青的理論，激烈反對三中全會提出的全面政治變革。其他人則誇大過去的錯誤，利用這次政治變遷機會主張澈底推翻黨的領導階層和毛澤東及其思想的一切遺留，把自己塑造成「反飢餓、反迫害，支持人權和民主」的形象。當中某些人設立組織，開始出版刊物。對鄧小平和新領導階層來說，這些人的表現太過火。他們創辦的組織和出版品被視為非法，發起人則被指控為「煽動大規模暴動並攻擊黨中央和政府機關」。還有一些人被指為與外敵合謀製造更嚴重的事件，這些行動若持續下去，將會「損害所有政治安排，為了建設社會主義現代化，需要這些安排提供穩定的局勢」。

「西單民主牆」出現後成為更棘手的問題。大字報起初張貼在北京王府井大街上，後來延伸到故宮對面的西單路，此處更靠近中南海。西單路的牆面很快被人稱爲民主牆，成爲抗爭者自由抒發己見的論壇。這批人之所以勇於表達意見，一方面基於三中全會後出現新自由的預期心理，另一方面源自北京市委的裁決，爲一九七六年四月五日的天安門廣場事件平反。市委聲稱，在政治局常委的支持下，天安門四五事件是爲了推崇周恩來並攻擊江青及其支持者，應視爲革命行動，並非反革命。此舉鼓動了異議分子與民運人士，他們再度在天安門廣場上示威。除了官方提出的「四個現代化」（農業、工業、科技與國防），他們提出第五個現代化「民主」的訴求。這批民運人士中最著名的是魏京生，一九七八年十二月五日，他寫的大字報被貼上民主牆。隔年出現示威運動和一系列富於創意的新刊物，這場運動有時被稱爲「北京之春」（儘管類似抗爭活動也出現在上海與其他城市）。

只要運動批評的是鄧小平的政敵，好比江青，他的支持者自然樂意睜一隻眼閉一隻眼。然而，民運人士的民主化訴求很快被認定是對中共威權的嚴重威脅。諷刺的是，在一場中央召開的會議上，鄧小平在談話中公開稱頌：現在黨內黨外都有機會寫下民主新頁。

魏京生於一九七九年十月十六日遭到逮捕，罪名是對外國記者和外交官洩漏軍事機密。這是一種強而有力的信號，代表當局不能再容忍抗爭運動。西單牆上的大字報清得一乾二淨，民運人士便將據點轉移到日壇公園，此地位於最敏感的中心地帶東邊，距離不算短。然而，警方封鎖了通往公園的路，並要求經過的人出示證件。民主牆就此宣告終結，一點都不令人意外。魏京生在監獄度過十八年，最後於一九九七年流亡美國。

一九七九年三月三十日，中央的討論接近尾聲，鄧小平廣泛徵詢胡耀邦、胡喬木及多位顧問的意見後，發表重要演說「堅持四項基本原則」。旨在闡述他對於中國和共黨如今的立足點及任務之看法。四項基本原則分別是：社會主義道路、無產階級專政、共產黨領導和馬列主義與毛澤東思想。這些並非新議題，不過是重申黨神聖不可侵犯的傳統理念。這是一種對質疑改革聲浪的折衷做法，目的是安撫人心，不管經濟如何變革，政治上永遠由黨來領導國家[13]。

這個時期出現的民主牆、對鄧小平新領導地位的批評，以及黨內外對更廣泛而眞實民主的訴求等等，鄧小平對於這些議題的眞實想法，我們有沒有可能知道？沒有任何文字紀錄能確實回答這個問題，但根據我們對他的了解，他似乎不可能對民主訴求感到緊張。鄧小平永遠給人一種強悍的印象，他在從政路上也曾跌倒並失意，照理來說應該早已習慣被人批評，但他不能容許任何威脅衝著改革而來。不管改革政策以何種形態呈現，自從一九五〇年代他和劉少奇合作，他已爲改革奮鬥二十多年。一旦他在一九七八年的三中全會獲得支持，他絕不容許任何人事物危害最後一次成功機會。

不管鄧小平心裡怎麼想，他都不可能成爲獨裁統治者，即使他曾經如此盼望，他只能在黨的官僚體系內工作。中央和政治局是中國兩大權力組織，鄧小平在雙邊都具有影響力，但其職位不足以完全掌控二者。儘管他已設法獲得經濟改革的支持，依然要面對強大反對勢力，這些對經濟改革嚴重懷疑的人，對民主訴求的疑慮更大。如果鄧小平藐視那些批評，堅持實施政治改革，很可能就會失去原先獲得的支持，這一點可從兩件事看出來：一是他的經濟改革之路始終面臨反對勢力，二是他花了很長時間才找出折衷解決方案。一旦他對西方多黨民主制度讓步，可能會危急經濟改革政策。當他爲中央那場暗潮洶湧的會議準備講稿時，曾經諮詢兩位顧問，他們的看法毫無交集。一位是胡耀邦，他後來成爲中共改革路線的榜樣，另一位是堅決反對改革的理論派胡喬木。唯一結論是鄧小平的實用主義勝出，於是他決定保住經濟改革政策，壓下政治訴求聲量，或者至少暫時擱置，將來再由後代接續完成。他相信這是當下最有用的方式。

第十七章　以退爲進：從四人幫到民主運動

（一九八〇～一九九二）

這個決議寫了一年了。中間經過四千人的討論，以後是幾十人的討論，政治局擴大會議的討論，這次六中全會預備會的討論是第四輪了。我看是相當認眞、嚴肅，也相當仔細了[1]。

到了一九八〇年代，鄧小平的個人權威已毋庸置疑，但他的地位和職位並不相稱。最弔詭的是，儘管他在國內外已被認可爲中國領導人，卻僅擔任第一副總理，而毛澤東的黨羽華國鋒才是總理和中央委員會主席。爲了改正這個情形，一九八〇年當局採取了一連串政治操作，但鄧小平的職位依然不明朗，這些操作甚至在某些方面引起更多混亂。

鄧小平與華國鋒辭職（一九八〇年九月）

一九八〇年二月二十三至二十九日，十一屆五中全會在北京召開，會中頒布重要組織改革。中央書記處曾是鄧小平的權力基礎，自文革以來即遭到停權，如今得以恢復運作。胡耀邦被任命爲中共總書記，萬里和其他十人則獲選進入政治局常務委員會。前國家主席劉少奇在文革期間遭到迫害，於一九六九年十一月十二日，因不堪紅衛兵長期虐待而逝世，終於在這次會議中獲得平反。這對劉少奇本人來說早已沒有任何影響，但具有重要象徵意義，因爲他在一九五〇年代曾是鄧小平最親近的官方合作夥伴。一九八〇年五月十七日，中央在人民大會堂舉行劉少奇的追思會，華國鋒負責主持儀式，鄧小平則發表正式追悼演說。

一九八〇年八月三十日至九月十日，第五屆人大的第三次會議於北京召開，議程大多圍繞在民生議題，比如立法規範婚姻及合資企業，但也有重要和戲劇化的人事變革。那段期間華國鋒僅參加了南斯拉夫總統約瑟普・布羅茲・狄托（Josip Broz Tito）與日本首相大平正芳（於任內過世）的葬禮，他在會中被解除總理職務，由趙紫陽接替。趙紫陽和胡耀邦是鄧小平最重要的兩位支持者，如今都已躋身權力核心。鄧小平決定辭去副總理，當年跟著他打天下的一批「老革命」，包括李先念、陳雲、徐向前和王震等人，也都被勸說辭去副總理，其他大老也紛紛退出全國人大。資深領導階層「自動」引退，表面上失去地位，對權力的影響其實不大，卻能幫助鄧小平去除實際與潛在的改革障礙。此事也象徵終結了黨和政府領導人的終身職，以往除非遭到整肅，否則領導人永遠不會下臺。

華國鋒仍安坐黨主席大位，但這只是爲他保留顏面。在作家葉永烈看來，華國鋒只是名義上的「空頭主席」，儘管他直到一九八一年六月底才「淡出」政治舞臺[2]。數月以來，大量跡象顯示華國鋒正逐漸退出政壇，著名的有「特別評論員」於一九八〇年七月四日在《人民日報》發表的一篇文章。最近恢復運作的書記處也下達命令：領導人的照片不必照慣例展示。文革期間毛主席的肖像無所不在，書記處的命令意味著愛掛照片的華主席並非毛主席接班人。

這些人事異動對於鄧小平不明確而矛盾的職位沒有任何幫助，他雖已辭去副總理，事實上卻扮演著共產黨和國家領導人的角色，而且獲得海內外認可。這次辭職反而更加提升他的權力，因爲排除了實質或潛在敵人帶來的威脅。他寧可將日常政務交給年輕一輩去應付，自己在幕後保有最高權力，僅在特殊情況下出面干預。他雖已七十六歲，仍未露疲態，但依然需要選定接班人。胡耀邦和趙紫陽是經濟改革的可靠支持者，儘管幾年後他們在政治變遷的議題上出現完全分歧的觀點[3]。

審判四人幫與「歷史決議」（一九八〇～一九八一年）

文革後依然存活的十名激進分子被統稱爲「林彪與江青反革命集團」，但西方人較爲熟知的是四人幫，這批人於一九八〇年十一月二十日開始受審。一九八一年一月二十五日，最高人民法院特別法庭終於做出判決，江青與張春橋被判死刑，緩刑兩年（通常等於無期徒刑，不得假釋）。四人幫另外兩位成員王洪文與姚文元被判無期徒刑。四人幫及林彪的黨羽分別被判處刑期不等的有期徒刑。

鄧小平並未直接涉入審判，但開庭和判決勢必都得經由他批准。反對改革政策的殘餘勢力如今不是面臨漫長刑期就是已經死亡，華國鋒也已失勢。儘管黨內仍有許多人支持毛澤東的政策和言論，但鄧小平的改革之路已大致順暢。

華國鋒的權力鬥爭至此告終，但仍需要爲意識形態之爭做出決議，除了安撫黨內忠貞同志，也爲改革提供政治保護。此事最後以「關於建國以來黨的若干歷史問題的決議」順利解決，通常簡稱爲「歷史決議」，於一九八一年六月二十七至二十九日，在北京召開的十一屆六中全會上通過。鄧小平與毛澤東不同，他從未以馬克思主義的理論家自居，而且總是盡量迴避意識形態之爭。然而，這次他一反常態，一開始就對「歷史決議」興致勃勃，不但擬了一份「清晰的草稿」，將希望看到的重點一一列入，也在許多場合提供架構和內容的「詳盡指導」。

歷史性的三中全會召開後，中共決定起草「歷史決議」，它被視爲「使全黨全國全人民統一思想」的第一優先要務。它的實質功能是表述一九四九年建立中華人民共和國以來的中共史。這項表述根據鄧小平及其支持者的觀點而架構，清楚交代黨的過去、事件成因，以及過去事件對黨的未來有何影響。其中最諷刺的是要人民記住某些事，還得忘記過去黨要他們牢記的事。鄧小平堅決主張盡快起草這項決議，他認爲國內外對此莫不引頸期盼，它象徵中國的眞正統一，大家都在殷殷期待共同的新未來。一九七九年十一月，在鄧小平和胡耀邦直接監督下，一個小型委員會成立，成員開始起草決議的最初版本，並定期向政治局及書記處匯報。

鄧小平一開始發布了三項指導原則：

一、確立毛澤東的歷史地位，堅持和發展毛澤東思想。

二、對建國三十年來歷史上的大事，哪些是正確的，哪些是錯誤的，要進行「實事求是」的分析，包括一些負責同志的功過是非，要做出公正的評價。

三、通過這個決議對過去做個基本總結。

鄧小平堅決主張這三項指導原則缺一不可，只要沒有全部執行，任何決議都無效且不被接受。第一項原則關於毛澤東及其思想，是三者的核心，第二項是基礎，第三項則是目標。鄧小平認為，一旦決議正式通過，今後人民談到這些偉大的歷史問題時，將有清楚而一致的共識。鄧小平特別留意起草文件的架構，明確指示該如何行文，以及一些特定議題需要多少版面來描述。他堅稱，儘管這份決議應該總結共產黨的重要性，但仍應鼓勵人民面對並改正自身的錯誤。起草委員會自然聽從了鄧小平的建議，他自己也積極尋求各界意見，並數度修改文件，直到滿意為止。鄧小平採納部分人士意見，最值得一提的是陳雲主張將一九四九年之前黨的歷史也寫進來。

長篇而複雜的「歷史決議」以馬克思主義官僚筆法寫成，毫無疑問獲得了鄧小平的許可。儘管他不是理論派，但一九三〇年代的宣傳工作經驗與一九五〇年代的總書記資歷，讓他明白在對的時間製作對的文件有多麼重要。它同時也是一份正式辯護，為了捍衛鄧小平的地位，以及企圖重申中共自一九五〇年代初期擁護的基本價值觀和政策，當年這股趨勢被稱爲「新民主」，後來卻愈走愈偏。

一九八一年六月底，在十一屆六中全會上，鄧小平透過起草委員會精心安排的文件自然獲得全體一致通過。中華人民共和國最初三十年的官方歷史從此留存，至少可以保有一段時間。這次全會對於人事異動有更具體的決定，華國鋒獲准辭去僅存的黨中央和軍委主席一職，由於他的「左傾錯誤」，此後他不再是華主席。會中選出新的中央領導階層，胡耀邦被任命爲主席，趙紫陽（鄧小平身邊的支持者）與華國鋒（鄧小平一直以來的敵手）則被任命爲副主席。對胡耀邦來說是高升，對華國鋒來說則是丟臉的降級。華國鋒並獲准留任政治局常委，一同擔任常委的包括胡耀邦、趙紫陽、葉劍英、鄧小平、李先念及陳雲，華國鋒形同被孤立。鄧小平除了擔任政治局常委，唯一的正式職位是中央軍委主席，這個位高權重的職務通常由黨主席兼任，由鄧小平接任實在耐人尋味。習仲勛是毛澤東疑心病的又一個犧牲者，在這波人事異動中被調去書記處，到了二〇一三年，他的兒子習近平接掌中共總書記和國家主席。

鄧小平對一九四九年後中國歷史的分析

與毛澤東的連結尚未也不能完全切斷，這是一種意識形態的救生索（蟄伏在政治局常委的華國鋒依然緊抓不放），鄧小平必須藉此保護與毛澤東政策背道而馳的經濟改革。唯有保留毛澤東的「歷史地位」，才能在最低程度的反對聲浪中逆轉毛澤東主義的政策。爲了達到這個目的，毛澤東對中國發展有哪些積極貢獻，他個人又有哪些錯誤，都必須做出正確而恰當的總結。除了要避免右派「把毛澤東做過的事全歸爲錯誤」的分析方法，也要避免左派「拒絕任何嚴肅批評」的分析方法。

鄧小平堅信，中國人民需要完整認識一九四九年以後各階段歷史。一九四九至大約一九五六年，這是中華人民共和國的第一個七年，大家一致認爲大體上是成功的。本階段推行第一個五年計畫，同時嚴格鎭壓任何反對運動，但鄧小平認爲成功僅限於經濟層面。根據五年計畫，中國效法蘇聯進行「社會主義改造」，他承認當中確實存在許多問題和錯誤。當時政治界的大事是整肅高崗和饒漱石，他坦率指出，兩人的罪行是試圖祕密推翻劉少奇（鄧小平的良師益友和同事），因此對兩人的批鬥是正確的。

接下來是文革之前的十年，鄧小平認爲基本上還不錯，儘管有一些錯綜複雜的事件和重大錯誤發生，包括反右運動（一九五七年）、大躍進（一九五八年）及廬山會議（一九五九年），這些都在「歷史決議」中被批爲錯誤。鄧小平依然認爲反右運動基本上是正確的，它符合當時需要，用以對抗「反對社會主義，依然保有資產階級意識」的強大勢力。「不反擊，我們就不能前進」。然而，他也承認，反右運動擴大規模後，確實出現錯誤。他在一九八二年發表評論，試圖將遭到攻擊的知識分子和應受攻擊的意識形態趨勢區分開來，他們都在批鬥中蒙受了重大職涯與生命損失，至於他當年在反右運動如火如荼之際是否做過類似區分則不得而知。

下一個階段便是一九六六年開始的文化大革命，鄧小平對文革的批評可以說毫不留情，也沒有太多顧慮。在他看來，文革的錯誤比文革前十七年任何事件的錯誤都要重大。它的錯誤不但更全面，後果也更嚴重，所造成的影響持續到一九八〇年代。即使如此，他依然認爲文革仍有積極層面。他說，一九六七年初，有個名叫「二月逆流」的運動興起，反對中央文革小組，這是對抗林彪和四人幫的積極鬥爭。他認爲，「儘管存在著衝突，因爲外交工作相當成功，中國在這個時期的國際地位仍有所提升」。這番話自然是讚揚周恩來統領外交部與發展外交關係的卓越表現，至少從一九七一年起，全中國的政治和社會都陷入混亂局面，外交卻有了長足進展。有人認爲中共在文革期間無所作爲，至少各種名義的會議都是違法舉辦的。鄧小平反對這種觀點，他指出，八屆十二中全會（一九六八年十月十三～三十一日）與九大（一九六九年四月一～二十四日）是合法的黨內會議，儘管他在會中都遭到嚴厲批判。他不願承認政治上曾出現空窗期，因爲展現共黨一貫的統治非常重要，哪怕某些政策可能出錯，還是要極力確保中共當前和未來的合法地位。

軍隊角色在文革期間成了棘手難題，用一句當時流行的話來概括：軍隊必須遵照「三支兩軍」政策（支工、支農、支左及軍管、軍訓）。鄧小平表示，關於三支兩軍，光戴高帽子不好。文革時期一定要軍隊介入，否則無法維持局面。然而，這項政策也傷害了解放軍的威望，失去大量群衆的信任和支持。

最後，談到「粉碎四人幫」之後的這兩年，有必要批評「兩個凡是」的主張，並譴責一手主導此事的華國鋒。華國鋒曾是中國主要領導人，即使人民對他懷有嚴重疑慮，也不願意批評他的主張。林彪或江青的支持者現在都轉而支持華國鋒，爲了黨和國家的整體益處著想，必須指出華國鋒犯了哪些錯誤。

從上述言論中可看出，鄧小平的評論並非基於私人恩怨，即使在許多情況下他都有充足理由感到委屈。他對中國一九四九年以來的各階段評論既客觀又耐人尋味，同時迫使我們思考一個問題：現今中國幾乎人人否定的文革，是否仍有一些正面發展。他對一九五〇年代持正面看法，拒絕譴責失控的反右運動，只願意針對過度激進這一點提出批評。不過，一旦他掌握權力，便決定補償那些當年在反右運動中遭受不公平待遇的人[4]。

老幹部與中央顧問委員會

正如中國傳統上是以農曆節氣劃分一整年，中華人民共和國不可避免地以大中小各種會議來衡量。一九八二年九月一日至十一日於北京召開中共第十二次全國代表大會，鄧小平在開幕致詞中回顧第七和第八次大會，爲黨的今昔做了一番比較。一九四五年的七大象徵中共對抗國民黨邁向勝利開端，而一九五六年的八大則是最後一個獲得鄧小平「路線正確」評價的會議。這條正確的路線維持不了多久，中國很快便「經歷了嚴重的倒退，儘管我們也取得了社會主義建設的很多成功」。黨內改革派對於一九五〇年代初期依舊念念不忘，鄧小平於一九八〇年代嘗試重建當時的工作模式，爲的是糾正一九五七年來的各項錯誤，他以憲法爲依歸，廣泛尋求合作。

一九八〇年代的中國前途未卜。此時已不能再效法蘇聯模式，在一九六九年中蘇邊境衝突，以及一九七一年林彪墜機事件後，雙邊關係變得疏離，成了暗中較勁的敵人，不再是昔日的盟友。鄧小平一九八二年尚不知情，戈巴契夫（Mikhail Gorbachev）的改革正在重建

（鄧小平贊同）與開放（鄧小平不感興趣）之間搖擺不定。這時距離蘇聯解體已不到十年。鄧小平並非朝著蘇聯的方向改革，而是效法資本主義世界，這在一九五〇年代是不可思議的事。懷念五〇年代黨內官僚體制與西方資本主義式改革是一種不協調的組合，充滿衝突和危險。到了鄧小平在十二大發表開幕致詞時，中國的「社會主義現代化」已經成爲「有中國特色的社會主義」，而且很快開始變得像是西方資本主義，令許多黨員震驚不已。後來它被稱爲社會主義市場經濟，但不管叫什麼名稱，對中共的老衛兵們來說都是全然陌生的事物。

鄧小平私下諮詢了幾位「老革命」，他們既保守又謹慎，對於任何過度改革始終保持高度警覺。非官方團體「八大元老」是這群老一輩的代表，他們又被人戲稱爲「八仙」，象徵道家的八位神仙，包括鄧小平、陳雲、李先念、彭眞、楊尚昆、薄一波（二〇一二年爆發醜聞的薄熙來之父）、王震及宋任窮。除了這幾位菁英分子，各省還有黨內和軍中許多資深成員，他們畢生致力於推動毛澤東的政策，要他們相信北京來的新主張是一種必要的進步，簡直難上加難。在許多改革者眼中，老幹部代表歷史的死亡之手，他們的保守是一種阻礙，打擊了充滿熱忱的經濟發展支持者。然而，弔詭的是，老幹部對經濟改革政策也發揮了保護作用，防止那些緬懷毛澤東時代半軍隊與官僚化組織的保守派破壞改革。

一九八二年九月黨代表大會上，不僅照例選拔了全新的中央委員會，也成立新的共產黨委員會，名爲中央顧問委員會，直到一九九二年停止運作。「委員會」一詞在英文中通常譯爲「committee」，但自一九八〇年代起，官方開始對某些機構使用「commission」這個譯名，不過中央委員會依然沿用「Central Committee」，可能是因爲這個稱呼與列寧領導的共產黨有歷史關連。

中顧委只有部分成員是老幹部，這個組織由鄧小平創建，由他擔任主任委員，後來他將管理權交給最親近的盟友之一，也就是資深副主委薄一波，此人正是老幹部。中顧委在鄧小平看來是一種「過渡時期組織」，或許維持十年，最多十五年。在第一次全會上，鄧小平說明成立宗旨：

中央顧問委員會是個新東西，是根據中國共產黨的實際情況成立的，是解決我們這個老黨、老人實現新舊交替的一種組織形式。目的是使中央委員會年輕化，同時讓老同志退出一線後繼續發揮一定的作用。

中顧委雖是過渡時期組織，但在中共史上是一項空前創舉。某種程度上它是爲了讓中央機構的資深成員「明升暗降」，類似諷刺版的英國上議院。賦予這些老人頭銜和職位，他們或許比較願意讓位給年輕人。鄧小平發現黨的領導階層逐漸老化，而且不久就要凋零，沒有參戰和革命經驗的資深幹部很快就會成爲多數，他憂心之餘，在各種會議上都提出這個問題來討論。

中顧委成員既能與中央接觸，又可以觀察員身分出席全會。他們的權力不容小覷，足以提出警告和建議，還有可能阻撓。鄧小平打算讓中顧委副主委（薄一波、許世友、譚震林與李維漢）及各常委擁有等同於政治局委員的地位，但他堅持中顧委成員只能發表意見，不應「妨礙中央工作」或濫用職權及地位去干涉中央或基層。這個提議可能過於理想化，但爲良好立意和最佳行動提供了準則。

一九七八年十二月三中全會落幕後，中共決定重啓中央紀律檢查委員會，並於十二大正式通過，由陳雲主事，此人是老幹部，也是鄧小平的得力助手，但對改革政策持懷疑態度。中紀委在文革前就已存在，當時名爲中央監察委員會，後來遭到廢止。以李侃如的話來形容，它的「任務是揪出破壞黨的紀律的罪魁禍首」[5]。它是整頓內部和維繫安全的組織，一方面可處理黨內違紀事件，另一方面排除那些不受歡迎的政治主張或行動。從一九八二年十二月三十日的中央文告可見其管轄範圍，它命令「領導機關」或「重要崗位」一些現職或剛獲升遷的人員離職，因爲他們和江青的支持者有來往，或者做了一些不受歡迎的行爲。中央紀律檢查委員會至今依然存在，自二〇一二年起，由政治局常委王岐山接管（譯注：二〇一七年由趙樂際接手），繼續對黨內幹部行使權力。

一九八二年，中央副主席一職遭到廢除，華國鋒曾擔任這個職務，如今他只是中央一名普通委員，這個「後排委員」的位子他一直坐到二〇〇二年爲止。華國鋒沒有受到清算或政治犯罪的指控，也沒有遭到監禁，只是默默被打入政治冷宮中。全國人大第五次會議於一九八二年十一月二十六日至十二月十日召開，十二月四日當天，會議通過第六次發展經濟和社會的五年計畫，此外也批准了新憲法。這部憲法由鄧小平主導，是中華人民共和國第四部憲法，前三次分別於一九五四、一九七五及一九七八年頒布。至今雖然經過數次修訂，依然有效。鄧小平終於戰勝華國鋒[6]。

胡耀邦與趙紫陽

胡耀邦與趙紫陽不僅支持鄧小平的經濟改革，對政治和社會問題也抱持比較開放和容忍的心態。他們是鄧小平的門生，以接班人之姿接受訓練，常被鄧小平譽爲左右手。他們有整整十年不是黨的領導（總書記）就是國家領導（總理），對黨有卓越貢獻，這兩個職位趙紫陽都曾擔任過。他們在政壇的起伏與繼位者的看法，正足以描繪鄧小平時代上層領導之間複雜而矛盾的關係。

在鄧小平、老幹部和中央顧問委員會的限制下，兩人只能有限度地單獨活動。含蓄地說，公共出版品對這種事沉默不語，鄧小平的中文傳記作者們則著重描寫這個時期他和外國政要的會議。這些經過大肆宣傳的會面具有提升中國國際能見度和地位的重要功能，但外人鮮少得知中國領導人如何統領國家，或者鄧小平在統治階層中扮演何種角色。這是中國的不幸，因爲就在這個時期，政治改革首度被引進，包括提議黨政分離，胡耀邦與趙紫陽卻相繼遭到撤職，白費心力。這個十年就在民主運動與一九八九年六月四日天安門血腥鎮壓中宣告結束。鄧小平在這場失敗的民主實驗中扮演何種角色，或許可以推論得知，但很難找到他直接涉入血腥鎮壓的證據。

一九八一年，胡耀邦接替華國鋒，成爲中央委員會主席。一九八二年，十二大結束後廢除黨主席，代表澈底切割毛澤東時代，並由胡耀邦擔任總書記。一九八七年一月十五日，由於他對前民主示威者的寬厚態度，以及與日本建立更緊密關係的意圖，使得他遭受批評並黯然下臺。

趙紫陽自一九八〇年九月十日擔任國務院總理，並自一九八七年十一月一日接替胡耀邦的總書記一職。一九八七年十一月二十四日，趙紫陽的總理職位由作風更爲保守的李鵬接棒。一九八九年六月四日，北京爆發民主運動，軍隊進行血腥鎮壓；六月二十三日，趙紫陽因這次事件被迫去職，由先前擔任上海市委書記的江澤民接任。一九八九年後，趙紫陽實際上被軟禁家中，直到去世爲止。

雙峰與兩點：一九八〇年代的政治衝突

楊繼繩最知名的作品是《墓碑》，他在書中以精湛筆法詮釋一九五八年大躍進造成的飢荒。他從一九六六直到二〇〇一年都是官方媒體新華社的記者，也是鄧小平改革早期黨內與政府鬥爭事件的觀察家，心中的懷疑愈來愈深。楊繼繩在〈雙峰政治與兩點碰撞〉一文中剖析改革最初幾年的情形，反映出類似早期馬克思主義辯證的思維，同時向游擊戰爭路線致敬。「雙峰與兩點」指的是不同政治陣營與對立觀點，一方以鄧小平爲首，另一方則以陳雲爲首。陳雲曾是鄧小平的支持者，一九八〇年代成爲重要政治評論家。兩個派系互鬥令人聯想到一九五〇和一九六〇年代的「兩條路線的鬥爭」，一條路線是以毛澤東爲首，另一條則是以劉少奇和鄧小平爲首。兩次的派系鬥爭界線都很模糊，沒有清楚劃分。任何人都不可能公開宣稱黨內存在著派系，因此鬥爭只能在混亂的狀態下進行，缺乏正式的架構。

鄧小平和陳雲對於推動經濟改革的看法大相逕庭，兩人都覺得對方難以溝通。有時候鄧小平索性不召開政治局常委會議，既然不可能達成共識，也就沒有必要開會。胡耀邦聲稱，這正是政治局常委很少碰面的原因。鄧小平改採其他方法，直接對胡耀邦或趙紫陽下令，讓陳雲沒有機會介入。陳雲只得命令屬下解決鄧小平部屬製造的問題，因而造成大量衝突事件。鄧小平唯恐改革遇到阻礙，因此不希望公開與陳雲起衝突。陳雲也不是個心懷惡意或難搞的人，眾所皆知，他是位性情溫和、身段柔軟的政治家，他經常不贊同事情的發展，但往往無法暢所欲言。沒有證據表明他打算取代鄧小平，他只是希望自己的意見列入考量範圍。雙方的明爭暗鬥僅止於個人層面，與鄧小平當年和江青的衝突等級不同，但依然阻礙了政策推行。不僅一般大眾對於雙方的不合毫不知情，就連負責推動經濟政策的領導階層也無所適從，屢屢發現自己的處境艱困又危險，總是在嘗試釐清何者才是中央的命令。

楊繼繩表示，一九七〇年代晚期與一九八〇年代遵循固定模式：逢雙數的年分積極改革，逢單數的年分則充斥阻力。這個說法雖然有些僵化，卻能幫助我們了解這個時期對改革的不同看法造成內部衝突，進而引發政治動盪的局面[7]。

一九七六年：四人幫被捕。
一九七七年：「兩個凡是」口號問世。
一九七八年：三中全會通過經濟改革；西單民主牆運動。
一九七九年：爲了安撫保守派，發表「四項基本原則」演說；民主牆運動遭到鎮壓。
一九八〇年：胡耀邦接任中央總書記；鄧小平的演講稿〈改革黨和國家的領導制度〉出版；改革派知識分子崛起；自由派人士在知識分子喜愛的《光明日報》上

刊登文章。

一九八一年：陳雲攻擊「資產階級自由化」。

一九八二年：召開十二大；改革派戰勝「兩個凡是」派系；政治氛圍緩和；《人民日報》副總編刊登〈社會主義異化〉與〈抽象的人道主義〉兩篇報導，以往這些都是禁忌話題。

一九八三年：「異化論」遭到「清除精神汙染」運動抵制；經濟學家劉國光的「引導計畫」（而非官方指示的五年計畫）遭到批評。

一九八四年：鄧小平視察深圳與珠海經濟特區；中央與國務院同意開放十四個口岸；十二屆三中全會討論「有計畫的商品經濟」。

一九八五年：陳雲提出要求：「要同一切違反共產主義理想的錯誤言行，進行堅決鬥爭」；在中共全國代表大會上，陳雲強調國家需要維持計畫經濟。

一九八六年：鄧小平發表政治改革的談話；中共「自由派」要求改革的聲浪達到「高潮」；十二月的民主學潮要求政治改革。

一九八七年：中共總書記胡耀邦落馬；「左派」提出第二次「撥亂反正」；一批自由派分子被開除黨籍。

一九八八年：方勵之批評政府的攻擊主義；北京自由派組織研究會、討論會及「沙龍」，批評政府與政治體系；「民主運動」崛起。

一九八九年：發布戒嚴令；六月四日「民主運動」遭到鎮壓；中共總書記趙紫陽下臺；「左派」潮流占上風；這番局面一直延續到一九九二年鄧小平南巡；鎮壓

民運與經濟建設皆有相同層級的優先權。

楊繼繩這種週期式循環分析很容易被抓出漏洞，想要在單數年找出積極改革、雙數年找出改革受阻的蛛絲馬跡，其實並不難，不過他對一九八〇年代政壇鬥爭的消漲趨勢倒是分析得相當精闢。從他的分析中得知兩個重點，第一，鄧小平必須持續與強勢政敵協商並妥協，以確保政策順利執行。第二，一九八〇年代的中國表面看來在政治改革與要求民主的聲浪中苦苦掙扎，但這只是局部形象，中國同時也陷入經濟改革的戰鬥中。陳雲曾是鄧小平的支持者，毛澤東死後，許多黨內資深幹部要求恢復鄧小平的職位，他也是其中之一。鄧小平重新掌權後，陳雲在新成立的國務院財政經濟委員會擔任主任，李先念擔任副主任。陳雲負責籌劃政策所有細節，一些改革計畫的成功都要歸功於他。一九八二年，鄧小平任命陳雲擔任中央顧問委員會主任，但他強烈反對伴隨改革而來的社會與知識界的變化，不再堅持改革初衷。鄧小平的得力門生趙紫陽取代陳雲，繼續推行經濟政策，但陳雲依然堅持批評與阻撓。

資產階級自由化

早在一九八一年，陳雲就曾批評「資產階級自由化」正在悄悄蔓延。只要是新觀念和新潮流都會被認爲是資產階級自由化，尤其是那些受到資本主義世界（西方與日本）影響的事物，黨內保守派（又稱爲左派）對此一律深惡痛絕。一九八七年這個議題受到廣泛宣傳，但其實整個一九八〇年代都被保守派拿來當作口號，爲首的是胡喬木與鄧力群。

李洪林研究中國一九四九年以後的思想運動，他認爲反資產階級自由化可分爲四個階段，第一階段有陳雲對一九八〇年波蘭興起的團結工會所作的觀察與批評，還有同年稍後胡喬木禁止戰前刊物《生活》復刊。第二階段自一九八二至一九八四年，第三階段自一九八五至一九八七年，第四階段自一九八七至一九九一年。反資產階級自由化表面上針對保守派認爲對共產黨傳統價值觀有害的社會與文化現象，其實任何事物都可以牽扯進來。它甚至影響了經濟改革的進程，因爲不管表面上或暗地裡，改革政策註定要爲所有新奇的流行和行爲（尤其是年輕人的時髦玩意兒）負責。反資產階級自由化並非空洞的系列口號，大眾因此明白黨內有一股勢力強烈反對鄧小平和改革政策，而且人民被禁止討論改革，尤其是政治改革的議題。胡耀邦一九八七年落馬，以及趙紫陽一九八九年下臺，反資產階級自由化都要負部分責任。

從一九八九年六四事件到一九九一年，局勢不符合楊繼繩所謂的「改革與反改革交替」法則。「左派反攻」持續了整整三年，保守勢力阻撓改革，直到鄧小平一九九二年南巡，確立了社會主義市場經濟目標，終於全面翻轉局勢。「社會主義市場經濟」一詞至今依然風行，用來描繪中國工商業的蓬勃發展[8]。

天安門事件（一九八九年六月四日）

中國當代歷史中最混亂、最具爭議性的一頁當屬一九八九年六月三至四日的軍事鎮壓行動，不僅爲天安門廣場的示威活動劃下句點，也瓦解了整個民主運動。以武力鎮壓和平示威及後續發生的屠殺事件，對鄧小平海內外聲望造成重大深遠的負面影響。關於事件始末各方表述不一，互有矛盾，對傷亡人數的估計也從數百至數千不等。天安門廣場上有許多傷亡事件，但最慘重的傷亡可能發生在軍隊從北京西邊穿越木樨地前往廣場的途中，以及離開廣場後向南進入正陽門一帶的途中。究竟是誰下令軍事鎮壓，政府中又是哪個位階授權軍事行動，說法莫衷一是。當時總理李鵬與鄧小平被認爲掌握了最終決定權，命令軍隊攻擊手無寸鐵的公民。據說鄧小平是「最高領導人」，在領導階層中握有最高權力。「最高領導人」這個稱呼在中國始終不是正式頭銜，但廣爲流傳，人民因此認爲鄧小平權力最大，政治行動的最終決定權掌握在他手中，但實情並非如此。天安門事件過後，很多人不想和攻擊行動沾上邊，更不願負責，到了將慘劇始末公諸於世時，證據也就變得混亂而且前後矛盾。

這場一九八九年發動的抗爭延續一九八六年全國興起的學運，起因是胡耀邦打算進一步推動政治改革，但恩師鄧小平毫無意願，便將他免職。一九八九年一月六日，許多政治社團與沙龍持續爭取自由，知名天體物理學家暨民運人士方勵之寄了一封公開信給鄧小平，要求特赦全國政治犯。方勵之在信中提到魏京生，這位民運人士於一九七九年遭判刑十五年。方勵之這番苦心後來證實全都白費，他被禁止參加美國總統老布希的招待會。這封公開信受到民間廣泛的支持，但他卻於一九八七年被開除黨籍，後於一九八九年六月五日在北京的美國大使館尋求庇護，接著流亡美國，直到二〇一二年四月六日去世。

胡耀邦於一九八九年四月十五日因病辭世，但謠言指出他是和政治局成員爭論改革議題時心臟病發。學生在天安門廣場上舉行追悼儀式，到了四月二十日，戒備森嚴的中南海中共總部大門外已集結數千群衆，當局部署警力驅散示威者，造成數人受傷。學生發動絕食抗議，北京居民紛紛加入抗議行動。到了五月中旬，人民要求總理李鵬及鄧小平下臺，因爲示威者認爲兩人是政治改革的主要阻礙。

五月十五日局面到了緊急關頭，時值蘇聯共黨總書記暨最高蘇維埃主席戈巴契夫造訪北京。他與鄧小平、李鵬及多位領導階層會面，雙邊發布公報，宣稱兩國恢復正常外交關係。自一九六〇年代初期中俄交惡以來，頭一次在政治關係上有了新突破，這場劃時代的勝利卻在北京大街的動亂之下相形失色。

政治局對於該如何回應此事看法分歧，因而影響後續對於這場危機的說法。中共總書記趙紫陽希望和平解決，但他自五月十七日起就遭到冷落，最後被解除黨內和政府的職務。五月二十日，總理李鵬以獨攬大權之姿發布國務院命令，宣告北京進入戒嚴。六月三日夜間，軍事單位進駐北京，事件過後，政府發布官方統計數字，聲稱兩百位公民死亡，當中包括三十六位學生，此外有三千多人受傷。然而，各方估計的傷亡人數遠遠超過官方數據。六月二十三至二十四日，十三屆四中全會在北京召開，會中正式宣布免除趙紫陽總書記職務，李鵬並發表「關於趙紫陽同志在反黨反社會主義的動亂中所犯錯誤的報告」，嚴厲批評前任總書記向示威者靠攏，分化黨內的團結。趙紫陽沒有機會爲自己辯解，這份報告象徵他的政治生涯告終，此後他被軟禁家中，一直到二〇〇四年過世。之前在上海擔任市委書記的江澤民接任總書記，他在上海時曾以非武力的手段處理示威運動。

趙紫陽反對以武力鎮壓示威的學生和人民，下場是遭到解職。正式戒嚴令無疑是由李鵬發布的，他批准以軍隊鎮壓民運。鄧小平的角色則不明確，畢竟他不是最高指導者，李鵬才是。再說，他也不是中共總書記，趙紫陽才是，理論上這個職位比總理高。然而，趙紫陽卻在五月十七日遭到免職，江澤民直到六月二十四日才正式上任，期間無人行使總書記職權。鄧小平唯一的官職是中央軍事委員會主席，這個職位名義上很重要，但通常由黨主席兼任，以避免權力衝突，在正常情況下，行使權力的是黨主席，並非軍事委員會。鄧小平從來未曾、以後也不會擔任黨主席。除了中共中央軍事委員會，還有一個中華人民共和國中央軍事委員會，使得情況更加複雜，儘管兩個組織通常視為一體，不管日常運作或開會都由鄧小平主事。

擔任中央軍委主席的鄧小平究竟握有實權，或者只是黨國尊重其資深身分，給了他一個名義上的榮譽職位，旁人不得而知。此時的鄧小平已經八十多歲，幾乎卸下所有公職身分。不管是在黨內或政府單位，他不再負責決定日常事務，儘管常有人直接或透過中央顧問委員會向他請益。此時的李鵬年滿六十，至一九八九年六月四日已擔任總理將近兩年，直到一九八八年才卸任。眾所周知李鵬是保守派，他堅決反對趙紫陽擴大市場改革的提議，並認爲這些改革政策將破壞共產黨的權威。

鄧小平對示威者的態度並不明確。一九八九年四月二十六日，《人民日報》的一篇文章指出，在天安門事件前，鄧小平曾批評這群人製造「反黨反社會主義動亂」，但是趙紫陽堅稱這是節錄鄧小平與李鵬的某次私人談話內容，而且未經同意擅自刊登。「鄧小平很不高興李鵬公開他說過的話，鄧小平的子女也不高興父親被迫直接面對公衆」。這段話是趙紫陽於四月十九日赴北韓訪問前，描述他和鄧小平會面的情形。他堅稱兩人會面時，鄧小平與他達成共識，決定謹慎處理示威行動，雖然犯罪行爲必須遭到起訴，但要「不惜一切代價避免流血」。

趙紫陽訪問北韓期間，李鵬暫時接掌政治局常委，他召集全體委員開會。北京市委書記李錫銘與北京市長陳希同在會中誇大示威者的好戰程度及他們對鄧小平的批評。四月二十五日，總理李鵬及國家主席楊尚昆與鄧小平會面，除了匯報會議結果，也嘗試說服鄧小平同意採取速戰速決的做法。李鵬和北京市委認爲，軍事干預行動必須事先徵得鄧小平許可。

五月十七日，鄧小平在家中與李鵬會面，頒布戒嚴令（但並非派軍隊鎮壓廣場群衆）的重大決定就此成形。據說當時鄧小平堅稱：「這次不要像上次那樣搞了，不要把我決定戒嚴的事捅出去。」李鵬要他放心。對於派軍隊進廣場，鄧小平似乎並不熱衷，反而有些不情願。

如果鄧小平沒有被說動，沒有同意發布戒嚴令，雖然不能百分之百肯定，至少大屠殺可能不會發生。此時的鄧小平年事已高，但年齡不應當作藉口，何況兩年多後他還進行了一趟成功的南巡之旅。然而，他獲得的資訊或許不夠完整，而趙紫陽恰巧不在國內，李鵬、楊尚昆、李錫銘與陳希同等人得以聯手操控一切。鄧小平是資深老兵，戰場上殺伐決斷毫不猶豫，但是從他掌權的心路歷程來看，此人重視團結，不喜歡不必要的衝突，而且他自然不想再重蹈文革的覆轍，不願再看到暴力與迫害事件。這場屠殺他難辭其咎，事前應該蒐集更完整訊息，當下的決定也可能過於輕率。然而，軍事干預和死傷慘重主要仍應歸咎於中央的李鵬及楊尙昆，還有北京市委的李錫銘及陳希同，他們以奸詐手段操控了一切。

關於鄧小平在這場大屠殺中扮演的角色，有些人持不同論調。傅高義在《天安門文件》（*The Tian'anmen Papers*）書中便極力主張自己的分析（儘管他也引用李鵬未曾公開的日記）。在這些人眼中，鄧小平強烈主張動用戒嚴令的必要性，並在幾場重要會議中居於主導地位，因此對於後續的屠殺事件應負主要責任，儘管他曾清楚指示「要避免流血」。

這種論調的問題在於，《天安門文件》經過翻譯和編輯，當中引用的文件無法完全證實爲可靠來源。這些「眞實」會議文件描寫鄧小平處理示威的強硬態度，勢必經過審愼處理才得以作爲資料來源。陳仲禮對《天安門文件》提出極爲尖銳的批評，他澈底否定本書的價值，甚至否定書中引用文件的眞實性：

> 眞實的中國內部文件與歷史紀錄一樣重要，能夠幫助我們了解中國政治界。然而，經過審愼查核後，發現中文版《天安門文件》部分虛構，部分則是由公開與半公開資料及文件匯集而成的歷史紀錄。中國所謂的高層會議紀錄基本上都在事後裝訂成冊（連編輯也承認確實如此），接著列爲機密檔案呈報上級。此外，本書的英文版大量修改了中文版內容，對於眞實性、譯文、引文和格式的聲明都不同。幾乎沒有證據表明中文版作者掌握了眞實機密檔案，就算眞有，這兩本書的資料來源也是二手的，許多內容都已失眞。編輯群極力擔保兩本書的眞實性，其心可議，也難取信於人。

即使多數歷史學家沒有必要如陳仲禮這般尖銳批評，他們依然懷疑文件的眞實性與可靠性，就連編輯群也坦承，他們是在非常艱辛的情況下提出這些文件。因此，《天安門文件》不能明確而權威地詮釋一九八九年六月四日前幾週中共領導階層的決策過程。

當初始作俑者李鵬與楊尚昆企圖以戒嚴令及軍事干預解決天安門危機，導致慘烈的失敗，事後不難想像兩人及其支持者打算撇清責任，並拿最高領導人鄧小平當擋箭牌。還有一點必須承認，那些用心守護鄧小平聲譽的人效法趙紫陽，不管是誰最後決定軍事占領天安門廣場，或是誰下令發動後續屠殺，全都不讓鄧小平沾上一點邊[9]。

辭去中央軍委主席

一九八九年六月，軍隊挺進天安門廣場，此時的鄧小平已年近八十五。一九九二年，他更以近八十八高齡展開南巡旅程；最終於九十二歲辭世。他已多年不曾涉入日常政務，儘管他仍常接受諮詢，即使建議沒有屢次被採納，也能獲得應有的尊敬。反對改革的勢力已經削減，一九九五年陳雲過世後，黨和政府的重心從意識形態之爭與關注示威及不穩定局勢，轉移到鄧小平視爲第一優先的經濟發展。

一九八九年八月二十日，《鄧小平文選（一九三八～一九六五）》出版，書中集結文革前鄧小平的三十九篇文章及演講稿，內容枯燥，不具啓發性。這一點都不令人意外，畢竟成就鄧小平的是他畢生作爲，並非著作。他擅長撰寫切題而有力的官僚文件，即使按照現代中國馬克思主義的標準來看，他也不是偉大的作家，或者具獨創性或令人敬佩的政治思想家。

一九八九年十月一日，鄧小平出席天安門廣場上的國慶盛典，這是中華人民共和國建國四十週年紀念日，歡樂氣氛自不在話下。九月二十九日，在人民大會堂舉辦慶祝儀式，由楊尚昆與接替趙紫陽總書記職務的江澤民主持，鄧小平的名字並未出現在官方的嘉賓名單中。首都的戒嚴令於十月三十日正式撤銷，原本由軍隊鎮守的重要十字路口和天橋改由武警駐守，北京表面上恢復正常。

一九八九年十月三十日至十一月三日召開政治局會議，十一月六日至九日召開十三屆五中全會。九月四日，鄧小平去信政治局，要求他們准許他「辭去中央軍委主席」，這是他僅存的正式職位。中央批准他的請求：

> 全會高度評價鄧小平同志對我們黨和國家做出的卓著功勳，與會全體同志對他身體力行地為廢除幹部領導職務終身制做出的表率，表示崇高的敬意。全會認為，鄧小平同志從黨和國家的根本利益出發，在自己身體還健康的時候辭去現任職務[10]。

全會提到鄧小平「身體還健康」，難道是為了證明他同意發布戒嚴令時身心健全？這樣一來，他也必須一同承擔軍事干預造成慘重後果的責任。這份官方公文再清楚不過，看來政治局早就準備批准他辭職。隔年，鄧小平也辭去國家軍委主席一職。

新一任軍委主席由江澤民接手，楊尚昆和劉華清被任命為第一和第二副主席，楊白冰則擔任祕書長。江澤民曾擔任上海市委書記，並未涉入軍事鎮壓天安門民運；說服鄧小平發布戒嚴令的是國家主席楊尚昆；由劉華清上將在北京執行戒嚴令，全面部署軍隊；楊白冰上將是楊尙昆同父異母的弟弟，曾經擔任北京軍區政委及解放軍總政治部主任。

鄧小平甫卸下中央軍委主席一職，按憲法規定，中央軍委代表中央對解放軍行使政治控制權，這往往被視爲至高無上的權力，因爲可以對軍隊發號施令。儘管新上任的中央軍委主席江澤民沒有軍事經驗，但這個組織已被涉入六月三日至四日軍事干預行動的大老掌控。用毛澤東的話來形容，局面已經變成槍指揮黨，而不是黨指揮槍。

是否因爲中央軍委和六四悲劇脫不了關係，使得鄧小平急著辭去中央軍委主席，或是他被說服寫下辭職信，以便軍人掌控中央軍委，沒有人能斷定究竟何者屬實。十一月十三日，鄧小平在人民大會堂接見中日經貿協會代表團。六四期間或其後許多外國公司和公家單位唯恐中國爆發內戰，紛紛將職員撤離，後來日本率先重回中國，恢復正常商業活動。鄧小平在致詞中告訴代表團：「我想利用這個機會，正式向政治生涯告別。你們這個團是我見的最後一個代表團。退就要眞退，不要使新的領導感到工作困難[11]。」

中國與國際局勢（一九八九～一九九一年）

在西方觀察家眼中，尤其是那些保守派，一九八九至一九九一年間，國際局勢發展幾乎是積極正面的。歐洲分裂的仇恨標誌柏林圍牆已於一九八九年拆除，蘇聯歷經了幾年動盪期，終於在一九九一年垮臺。在美國和西歐多數國家看來，這代表冷戰結束及共產主義失敗。然而，對包括中共領導階層在內的正統共產主義者來說，整體局勢無比嚴峻。波蘭與東德的工業與政治已經動盪一段時間，現在更朝匈牙利、捷克斯拉夫及羅馬尼亞擴散。蘇聯垮臺後，北京高層深恐中國也會步上後塵，這也是西方保守派觀察家的盼望。早在一九八九年以前，中國領導階層便開始嚴密注意西歐局勢，並決心捍衛權力。他們擔心，如果中共和蘇聯一樣失勢並垮臺，到時將天下大亂，甚至會退回一九二〇年代軍閥割據的局面。民運人士的多項要求在黨內造成的回應更加深了他們的擔憂。

黨內一些保守派趁機挑起恐懼，四處宣揚鄧小平的政策極可能造成混亂和崩解，政府應該予以撤銷。鄧小平堅決反對，他說唯有經濟改革能保護中國，不至於重蹈其他共產國家的覆轍。他接著表示，改革要實施，也要繼續以強大的國家權力控制整個社會。

鄧小平去世與後鄧小平時代

一九九〇年代，中南海由自然法則與生物定律掌控，而非政治。李先念曾是鄧小平的支持者，後來漸漸趨於保守，並支持軍事鎮壓天安門，他於一九九二年六月二十六日去世。胡喬木是鄧小平另一位親近的同僚，但也堅決反對更進一步的改革，他也在同年九月二十八日過世。王震則於一九九三年三月二十一日過世。陳雲陣營另一位誓不妥協的成員姚依林，於一九九四年十二月十一日逝世。陳雲自一九九四年年底病重，並於一九九五年四月十日逝世。陳雲陣營就此瓦解，「雙峰與兩點」宣告結束。自一九九四至一九九七年二月二十日鄧小平去世，中國進入楊繼繩所謂的「後鄧小平」時代，深諳中國古代歷史的人自然會聯想到偉大的漢朝（公元前二〇六至公元二二〇年）也分為東漢與西漢。楊繼繩認為，後鄧小平時代沒有出現反對改革的政治力量，可以一直延伸到江澤民和胡錦濤時代。

社會主義市場經濟在無人反對的情況下急速發展，除了受到支持的四項基本原則，和江澤民有關的「三個代表」思想也被提出，在一定程度上削弱了四項基本原則的權威性。這個常被戲稱為「三塊表」的理論強調，共產黨應該始終代表中國「先進社會生產力的發展要求」、「先進文化的前進方向」及「最廣大人民的根本利益」。機械化階級分析本來是中國共產黨世代奉行的政治理論基礎，就這樣默默被放棄了。

政客開始嘗到甜頭，因而愈來愈熱衷經濟發展，但是新的社會力量和問題也逐漸興起。各地日漸出現繁榮景況，然而財富分配不均、新型腐敗與其他社會罪惡開始引起大衆關注。中國於二〇〇一年加入世界貿易組織，此後日益融入全球體系，陌生的政治、思想和文化也開始深刻影響這個國家。楊繼繩曾說，掌握眞理的旗手已從統治者改為人民，知識分子也為人民說話。這或許只是一種想望，但邁入二十一世紀後，除了一些例行性規定，人民可以針對更多議題公開出版及討論，比二十世紀晚期還要自由得多。或許最引人注目的是，中國已經從「強人政治」轉為更平易近人的政治形態。領導階層不再是清一色征戰沙場的革命元老，而是時運、個性和能力好的人出頭，當然關係也要好。領導階層再也不能單憑鬥爭年代唱高調那一套就稱霸政壇，必須實際投入各種日常事務中[12]。

第十八章 南巡與遺贈（一九九二～一九九七）

發展得這麼快，我沒有想到，看了以後，信心增加了[1]。
我的一個大失誤就是搞四個經濟特區時沒有加上上海[2]。
我的生命是屬於黨、屬於國家的。退下來以後，我將繼續忠於黨和國家的事業[3]。

一九八九年十一月，鄧小平辭去最後一個正式職位中央軍委主席，我們可以合理認定此事代表他不再具有政治影響力。這時他已度過八十五歲生日，似乎很高興有更多時間和家人相處，更別提他熱愛的橋牌。國家主席江澤民和同僚或許認為，這就是鄧小平晚年的寫照了。其實不然。

南巡：鄧小平的最後一役

一九九二年，鄧小平踏上後來被稱為「南方之行」（簡稱南巡）的旅程。這是一件政治使命，目的是捍衛他的經濟改革政策。旅程從一九九二年一月十七日至二月二十一日，短短一個多月的行程後來變成傳奇，被拿來和清朝康熙與乾隆皇帝下江南比較，可謂奇事。

一月二日，鄧小平參加第九屆「運籌與健康」老同志橋牌賽，並與比賽對手合影留念，這項活動對於退休的高齡領導人來說既安全又合適。兩週後的一月十七日下午，他搭乘北京出發的專車，展開武昌、深圳、珠海和上海的視察之旅。沒有人知道這位領導人是否明白此行的意義，鄧小平從來不做沒有理由的事，這可能只是一次告別之旅，為他的政治生涯來一段紀念性的終曲。

一月十八日早晨，他在湖北省武漢市武昌火車站進行第一場會面，由中央委員暨湖北省委書記關廣富報告當地情況。下午鄧小平的專車越過省界進入湖南，他在長沙車站聽取中央委員暨湖南省委書記熊清泉的報告。熊清泉說明一九九一年湖南發生的天然災害，北部遭遇嚴重水患，大片區域都泡在水裡；而南部則出現非常慘重的乾旱災情。這是一種提醒，要領導人銘記在心，中國省分有各自的面積和複雜情況，此外，鄉村對於氣候的影響毫無招架之力。熊清泉在報告中強調，唯有仰賴黨的領導之至高無上的社會主義制度，才能成功解決並戰勝大規模天災。他這番話被如實記錄下來，沒有加入評論，但當中蘊含警示意味：中央政府不應過度損害政治制度。

一月十九日早晨，專車抵達此行的主要目的地深圳。這裡是五個最初的經濟特區之一，其他分別是珠海、汕頭、廈門和海南島，成立於一九八〇年五月十六日，當時中央與國務院正式發布重要改革文件——「廣東、福建兩省會議紀要」。在中國政治文化中，五月十六日別具意義，文革就是從一九六六年的「五一六通知」發布後正式展開。鄧小平自然不會忽略當中的諷刺意味，畢竟成立經濟特區牴觸毛澤東當年的經濟政策。

深圳位於廣東的珠江三角洲，南邊緊臨香港；這裡是五個經濟特區中最早開發的，在改革計畫中居於旗艦地位。鄧小平一抵達當地，便要求廣東省委書記謝非和深圳市委書記李灝陪他四處參觀，看看自八年多前到訪此地之後的發展情形。鄧小平坦承，當初決定成立經濟特區時，不曾預料到發展如此迅速。深圳正迎頭趕上香港，珠海趕上澳門，廈門則趕上臺灣。汕頭人有許多親友旅居海外，這個地方的發展也逐漸趕上臺灣。他以罕見的自誇口吻表示，沒有經濟特區，誰知道要多久才能實現經濟現代化？當天的最後一站是皇崗，此地是深圳的口岸之一，與香港相連，鄧小平「站在深圳河大橋上，遙望對岸的香港」。他的家人曾說，他盼望親眼見到香港回歸，但他終究沒能等到這一天，香港在他過世後數個月才回歸中國。

隔天也就是一月二十日，鄧小平在謝非與李灝陪同下登上深圳國貿大廈五十三樓，鳥瞰整個區域。國貿大廈於一九八五年落成，當時是深圳第一高樓。鄧小平看了經濟特區發展計畫，也聽了當地官員的正式報告，接著他發表談話。他告訴大家，從蘇聯垮臺和東歐局勢來看，中國的未來再清楚不過，一定要堅持社會主義路線，別條路只會為國家帶來混亂和災難。然而，中國到本世紀末要達到小康，有了這一步，再趕上中等發達國家水準，才有希望。他強調時間不多了，國際市場的競爭多麼激烈。一月二十一和二十二日，鄧小平參觀深圳多家企業，並親手種下一棵樹以茲紀念。午後，他和國家主席楊尚昆接見深圳市委、市府、市人大、市政協和市紀會等成員，並發表談話，在場幾乎涵蓋深圳政治圈具影響力的人士。

一月二十三日上午，在謝非與珠海市長暨市委書記梁廣大陪同下，鄧小平搭乘快艇前往珠海。這裡是珠江三角洲另一個經濟特區，與澳門有口岸連接，如同深圳和香港。此行當然也是爲了交流廣東的概況。農民的收入按國際標準來看依然極低，但天災獲得控制，廣東省十多年來因經濟改革獲益匪淺。一月二十四至二十五日，鄧小平視察工廠，他強調中國人民需要更多商品，並且應該創出自己的品牌，否則就會受人欺負。他表示，科學、技術與培養合格人才是成功要訣，這個意見在珠海頗受歡迎，因爲當地以高科技產品聞名，包括電子、電腦和生物科技等等。儘管鄧小平已有一段時間不在決策前線，但依然持續了解經濟發展現況，能夠堅定傳達他的主要理念：近十幾年中國科技進步不小，希望在九〇年代，進步得更快。一月二十九日上午，鄧小平接見另一批珠海官員，還有佛山和中山來的訪客。午後，他離開珠海前往廣州，在當地正式和廣東官方代表告別，並於晚間搭乘火車前往上海。列車於途中暫停鷹潭，此地是江西東部鐵路樞紐，一九七三年，他和卓琳結束下放，就是在鷹潭搭車返回北京。他和省委書記與省長會面並聽取匯報，了解江西因穀物豐收而庫存過多的情況。

專車於一九九二年一月三十一日清晨抵達上海，接下來的旅程較爲輕鬆休閒。二月三日，鄧小平與國家主席楊尚昆及經過精心挑選的當地居民一同歡慶新年，隔天晚上則和上海橋牌隊打橋牌。二月七日，他視察了一九九一年以新技術建成的南浦大橋及施工中的楊浦大橋。隔天晚上他搭船遊覽各港區依附的黃埔江，欣賞上海夜景。陪同的有上海市委書記吳邦國與市長黃菊。鄧小平談到，二十一世紀即將來臨，這是年輕人的世紀，幹部要年輕化，用人也要解放思想，膽子要大一點。在上海停留的最後一段時間，他參觀了工廠和郊區，並明白表示，上海浦東和深圳兩個地方都要做標兵，它們爲社會主義做了哪些貢獻，都要受到公評。專車離開上海後，在南京和蚌埠短暫停留，鄧小平接見當地領導，表達他的關切，中國若是沒有加速改革就會失去先機。他告訴他們，一定要「抓住時機」，把經濟搞上去。這正是他此行的眞正目的，他非常擔憂當初急速發展的動力已經喪失，保守勢力就會趁機縮小改革範圍，甚至全面取消改革。二月二十一日，鄧小平一行人回到北京。

南巡是一齣精彩的政治戲碼，儘管只有一個多月，影響卻立即而持久。然而，媒體對於他的行程進度總是延後報導，這代表黨內保守領導人的抵抗，在鄧小平看來，這件事足以證明此行實屬必要。一九七二年十一月，鄧小平復出前進行了江西視察之旅，有人把它和這次南巡比較一番。此外，一九六五年，毛澤東發動文革前，爲了尋求更多支持便前往上海與中國南方視察，此行與鄧小平的南巡相較之下，頗具諷刺意味。鄧小平南巡眞正影響的並非黨的中央組織及北京媒體，而是各省黨委書記、企業家，以及報導會面情形的各地媒體。鄧小平成功影響了各省，讓地方領導相信，儘管一些官員持保留態度，他們仍需要加深並持續推動經濟改革。此外，他也向中央強調這些省分的改革成果。

二號文件

二月二十八日，中央發布鄧小平南巡談話的要點總結，稱爲二號文件（一九九二年），並立即傳達給全體黨員和幹部。這份文件後來被收錄在《鄧小平文選》第三卷，共分爲六個部分，每個部分開頭都有一句口號或訓示：一、革命是解放生產力，改革也是解放生產力；

二、改革開放膽子要大一些，敢於試驗；三、抓住時機，發展自己，關鍵是發展經濟；四、要堅持兩手抓，一手抓改革開放，一手抓打擊各種犯罪活動；五、正確的政治路線要靠正確的組織路線來保證；六、世界上贊成馬克思主義的人會多起來，因爲馬克思主義是科學。

二號文件以傳統拐彎抹角的官僚式用語表達，所要傳達的訊息並不深奧，但很適合北京和全國抱持懷疑態度的保守派。即使到了改革開放後期，鄧小平依然覺得有必要在意識形態上捍衛他提出的政策，將改革融入共產黨和中國革命的背景當中。大家或許會認爲，毛澤東死後，鄧小平提出的改革方案就會立刻被全國接受。但實情並非如此，唯有在黨內經過長時間討論和爭執後，才能慢慢被接受。最後必須訂定一種近似浮士德式的契約，也就是以放棄政治改革來交換經濟現代化。鄧小平心知肚明，若要堅持政治改革，將引起黨內強烈的反彈，經濟改革計畫很可能因此失敗。這場仗甚至持續到鄧小平死後[4]。

朱鎔基崛起：二號鄧小平？

一九八九年六月的重大創傷過後，領導階層經歷了一段時間的猶豫不決和迷失方向，隨著中央作成決議並廣發二號文件，他們或多或少回歸改革政策。一九九二年三月九日至十日，在政治局全會上，鄧小平南巡期間爲了支持改革而做出的干預行動，獲得了與會人士的認可。江澤民特別爲此而召開這次全會。政治局認同鄧小平南巡期間與地方領導的談話內容，當中包含對黨來說重要而持久的訓示，全體都應當學習。鄧小平終於從一九八九年的谷底翻身，江澤民和政治局常委不得不再次服從他的指示。

以江澤民爲首的中央領導階層開始出現異動。鄧小平在世最後五年，也就是一九九二至一九九七年間，政治局常委包括三位堅不妥協的反對改革派：李鵬，作風保守的總理，於一九八九年發布戒嚴令；喬石，主要負責維安和黨內紀律；劉華清，海軍上將，爲了執行戒嚴令，曾指揮軍隊進駐北京。另外兩位成員是當時還沒沒無聞的胡錦濤及謹慎的改革派李瑞環，在這批並不耀眼的陣容中，最重要的新生力軍便是朱鎔基。

朱鎔基自清華大學電機系畢業後，一九五〇年代在國家計畫委員會工作，但於一九五九年因批評毛澤東的大躍進，被打爲「右派」。一九六〇年代，他重返工作崗位，但直到文革後才完全復出。一九七九年，鄧小平爲了推動改革，積極招募有技術和經驗的科技人才，在他的特別指示下，朱鎔基進入國家經濟委員會工作。這個組織的前身正是國家計畫委員會，負責發展中國的「社會主義市場經濟」。一九八九至一九九一年，朱鎔基擔任上海市長，負責開發浦東新區。一九九一年，在鄧小平即將踏上南巡旅程時，他搬到北京，就任副總理。一九九三至一九九八年，朱鎔基任職政治局常委，鄧小平逝世後，他自一九九八至二〇〇三擔任總理。卸下公職後，朱鎔基作風低調，很少在公開場合發表談話，但偶有例外。二〇一三年九月，有一段他現身的影片公諸於世，當時他出席《朱鎔基講話實錄》英文版（*Zhu Rongji on the Record: The Road to Reform 1991-1997*）新書發表會。本書共分爲四冊，集結了他擔任副總理與總理的歷年談話內容。

朱鎔基對金融具有敏銳觀察力，又有國家經濟委員會的工作經驗，對改革貢獻良多，可以說爲鄧小平提供了非常重要的支持。朱鎔基堅毅的性格、實用精神與剷除貪腐的決心，爲改革政策吸引了廣大的支持者。他和鄧小平一樣，不曾擔任過黨內最高領導和國家主席，但就在他任內，中國國內生產毛額出現最長的連續成長期。對於管理中國經濟，江澤民既沒有信心又缺乏能力，他於一九九七年果斷地將經濟發展責任交給朱鎔基。從許多方面來看，繼承鄧小平衣缽的是朱鎔基，而非江澤民。

一九八〇年代，黨內領導階層曾出現更爲開放、人性的作風，以胡耀邦和趙紫陽爲代表，可惜曇花一現，一九八九年六月四日中共鎭壓民主運動後戛然而止。胡耀邦和趙紫陽是鄧小平屬意的接班人，但領導階層中的保守派與兩人的導師都無法接受他們對民主的執著，最後他們只能黯然下臺。哪怕繼任者同情這兩位遭到整肅的領導人，他們也不會表態，但提起鄧小平的名字一定不會有事。

一代巨人的殞落

鄧小平過世不在意料之外。他已高齡九十三歲，民間謠傳多時他的健康正在走下坡。鄧小平經歷過長征和文革，對於這樣一位在中國革命年代飽受磨難摧殘的人來說，他不僅熬過各種難關，還能在政壇活躍多年，實屬不易。他的同輩不是退休就是身故，在他們逐漸凋零之際，唯有他仍保有決定性的影響力和威望。

一九九七年二月十九日，鄧小平於北京逝世。民衆在天安門廣場漫步時，發現降了半旗，他們便猜測一定是某位大老辭世，但沒有人聯想到是鄧小平。清晨，新華社率先在中央電視臺第四頻道發布消息，這個頻道專門針對海外觀眾播放，過了一段時間消息才在國內的大眾媒體傳開。隔天上午七點，鄧小平過世十小時後，國家終於在中央電視臺第一頻道（國內主要電視頻道）發布正式新聞。主播身穿深藍色西裝，打著灰底黑方格領帶，以恰當的悲痛與恭敬口吻宣讀訃文。在長達半小時的宣讀中，主要描述鄧小平對中國改革的貢獻，最後的結語是「鄧小平同志永垂不朽」。

官方延後發布鄧小平的死訊，因爲他們沒有把握又擔心不已。重量級政治人物的死將引發何種效應？黨及政府自一九八九年以來好不容易維繫了脆弱的團結力量，此時領導階層是否還能保持穩定？從鄧小平沒有任何正式職位，也已多年不在權力核心來看，他們的擔憂顯得詭異，但正因他深具個人魅力與道德上的權威性，又集中國改革的體現與精髓於一身，因此他們深深憂慮他的過世將引發嚴重後果。一九八九年民主運動與六四悲劇便是因紀念胡耀邦的死而出現，雖然鄧小平不像胡耀邦，他不是自由派知識分子的好朋友，但他的死訊仍有可能引來示威活動，也有可能再次引發人民對民主政治的呼求。

電視和廣播節目在北京街頭隨機採訪路人，他們的回答不出所料，一致推崇鄧小平對中國經濟現代化所作的貢獻。一位受訪者表示：「他個子雖小，卻是位巨人。」那些密切注意中南海的觀察家尋找新一代強人出現的徵兆，但鄧小平可能是中國最後一位強人政治家。民間並未出現周恩來一九七五年過世時激情的示威遊行，只有少數示威者帶著讚頌鄧小平的海報上街，他們擔心鄧小平死後日子又會開始難過。所有開始聚集的人潮都被警察驅散，即使是對鄧小平表達感激的大字報，背地裡也可能藏著批評李鵬政府的意圖。

二月二十四日，官方舉行正式追悼會，總理李鵬獻上三分鐘默哀儀式，並下令未來一週降半旗。鄧小平的靈柩運往八寶山，數千名哀悼者在北京街頭夾道送行。然而，葬禮既簡單又不對外公開，僅限最親近的家屬參加，不過仍然透過電視和廣播對全國播放。他的骨灰擺在人民大會堂，上方懸掛的布條只簡單寫著「鄧小平同志追悼大會」，沒有提到他生前的頭銜，因爲沒有必要[5]。

鄧小平對中國現代化的貢獻

中國現代化當然不是從鄧小平開始的。中國在宋朝和明朝商業發展漸漸萌芽，而歐洲商人向來把持經濟和政治大權，中國商人卻沒有這等本領。十九世紀晚期，中國從農業立國漸漸走向區域性工業化，多半是因爲和外國簽訂條約後，港口被外國勢力掌控。二十世紀國民政府期間，區域性工業化持續發展，諷刺的是，日據時代（尤其是滿洲）也不例外。儘管如此，到了一九四九年中共掌權，中國現代工業化水準依然極低，於是工業化成了發展經濟首要目標。

工業化當然不等於現代化，但卻是現代化的要素，一開始中共遵循蘇聯的工業化模式，發展國有重工業，並列入第一個五年計畫當中。儘管大型企業於一九五〇年代早期都已收歸國有（社會主義化），僅有小規模生產活動仍由私人掌握，但私營工商業依然持續存在。大躍進和文革時期，就連這麼一點僅存的規模都遭到批鬥，然而，一九六〇年代初期，私營產業確實短暫再度出現過。文革結束後，民間對於市場和私人商業的呼聲愈來愈高，但引進自由市場的速度非常緩慢。以一九八三年爲例，距離將自由市場合法化的三中全會已整整四年，對南京人來說，自由市場依然是新奇有趣的現象，當地社會學家還在發憤研究中[6]。

商業化的壓力不單單來自黨外，許多思想開放的黨員不贊成全面禁止私人商業，鄧小平一九四〇年代在解放區與一九四九年後在西南地區的實績也說明了他抱持相同觀點。即使如此，黨內最高層依然出現反對聲浪，導致私人工商業的發展速度相當緩慢，而且困難重重。一九八九年天安門事件後，私人工商業發展出現嚴重倒退，直到一九九二年鄧小平南巡才克服了這道難關。鄧小平有生之年親眼目睹中國新面貌，但是現在大家熟悉的許多城市風貌都是在他死後才出現的。

南巡後二十年：改革者評價鄧小平的遺贈

鄧小平催生中國經濟發展，使數百萬人民脫貧，中國也成爲全球經濟強權。在他過世十七年後，海內外依然推崇他的這些功績。鄧家在四川牌坊村的故居被改建爲博物館，紀念他的生平與事蹟。

中國政治史自一九四九年後往往被過度簡化爲對兩位領導人的比較，一位是英雄鄧小平，另一位則是邪惡的毛澤東。這種比較不但錯誤，還是一種危險的誤導。鄧小平自一九三〇年代便是毛澤東親近的同志和支持者，一九五〇和一九六〇年代，兩人一同在政府及共黨組織中工作，儘管到了一九五〇年代中期，雙方漸漸分道揚鑣。毛澤東抱持激進的政治觀，偏愛浮誇姿態與訴諸革命情懷的民粹作風。鄧小平與親近盟友暨政壇領袖劉少奇則堅持從事緩慢而平淡的經濟籌劃工作。鄧小平或許是經濟改革中最偉大的鬥士，但他絕不是民主人士或自由派；他依然堅決反對任何政治改革，深怕中共至高無上的權力被暗中破壞，他相信唯有維持政治上的絕對權力，才能實現中國迫切需要的經濟發展。

中華人民共和國自一九四九年建立以來，他的政治生涯正足以說明這個國家前後矛盾及不一致的歷程。在一九五七年的反右運動中，他不反對鎮壓異議分子，儘管後來他承認整個運動太過火。一九六〇年代中期，他與毛澤東發生衝突，毛主席認為他與劉少奇合作等於背叛革命精神，他也因此被下放到鄉間。

鄧小平後來靠著周恩來鼎力相助得以復出，此時的毛澤東已風燭殘年。周恩來是幕後掌權者，對毛主席仍忠心耿耿，儘管他不太贊同主席的政策。北京出現宣揚獨立觀點或反對意見的民主牆，鄧小平起初允許這類活動，當批評聲浪轉而針對共產黨，他立刻下令禁止。一九八七年，總理胡耀邦被指控過度同情示威學生，最後只得下臺，他的辭職獲得鄧小平默許。鄧小平不支持他的政治改革理念，僅同意任命另一位自由派人士趙紫陽接下胡耀邦的職位。一九八九年六月四日，軍隊鎮壓天安門廣場上示威的學生和公民，自由派總理趙紫陽本欲透過協商解決這場危機，後來卻被迫下臺。鄧小平因為沒有制止軍事鎮壓，加上同意趙紫陽辭職，因而飽受批評。

在中國傳統紀年，二〇一二年是龍年，這個生肖象徵進步與好運，但是對於經濟現代和政治民主化之間的關係，仍然沒有完全一致的觀點。國內外觀察家和評論家都在熱烈討論那場新一代接班人角逐大位的競賽。習近平和外國人不熟悉的李克強於二〇〇七年脫穎而出，各自在總書記和總理角逐賽中暫時領先。二〇一二年十一月中共第十八次全國代表大會與二〇一三年三月全國人大，兩人先後獲得任命。習近平和李克強的政治生涯都受到胡耀邦和趙紫陽的改革意識影響，但他們也深知，公開支持任何近似西方多黨的制度將得罪黨內大老，唯有不牽涉政治變革，大老們才同意鄧小平進行經濟現代化。

二〇一二年一月十八日星期三，胡耀邦長子胡德平召開座談會，討論鄧小平南巡二十週年後的政治改革。許多支持改革的學究、退休公僕及黨內和政府大老的子女都參與這場討論會。胡德平是經濟學家，時任中華全國工商業聯合會第一副主席。前不久廣東省烏坎村由於反對土地充公與貪汙事件而爆發抗議，他讚揚當局以協商及和解處理，而非強勢鎮壓。接著他表示，「改革與開放」是鄧小平當年的主要口號，將它擴及政治領域的時機已經來臨。新一代領導習李二人將會走上這條路，並允許一定程度的政治改革開放（儘管進展緩慢），還是不管他們心裡怎麼想，終將躲在鄧小平遺贈的保護傘下，僅僅發展經濟，且讓我們拭目以待[7]。

中國偉大的改革者：暫定的評價

不管鄧小平受到何種評論或描寫，當年他率先提倡經濟改革，其後將畢生心力投入其中，這些改革為中國國運和整體面貌帶來劇烈轉變，凡此種種都將長存世人心中。他的政治遺贈就沒有這麼直接而單純，關於他對民主、開放及自由的論述有何看法，依然有著令人不安的疑問。鄧小平有沒有可能採取別的做法？鑑於他多年處於紀律森嚴的黨內和軍中，他有沒有可能像某些崇拜者希望的那樣，變得更開放、自由和民主？或是他能有如此眼界，深知中國需要也有希望推動經濟改革，還能突破頑強的反對勢力，更別提反對者運用的話術來自他從小學習的意識形態，這一切對他這種背景出身的人來說，是否已屬難能可貴？

一九七〇和一九八〇年代，若是別人坐在這個位子上，可能會將個人威望及投入經濟改革的心力結合起來，以相同投入的程度帶動政治變遷。如今很難推敲這人會是誰。另一位最高領導人或許根本沒有能力推動改革，即使曾經嘗試政治改革，可能也會像胡耀邦和趙紫陽一樣落得一場空。鄧小平不是獨裁者，他統治中國，在他統治的範圍內達到意見一致。這裡所謂的意見一致不是指多數人民意見一致，他從來沒有直接尋求這樣的一致，儘管大多數人都肯定他對經濟改革的貢獻。他尋求及非到手不可的一致，是在中央與各省領導階層的一致。地方上的領導階層其職業生涯和生活都仰賴共產黨，不願看到黨因魯莽的政策而分崩離析。沒有這群人及更廣泛的黨內支持，中國的經濟改革不可能成眞。

鄧小平無法獨力完成，他必須讓整個組織跟隨他，或者至少消除多數反對聲浪。鄧小平走在危險的鋼索上，他的平衡技術絕佳。他保護了經濟改革政策，不讓反對派澈底破壞或阻撓進度，代價就是保留「無產階級專政」，永遠由黨來領導國家，並且排除任何相似於西方多黨民主的制度。

除了鄧小平最重視的經濟改革，如果他當初也能引進民主，他會不會這麼做？答案一定會是：在他心目中，民主其實沒有那麼重要。不管從他的出身、文章、演講或行動來看，都沒有任何跡象顯示他曾暗中渴望更開放自由的政治文化。他是訓練有素而且正式收編的軍人，他深諳也最重視團結、忠誠和紀律。他是時代的產物，那是一九三〇和一九四〇年代對抗日本與國民黨的時代。值得一提的是，他能跨越時代限制延續個人政治生涯，並以一種合宜又新奇的方式走下去，直到一九七六年毛澤東去世，他突破了出身背景與早年經歷的框架，吸收了新的世界觀，爲中國找到向前邁進的新方向。諷刺的是，到了一九六〇年代，眼見中國朝著悲慘而錯誤的方向發展，此事雖令他束手無策，卻也爲他帶來深刻而積極的影響。一九七三年，他結束下放的日子，似乎帶著一種全新的活力和眼界復出，絕對不要讓慘絕人寰的文革災難再次發生。即使他不清楚中國會何去何從（他和任何人當時都不可能知道），至少他深知中國絕不能再發生某些情況。

以上事蹟不代表我們能澈底忽略鄧小平在政治和知識分子圈的失敗及短視，他不可能會考慮賦予西藏或新疆眞正的自主權。他從不承認一九五七年的反右運動完全錯誤，只願意承認它後來變得太過火，即使他自己在後來的文革中也遭受職業生涯和生活的巨變。一九七八至一九八一年間，他或許有權同意適度開放言論和出版自由，但他沒有這麼做。他認爲一旦向抗議群眾讓步，採納他們「第五個現代化」——民主的提議，他就會失去前面已經推動的四個現代化，或許他的判斷正確，但沒有證據表明他曾經爲此傷神。一九八九年六月，如果他願意行使中央軍委主席的權力，不准軍隊進入天安門廣場驅散抗議群眾（如今誰也無法肯定，他的命令是否會受到重視），或許就不會有如此慘重的傷亡；中國、中共與鄧小平後來或許就不會遭到各國指責。或許在一九八九年那個夏天，有人刻意誤導或者給予惡劣的建議，使得他誤判政府受威脅的程度；很可能他在自認理由充分的情況下做出了錯誤決定，他以爲國家和共黨已瀕臨危急存亡之秋，無論如何都要守住國家，保住共黨的統治權。不管眞相如何，除了被譽爲經濟改革之父，鄧小平的名字將永遠和中國最聞名的鎭壓事件連結在一起。

鄧小平眞正遺贈是今日的中國，好壞都有。這份遺贈包括具未來感的城市、經濟特區，以及日漸富裕的人民，但也包括不自然的政治結構和言論自由限制。凝望這份遺贈，讀者不妨好好想想，在相同時代、相同地點及相同資源（人力、組織和物資）下，有沒有人能做得比他更好甚至更多。

對中共而言，鄧小平至今依然是代表性人物。二〇一四年八月，適逢鄧小平一百一十歲冥誕，中央的理論派刊物《求是》用了整整五篇文章描寫鄧小平的政治遺贈。就在當月，黨內高層在避暑勝地北戴河召開祕密會議，國家主席習近平剛坐穩最高領導地位，他離開會場時，大家齊聲高呼「新鄧小平」。

全書注釋

序

【1】傅高義，《鄧小平改變中國》，美國麻州（Massachusetts）劍橋市（Cambridge）：哈佛大學出版社（**Belknap Press**），二〇一一年。

【2】方勵之，〈鄧小平的眞面目〉（*The Real Deng*）（評論《鄧小平改變中國》一書），《紐約書評》（*New York Review of Books*），二〇一一年十一月十日。

鄧小平生平新資料來源

【1】鄧毛毛，《我的父親鄧小平》（*Deng Xiaoping, My Father*），倫敦：哈潑柯林斯（**Harper Collins**）出版社，一九九五年。

第一章

【1】趙曉光與劉杰，《鄧小平的三落三起》，瀋陽：遼寧人民出版社，二〇一一年，第三頁。

【2】羅廣斌與楊益言，《紅岩》，北京：中國青年出版社，二〇一一／一九六一年。

【3】劉建華與劉麗，《鄧小平紀事》，北京：中央文獻出版社，二〇一一年，上下兩冊，第二～十四

頁；鄧毛毛，《我的父親鄧小平》，第四十～四十一頁。

【4】根據作者二〇一一年十月造訪牌坊村的觀察心得以及〈踏訪鄧小平故居四川省廣安市協興鎮的牌坊村〉一文，分別刊登於新華社（二〇〇三年七月四日）、中國日報（二〇〇四年八月十四日）及中國經濟網（二〇〇九年二月二十日）。

【5】劉建華與劉麗，《鄧小平紀事》，第二～十四頁；鄧毛毛，《我的父親鄧小平》，第三十四～四十一頁。

第二章

【1】趙曉光與劉杰，《鄧小平的三落三起》，第十頁。

【2】根據中國旅法勤工儉學蒙塔基紀念館館長王培文提供的資料，二〇一一年九月；中蒙友好協會（China-Montargis Friendship Association）網址：www.montargis.fr。關於小橋流水的描述，參見觀光導覽手冊《小橋環繞》（*Circuit of Bridges*），由蒙塔基旅遊中心（Office de Tourisme de l' AME）提供，也可上 www.tourisme-montargis.fr 網站查詢。並請參見法蘭西斯・卡瓊（Francis Cachon），《蒙塔基》，羅亞爾河畔聖西（St-Cyr-sur Loire）：阿倫・薩頓（Alan Sutton）出版社，二〇〇六年，第八十四、八十六與一二七頁；法蘭西斯・卡瓊，《蒙塔基第二部》（*Montargis Tome II*），羅亞爾河畔聖西：阿倫・薩頓出版社，二〇一一年，第七十四、七十六與八十一頁；以及《一頁史：探索中國人進入蒙塔基的歷程》（*Une page d'histoire: Découvrez comment la Chine est entrée dans l'histoire de Montargis*），蒙塔基：蒙塔基與魯應河發展協會（Agglomération Montargoise et Rives du Loing）。也可上 www.agglo-montargoise.fr 網站查詢。

【3】後改制爲協努瓦農業學院（Lycée Agricole Le Chesnoy），位於阿米利（Amilly）。

【4】劉建華與劉麗，《鄧小平紀事》，第二十七～三十五頁；吉訥維夫・博曼（Geneviève Barman）與尼可・杜立奧斯特（Nicole Dulioust），〈鄧小平在法國的歲月〉（*Les années françaises de Deng Xiaoping*），《二十世紀史評論》（*Vingtième Siècle Revue d'Histoire*），第二十冊，一九八八年，第十七～三十四頁；《一頁史：探索中國人進入蒙塔基的歷程》；瑪麗蓮・萊文（Marilyn A. Levine），《創建的世代：中國共產黨在歐洲》（*The Found Generation: Chinese Communists in Europe during the Twenties*），西雅圖：華盛頓大學（University of Washington）出版社，一九九三年，第三～八頁；葉星球與江敬世，《法國一戰老華工紀實》，巴黎：太平洋通出版社（Pacifica），二〇一〇年。

【5】「施耐德與勒克索：家庭、企業與城鎮（一八三六～一九六〇）」（Les Schneider, Le Creusot: Une famille, une enterprise, une ville）展覽，由法國國家博物館聯會（Réunion des Musées Nationaux）與奧賽博物館（Musée d' Orsay）聯合舉辦，展期自一九九五年二月二十七日至五月二十一日。〔《大型展覽雜誌》（*Le petit journal des grandes expositions*）特別號〕

【6】參見鄧毛毛，《我的父親鄧小平》，第七十五～一〇三頁。鄧小平的工作證現存於蒙塔基的檔案中。「施耐德與勒克索：家庭、企業與城鎮」展覽；趙曉光與劉杰，《鄧小平的三落三起》，第十二～十四頁；劉建華與劉麗，《鄧小平紀事》，第十五～三十五頁。

【7】羅德・凱德沃，《藍色人生：一九〇〇年代的法國與法國人》（*La Vie en bleu: France and the French since 1900*），倫敦：艾倫・雷恩出版社（Allen Lane），二〇〇五年，第一五四～一五六頁。

【8】參見趙曉光與劉杰，《鄧小平的三落三起》，第十二～十六頁；劉建華與劉麗，《鄧小平紀事》，第十五～三十五頁；瑪麗蓮・萊文與陳三井，〈一九二三至一九二七年共產黨對國民黨歐洲分部的控制〉（*Communist-Leftist control of the European Branch of the Guomindang, 1923–1927*），《當代中國》（*Modern China*），二十二／一，一九九六年一月，第六十二～九十二頁；李彩珍（Chae-Jin Lee），《周恩來早年生涯》（*Zhou Enlai: The Early Years*），史丹福：史丹福大學出版社（Stanford University Press），一九九四年，第一五七～一六七頁；凱德沃，《藍色人生：一九〇〇年代的法國與法國人》，第一五四～一五六頁；弗朗索瓦・費雷特（François Ferrette），《法國共產黨的眞實故事》（*La Véritable Histoire du Parti Communiste Français*），巴黎：迪摩波里斯出版社（Demopolis），二〇一一年，第六十九～七十四頁與多處；鄧毛毛，《我的父親鄧小平》，第七十五～一〇三頁；布哈林與普列奧布拉任斯基，《共產主義ABC》，倫敦：企鵝出版社（Penguin），一九六九年。

第三章

【1】趙曉光與劉杰，《鄧小平的三落三起》，第十五頁。

【2】珍・普萊斯，《幹部、司令官與人民委員：一九二〇至四五年中國共產黨領袖的養成》（*Cadres, Commanders and Commissars: The Training of the Chinese Communist Leadership, 1920-1945*），英國福克斯通（Folkestone）：道森出版社（Dawson），一九七六年，第九十三頁。

【3】中共中央黨史研究室，《中國共產黨歷史大事記》，北京：外文出版社，一九九一年，第四十六、五十二～五十三頁；趙曉光與劉杰，《鄧小平的三落三起》，第二十四～

三十、三十三～三十七頁；劉建華與劉麗，《鄧小平紀事》，第四十八～九十二頁；新華網，〈八七會議（一九二七年）〉，無日期；鄧毛毛，《我的父親鄧小平》，第一九七～一九九頁；大衛・古德曼（David S. G. Goodman），《鄧小平與中國革命》（*Deng Xiaoping and the Chinese Revolution: A Political Biography*），倫敦：羅德里奇出版社（Routledge），一九九四年，第三十～三十三頁。

【4】中共中央黨史研究室，《中國共產黨歷史大事記》，第四十六、五十二～五十三頁；趙曉光與劉杰，《鄧小平的三落三起》，第二十四～三十、三十三～三十七頁；劉建華與劉麗，《鄧小平紀事》，第四十八～九十二頁；新華網，〈八七會議（一九二七年）〉，無日期；鄧毛毛，《我的父親鄧小平》，第一九七～一九九頁；古德曼，《鄧小平與中國革命》，第三十～三十三頁。

【5】趙曉光與劉杰，《鄧小平的三落三起》，第十七～二十三頁；劉建華與劉麗，《鄧小平紀事》，第三十六～四十五頁；珍・普萊斯，《幹部、司令官與人民委員：一九二〇至四五年中國共產黨領袖的養成》，第八十九～九十九頁與其他多處。

【6】中共中央黨史研究室，《中國共產黨歷史大事記》，第四十六、五十二～五十三頁；趙曉光與劉杰，《鄧小平的三落三起》，第二十四～三十、三十三～三十七頁；劉建華與劉麗，《鄧小平紀事》，第四十八～九十二頁；新華網，〈八七會議（一九二七年）〉，無日期；鄧毛毛，《我的父親鄧小平》，第一九七～一九九頁；古德曼，《鄧小平與中國革命》，第三十～三十三頁。

【7】中共中央黨史研究室，《中國共產黨歷史大事記》，第四十六、五十二～五十三頁；趙曉光與劉杰，《鄧小平的三落三起》，第二十四～三十、三十三～三十七頁；劉建華與劉麗，《鄧小平紀事》，第四十八～九十二頁；新華網，〈八七會議（一九二七年）〉，無日期；鄧毛毛，《我的

父親鄧小平》，第一九七～一九九頁；古德曼，《鄧小平與中國革命》，第三十～三十三頁。

【8】劉建華與劉麗，《鄧小平紀事》，第五十二頁。

【9】中共中央黨史研究室，《中國共產黨歷史大事記》，第四十六、五十二～五十三頁；趙曉光與劉杰，《鄧小平的三落三起》，第二十四～三十、三十三～三十七頁；劉建華與劉麗，《鄧小平紀事》，第四十八～九十二頁；新華網，〈八七會議（一九二七年）〉，無日期；鄧毛毛，《我的父親鄧小平》，第一九七～一九九頁；古德曼，《鄧小平與中國革命》，第三十～三十三頁；余伯流，《偉人之間：毛澤東與鄧小平》，南昌：江西人民出版社，二〇一一年，第二～五頁。

【10】中共中央黨史研究室，《中國共產黨歷史大事記》，第四十六、五十二～五十三頁；趙曉光與劉杰，《鄧小平的三落三起》，第二十四～三十、三十三～三十七頁；劉建華與劉麗，《鄧小平紀事》，第四十八～九十二頁；新華網，〈八七會議（一九二七年）〉，無日期；鄧毛毛，《我的父親鄧小平》，第一九七～一九九頁；古德曼，《鄧小平與中國革命》，第三十～三十三頁。

【11】中共中央黨史研究室，《中國共產黨歷史大事記》，第四十六、五十二～五十三頁；趙曉光與劉杰，《鄧小平的三落三起》，第二十四～三十、三十三～三十七頁；劉建華與劉麗，《鄧小平紀事》，第四十八～九十二頁；新華網，〈八七會議（一九二七年）〉，無日期；鄧毛毛，《我的父親鄧小平》，第一九七～一九九頁；古德曼，《鄧小平與中國革命》，第三十～三十三頁；蘇菲・昆法官（Sophie Quinn-Judge），《胡志明：消失的歲月》（*Ho Chi Minh: The Missing Years 1919-1941*），倫敦：赫斯特出版社（Hurst），二〇〇三年，第三十六、一四〇、一五九頁；黃金慶（Huynh Kim Khanh），《越南共產主義》（*Vietnamese Communism 1924-1945*），伊薩卡（Ithaca）與倫敦：康乃爾大學出版社（Cornell University Press），一九八二年，第六十三～

八十九頁。

第四章

【1】趙曉光與劉杰，《鄧小平的三落三起》，第二十四、三十一頁。

【2】趙曉光與劉杰，《鄧小平的三落三起》，第三十三~三十七頁。

【3】劉建華與劉麗，《鄧小平紀事》，第九十三~一〇〇、一〇〇~一〇五頁；趙曉光與劉杰，《鄧小平的三落三起》，第三十八~四十五頁；托尼·薩赫（Tony Saich），《中共崛起與掌權》（*The Rise to Power of the Chinese Communist Party*），紐約：夏波出版社（M.E. Sharpe），一九六六年，第五〇九~五一三、五三〇~五〇五、六五二、七〇一頁；鄧毛毛，《我的父親鄧小平》，第一九九~二〇四頁；崔弗·魯非特（Trygve Lötveit），《中國共產主義：民政府時期》（*Chinese Communism 1931-1934: Experience in Civil Government*），倫德（Lund）：北歐亞洲學會（Scandinavian Institute of Asian Studies），一九七三年，第九十八~一〇五頁。

【4】劉建華與劉麗，《鄧小平紀事》，第一〇四~一〇五頁；魯非特，《中國共產主義：民政府時期》，第一八五~二〇九頁。

【5】參見寧都當地人的觀點：www.ningdu.gov.cn/ndgk/xqjj/200810/ t20081022_8426.htm（連結已失效）；鄧毛毛，《我的父親鄧小平》，第二〇四~二一 七頁；趙曉光與劉杰，《鄧小平的三落三起》，第一五一~一六八頁；劉建華與劉麗，《鄧小平紀事》，第一〇五~一〇八；格雷戈爾·本頓（Gregor Benton），〈第二條王明路線〉（*The "Second Wang Ming Line"*），《中國季刊》第六十一期，（一九七五年三月），第六十一~九十四頁；格雷戈爾·本頓，《山巔之火：紅軍

在中國南方的三年戰役》（*Mountain Fires: The Red Army's Three-Year War in South China, 1934-1938*），柏克萊（Berkeley）：加州大學出版社（University of California Press），一九九二年，第一三二～一三四頁；湯瑪斯·坎彭（Thomas Kampen），《毛澤東、周恩來與中共領導階層的演變》（*Mao Zedong, Zhou Enlai and the Evolution of the Chinese Communist Leadership*），哥本哈根（Copenhagen）：北歐亞洲學會，二〇〇〇年，第四十九～六十五頁；余伯流，《偉人之間：毛澤東與鄧小平》，第二十二～三十、三十二～四十四頁。

【6】劉建華與劉麗，《鄧小平紀事》，第一一一頁。

【7】劉建華與劉麗，《鄧小平紀事》，第一〇九～一一九頁；鄧毛毛，《我的父親鄧小平》，第二一八～二二四頁；余伯流，《偉人之間：毛澤東與鄧小平》，第四十七～五十三頁。

第五章

【1】趙曉光與劉杰，《鄧小平的三落三起》，第三十八、四十六頁。

【2】劉建華與劉麗，《鄧小平紀事》，第一二〇頁。

【3】劉建華與劉麗，《鄧小平紀事》，第一一九～一三二頁；坎彭，《毛澤東、周恩來與中共領導階層的演變》，第六十八～六十九頁。

【4】托尼·薩赫與方德萬（Hans J. Van de Ven），《中國革命的新觀點》（*New Perspectives on the Chinese Communist Revolution*），紐約：夏波出版社，一九九七年，第二三八～二三九頁。

【5】白修德（Theodore H. White）與賈安娜（Annalee Jacoby），《中國驚雷：國民政府二戰時期的災難紀實》（*Thunder Out of China*），紐約：史隆出版社（Sloane），一九四六年。

【6】田友茹，《中國抗日根據地發展史》，由劉建華與劉麗的《鄧小平紀事》引述，參見第一四八～一五四頁。

【7】劉建華與劉麗，《鄧小平紀事》，第一三八～一四六、一四八～一五四、一五八～一六五頁；鄧毛毛，《我的父親鄧小平》，第二六五～二六八、二八〇～二九三頁。

【8】趙曉光與劉杰，《鄧小平的三落三起》，第四十六～五十八頁；鄧毛毛，《我的父親鄧小平》，第二九一～二九三頁。

【9】劉建華與劉麗，《鄧小平紀事》，第一六六～一七二頁；鄧毛毛，《我的父親鄧小平》，第二七三～二七九、二八〇～二九三頁。

【10】劉建華與劉麗，《鄧小平紀事》，第一七二～一七七、第一七八～一八二頁；趙曉光與劉杰，《鄧小平的三落三起》，第四十六～五十八頁；鄧毛毛，《我的父親鄧小平》，第三一九～三二〇頁。

【11】劉建華與劉麗，《鄧小平紀事》，第一八八～一九六頁；中共中央黨史研究室，《中國共產黨歷史大事記》，第一二八～一四〇頁。

【12】劉建華與劉麗，《鄧小平紀事》，第二〇五～二一六、二二三～二二八頁；鄧小平，《鄧小平文選》，第一卷（一九三八～一九六五），北京：外文出版社，一九九二年，第七十三～八十四、八十五～九十三頁；史都華・葛爾德（Stuart Gelder），《中國共產黨》（*The Chinese Communists*），倫敦：維多・格蘭茲出版社（Victor Gollancz），一九四六年，第二〇〇～二〇四頁；余伯流，《偉人之間：毛澤東與鄧小平》，第六十三～八十三頁。

第六章

【1】趙曉光與劉杰，《鄧小平的三落三起》，第一五一頁。

【2】劉建華與劉麗，《鄧小平紀事》，第二六四頁。

【3】劉建華與劉麗，《鄧小平紀事》，第二四二～二五二、第二六四～三〇二頁；王樹增，《解放戰爭（上）：一九四五年八月至一九四八年九月》，北京：人民出版社，二〇一一年，上下兩冊，第二十六～三十五頁；中共中央黨史研究室，《中國共產黨歷史大事記》，第一六四～一六五頁；萊昂・察辛（Lionel Max Chassin），《共產黨征服中國：國共內戰史》（*The Communist Conquest of China: A History of the Civil War 1945-9*），倫敦：魏尼出版社（Weidenfeld and Nicolson），一九六六年，第一三九～一四一頁；鄧小平，〈對二野歷史的回顧〉，《鄧小平文選》，第三卷（一九八二～一九九二），北京：外文出版社，一九九二年；鄧毛毛，《我的父親鄧小平》，第三八八～四〇六頁。

【4】劉建華與劉麗，《鄧小平紀事》，第三一七～三二一頁；鄧小平，〈躍進中原的勝利形勢與今後的政策策略〉、〈關於今後進入新區的幾點意見〉，《鄧小平文選》，第一卷（一九三八～一九六五），第一〇三～一一四、一二二～一三七頁。

【5】劉建華與劉麗，《鄧小平紀事》，第三二六頁。

【6】劉建華與劉麗，《鄧小平紀事》，第三二三～三二八頁；中共中央黨史研究室，《中國共產黨歷史大事記》，第一九六頁。

【7】劉建華與劉麗，《鄧小平紀事》，第三二八～三三五頁。

【8】劉建華與劉麗，《鄧小平紀事》，第三三九～三四五、三四九～三五二、三五五～三六一頁；中

共中央黨史研究室，《中國共產黨歷史大事記》，第一八二～一八六、二〇五頁；鄧毛毛，《我的父親鄧小平》，第四三〇～四五五頁。

第七章

【1】史全偉，《實話實說鄧小平》，上下冊，北京：中國青年出版社，二〇一一年，第七頁。

【2】趙曉光與劉杰，《鄧小平的三落三起》，第一二二頁。

【3】劉建華與劉麗，《鄧小平紀事》，第三六四～三七五頁；史全偉，《實話實說鄧小平》，第二～九、十～十四、十五～二十、二十一～二十七頁；中共重慶市委黨史研究室，《中國共產黨重慶歷史》，第一卷（一九二六～一九四九），重慶：重慶出版社，二〇一一年，第五五二～五六三頁；中共重慶市委黨史研究室，《中國共產黨重慶地方簡史》，重慶：重慶出版社，二〇〇六年，第一〇四～一二三頁；察辛，《共產黨征服中國：國共內戰史》，第二三六頁；鄧毛毛，《我的父親鄧小平》，第四五六～四六七頁。

【4】劉建華與劉麗，《鄧小平紀事》，第三六四～三七五頁；史全偉，《實話實說鄧小平》，第二～九、十～十四、十五～二十、二十一～二十七頁；《中國共產黨重慶歷史》，第五五二～五六三頁；《中國共產黨重慶地方簡史》，第一〇四～一二三頁；察辛，《共產黨征服中國：國共內戰史》，第二三六頁；鄧毛毛，《我的父親鄧小平》，第四五六～四六七頁。

【5】劉建華與劉麗，《鄧小平紀事》，第三七九～三八三、四〇九～四一二頁；史全偉，《實話實說鄧小平》，第二～九、十～十四、十五～二十、二十一～二十七頁；費孝通，《江村經濟》，倫敦，羅德里奇出版社（Routledge and Kegan Paul），一九八〇／一九三九年；費孝通與張之毅，

《雲南三村》，倫敦：羅德里奇出版社，一九四八年。

【6】劉建華與劉麗，《鄧小平紀事》第三六四～三七五頁；史全偉，《實話實說鄧小平》，第二～九、十～十四、十五～二十、二十一～二十七頁；羅廣斌與楊益言，《紅岩》；《中國共產黨重慶地方簡史》，第九十六～九十九頁；《中國共產黨重慶歷史》，第五一九～五二九頁；察辛，《共產黨征服中國：國共內戰史》，第二三六頁；鄧毛毛，《我的父親鄧小平》，第四五六～四六七頁。彼得・湯森（Peter Townsend），《浴火鳳凰：中國革命》（*China Phoenix: The Revolution in China*），倫敦：喬納森・凱普出版社（Jonathan Cape），一九五五年，第三八一～三八六頁。

【7】劉建華與劉麗，《鄧小平紀事》，第四二三～四二四頁；史全偉，《實話實說鄧小平》，第二～九、十～十四、十五～二十、二十一～二十七頁。

第八章

【1】趙曉光與劉杰，《鄧小平的三落三起》，第一四五頁。

【2】劉建華與劉麗，《鄧小平紀事》，第四三三～四三五頁。

【3】同上，第四三三～四三七頁；鄧毛毛，《我的父親鄧小平》，第二一〇～二一七頁；中共中央黨史研究室，《中國共產黨歷史大事記》，第二四五頁。

【4】趙曉光與劉杰，《鄧小平的三落三起》，第一四五頁。

【5】史全偉，《實話實說鄧小平》，第五十二～五十四頁；劉建華與劉麗，《鄧小平紀事》，第四三五～四三七頁；弗雷德里克・泰維斯（Frederick C. Teiwes），《毛陣營的政治：一九五〇

年代初期高崗與黨派》（*Politics at Mao's Court: Gao Gang and Party Factionalism in the Early 1950s*），紐約：夏波出版社，一九九〇年，第二九七頁，注釋第五十九；〈關於一九五四年國家草案的報告〉，中共中央文獻研究室編纂，《建國以來重要文獻選編》，北京：中央文獻出版社，一九九四年，第五冊，第二九四～三一四頁。

【6】劉建華與劉麗，《鄧小平紀事》，第四三九頁。

【7】趙曉光與劉杰，《鄧小平的三落三起》，第一三五～一三六、一四五～一四六頁；劉建華與劉麗，《鄧小平紀事》，第四三八～四四五頁；史鑑，《高崗反黨眞相》，香港：文化藝術出版社，二〇〇八年，第二二五～二三〇頁及其他多處。

【8】劉建華與劉麗，《鄧小平紀事》，第四三八～四四五頁；〈中共中央關於加強對中央人民政府財政經濟部門工作的決定〉，《建國以來重要文獻選編》，第四冊，第一八〇～一八三頁。

【9】黨史研究室，《中國共產黨歷史大事記》，第二五九～二六〇頁。

【10】黨史研究室，《中國共產黨歷史大事記》，第二五九～二六一頁。

【11】趙曉光與劉杰，《鄧小平的三落三起》，第一三五～一四四頁。

【12】史全偉，《實話實說鄧小平》，第五十五～五十八頁；趙曉光與劉杰，《鄧小平的三落三起》，第一三五～一四四頁。

【13】趙曉光與劉杰，《鄧小平的三落三起》，第一三五～一四四、第一三九頁。

【14】趙曉光與劉杰，《鄧小平的三落三起》，第一三五～一四四頁；曠晨與潘良編著，《我們的一九五〇年代》，北京：中國友誼出版公司，二〇〇六年，第九十四～九十六頁；鄧小平的演講參見《建國以來重要文獻選編》，第九冊，第一一八～一六七頁。

【15】中央黨史研究室，《中國共產黨歷史大事記》，第二六〇頁；勞達一，《一九二一～一九八五年中國共產黨與馬克思主義：自畫像》（*The Communist Party of China and Marxism 1921-1985: A Self-Portrait*），倫敦：赫斯特出版社，一九八八年，第二一四～二一九頁；杜勉，《一九四九～一九七二年中國內政》（*The Internal Politics of China 1949-1972*），倫敦：赫斯特出版社，一九七三年，第五十七～五十八頁；鄧小平，〈關於修改黨的章程的報告〉，一九五六年九月十六日，《鄧小平文選》，第一卷（一九三八～一九六五），第二一七～二五五頁。

【16】劉金田與張愛茹，《鄧小平》，香港：三聯書店，二〇〇三年，摘自劉建華與劉麗，《鄧小平紀事》，第四五〇頁。

【17】趙曉光與劉杰，《鄧小平的三落三起》，第一三五～一五〇〇頁；〈關於修改黨的章程的報告〉，《建國以來重要文獻選編》，第九冊，第一一八～一六七頁；劉建華與劉麗，《鄧小平紀事》，第四五〇～四五一頁；史全偉，《實話實說鄧小平》，第五十五～五十八頁；哈洛德·韓丁（Harold C. Hinton），〈中共八大〉（*The Eighth Congress of the Chinese Communist Party*），《遠東研究》（*Far Eastern Survey*），一九五七年一月號，第一～八頁。

第九章

【1】鄧小平，〈共產黨要接受監督〉，一九五七年四月八日，《鄧小平文選》，第一卷，第二七〇頁。

【2】趙曉光與劉杰，《鄧小平的三落三起》，第一四五頁。

【3】《人民日報》，一九五七年十月十九日，摘自勞達一，《一九二一～一九八五年中國共產黨與馬

克思主義：自畫像》，第二三三～二三四頁，以及杜勉，《一九四九～一九七二年中國內政》，第八十五、八十九頁；《建國以來重要文獻選編》，第一～十七冊；穆福生（Mu Fu-sheng），《百花凋零：今日中國的自由思想》（*The Wilting of the Hundred Flowers: Free Thought in China Today*），倫敦：海涅曼出版社（Heinemann），一九六二年，第一七二～一七三頁；齊辛，《鄧小平政治傳記》（*Teng Hsiao-ping - A Political Biography*），香港：天地圖書，一九七八年，第三十五～三十六頁；中央黨史研究室，《中國共產黨歷史大事記》，第二六三～二六四、二六七頁；馬若德（Roderick MacFarquhar），《文化大革命的起源：人民內部矛盾》（*The Origins of the Cultural Revolution 1: Contradictions among the People 1956-7*），紐約：哥倫比亞大學出版社（Columbia University Press），一九七四年，第二八一～二八九、四○二～四○三頁。

【4】劉建華與劉麗，《鄧小平紀事》，第四五四～四六六、四六七～四七○頁；中央黨史研究室，《中國共產黨歷史大事記》，第二六七頁；大衛・巴赫曼（David Bachman），《中國的官僚、經濟與領導：大躍進的制度基礎》（*Bureaucracy, Economy, and Leadership in China: The Institutional Origins of the Great Leap Forward*），劍橋：劍橋大學出版社（Cambridge University Press），一九九一年，第一四一頁；馬若德、提摩西・切克（Timothy Cheek）與吳尤金（Eugene wu）（合編），《毛主席的祕密講話：從百花齊放到大躍進》（*The Secret Speeches of Chairman Mao: From the Hundred Flowers to the Great Leap Forward*），劍橋：哈佛大學出版社，一九八九年，第二七三～二九六頁；毛澤東，《毛澤東選集》，第五卷，北京：人民出版社，一九七七年，第二六七～二八八頁。

【5】劉建華與劉麗，《鄧小平紀事》，第四七一～四七四頁；坎彭，《毛澤東、周恩來與中共領導

階層的演變》，第六十九～七十五頁與其他多處：斯圖爾特·施拉姆（Stuart Schram）與南西·珍·霍德斯（Nancy Jane Hodes）合編，《毛澤東的權力之路：一九一二～一九四九革命時期作品》（*Mao's Road to Power: Revolutionary Writings 1912-1949*），紐約：夏波出版社，一九九二年，第三十七～三十八頁：哈里森·索爾茲伯里，《長征：前所未聞的故事》（*The Long March: The Untold Story*），倫敦：麥克米倫出版公司（Macmillan），一九八五年，第三七一頁：劉英，〈難忘的三百六十九天〉，《瞭望》雜誌，第四十一期，一九八六年：奧里亞娜·法拉奇，《專訪政要名流》（*Intervista con il Potere*），米蘭（Milan）：里索利出版社（Rizzoli），二〇〇九年，第四五六～四九二頁。法拉奇撰寫的原文如下：Mi accuse di sobillargli contro il gruppo di Mao Tsetung, mi defenestro, e dovetti aspettare tre ani per essere riabilitato. Cosa che avenne nel 1935, durante la Grande Marcia, al congresso di Zuen Yi. Perche, a Zuen Yi, gli opportunisti dell' estrema sinistra vennero sconfitti, Wang Min messo da parte, e Mao Tse-tung riprese in mano il partito facendomi segretario generale.

第十章

【1】趙曉光與劉杰，《鄧小平的三落三起》，第一四七頁。

【2】杜勉，《彭德懷：人物與形象》（*Peng Te-huai: The Man and the Image*），倫敦：赫斯特出版社，一九八五年，第七十七～一〇六頁：杜勉，《一九四九～一九七二年中國內政》，第一一〇～一一三頁：馬若德，《文化大革命的起源：大躍進》（*The Origins of the Cultural Revolution 2: The Great Leap Forward 1958-60*），牛津：牛津大學出版社（Oxford University Press），

一九八三年，第二二八~二三三、四〇七頁。

【3】劉建華與劉麗，《鄧小平紀事》，第四七四~四八一、四八二~四八四頁；中央黨史研究室，《中國共產黨歷史大事記》，第二八五~二八七頁；齊辛，《鄧小平政治傳記》，第三十六~三十七頁；馬克·弗朗克蘭（Mark Frankland），《赫魯雪夫》（*Khrushchev*），倫敦：企鵝出版社，一九六六年，第一七一~一八七頁；艾薩克·多伊徹（Isaac Deutscher），《蘇俄、中國與西方：一九五三~一九六六編年史》（*Russia, China and the West: A Contemporary Chronicle 1953-1966*），倫敦：企鵝出版社，一九七〇年，第二〇二~二三三頁與其他多處。

【4】劉建華與劉麗，《鄧小平紀事》，第五〇〇~五〇一頁。

【5】劉建華與劉麗，《鄧小平紀事》，第四九七~五〇一、五〇一~五〇三頁。

第十一章

【1】趙曉光與劉杰，《鄧小平的三落三起》，第一七九頁。

【2】劉建華與劉麗，《鄧小平紀事》，第四八五~五〇三頁；中央黨史研究室，《中國共產黨歷史大事記》，第二九四~二九五頁。

【3】劉建華與劉麗，《鄧小平紀事》，第四八五~五〇三頁；中央黨史研究室，《中國共產黨歷史大事記》，第二七八、二八六頁；沈大偉（David Shambaugh），〈中國軍人與政府：解放軍的政治工作體系〉（*The Soldier and the State in China: The Political Work System in the People's Liberation Army*），選自布萊恩·胡克（Brian Hook）編著的《中國個人與政府》（*The Individual and the State in China*），牛津：牛津大學出版社，一九九六年，第一一六~一一七頁。

【4】劉建華與劉麗，《鄧小平紀事》，第五〇四頁。

【5】張素華，《變局：七千人大會始末》（一九六二年一月十一日～二月七日），北京：中國青年出版社，二〇〇六年，第七～三十三、三十四～四十四頁與其他多處；劉建華與劉麗，《鄧小平紀事》，第五〇四～五一二頁。

【6】張素華，《變局：七千人大會始末》（一九六二年一月十一日～二月七日），第四十六～八十六、一九二～二〇〇頁及其他多處。

【7】米洛萬・吉拉斯，《新階級：對共產主義制度的分析》（*The New Class: An Analysis of the Communist System*），倫敦：揚溫出版社（Unwin Books），一九五七年。

【8】劉建華與劉麗，《鄧小平紀事》，第五〇四～五一二、五一二～五一五頁；張素華，《變局：七千人大會始末》（一九六二年一月十一日～二月七日），第三十四～四十五、一九二～二〇〇頁；中央黨史研究室，《中國共產黨歷史大事記》，第二八九～二九七、三〇一～三〇二頁；賴瑞・沃茲澤（Larry M. Wortzel）與羅賓・海姆（Robin D. S. Higham），《當代中國軍史辭典》（*Dictionary of Contemporary Chinese Military History*），聖塔芭芭拉（Santa Barbara）：克里歐出版社（ABC-CLIO），一九九九年，第三〇三～三〇四頁；沈邁克（Michael Schoenhals）與布魯爾・史東（Brewer S. Stone），〈更多編輯紀錄：七千人大會上劉少奇談彭德懷〉（*More edited records: Liu Shaoqi on Peng Dehuai at the 7,000 Cadres Conference*），《中共研究通訊報》（*CCP Research Newsletter*），第五期，一九九〇年。

【9】劉建華與劉麗，《鄧小平紀事》，第五〇四～五一二、五一二～五一五頁；中央黨史研究室，《中國共產黨歷史大事記》，第二八九～二九七、三〇一～三〇二頁；沃茲澤與海姆，《當代中

國軍史辭典》，第三〇三～三〇四頁；沈邁克與史東，〈更多編輯紀錄：七千人大會上劉少奇談彭德懷〉。

【10】劉建華與劉麗，《鄧小平紀事》，第五一八～五二二頁。

【11】劉建華與劉麗，《鄧小平紀事》，第五二二～五三九頁；趙曉光與劉杰，《鄧小平的三落三起》，第一四九～一五〇頁。

第十二章

【1】趙曉光與劉杰，《鄧小平的三落三起》，第一七九頁。

【2】劉建華與劉麗，《鄧小平紀事》，第五四七頁。

【3】劉建華與劉麗，《鄧小平紀事》，第五四四～五四九頁。

【4】劉建華與劉麗，《鄧小平紀事》，第五四九～五六三頁。

【5】劉建華與劉麗，《鄧小平紀事》，第五四九～五六三、五六三～五六七頁；中央黨史研究室，《中國共產黨歷史大事記》，第三二三～三三四頁；傅高義，《鄧小平改變中國》，劍橋：哈佛大學出版社，二〇一一年，第四十四～四十五、四十九～六十一頁；魏根深（**Endymion Wilkinson**），《中國歷史研究手冊》（*Chinese History: A Manual*）（增訂版），劍橋：哈佛燕京學社（Harvard-Yenching Institute），二〇〇〇年，第五〇一～五〇七頁。

第十三章

【1】趙曉光與劉杰，《鄧小平的三落三起》，第一九一頁。

【2】中央黨史研究室，《中國共產黨歷史大事記》，第三五九頁。

【3】劉建華與劉麗，《鄧小平紀事》，第五四九～五五四、五六八～五七一、五七一～五八四頁。

【4】劉建華與劉麗，《鄧小平紀事》，第五七一～五八四頁；《人民日報》，二〇〇二年七月四日；毛澤東，《毛澤東詩詞》（由王滿翻譯及編輯），第八～九頁。關於毛澤東的旅程，參見馬社香，《前奏：毛澤東一九六五年重上井岡山》。

【5】劉建華與劉麗，《鄧小平紀事》，第五七一～五八四、五八四～五九五頁。

【6】劉建華與劉麗，《鄧小平紀事》，第五九五～六〇二頁。

【7】劉建華與劉麗，《鄧小平紀事》，第六〇五～六一九頁。

第十四章

【1】趙曉光與劉杰，《鄧小平的三落三起》，第一九一頁。

【2】劉建華與劉麗，《鄧小平紀事》，第五八四～五八七、五八七～六一九頁；中共中央黨史研究室，《中國共產黨歷史大事記》，第三五九、三六〇～三六一、三六四～三六五、三六六頁；鄧小平英文網站：https://www.marxists.org/reference/archive/deng-xiaoping/index.htm（二〇一九年八月仍有效）。

【3】《胡喬木傳》編寫組，《鄧小平的二十四次談話》，北京：人民出版社，二〇〇四年，第一～七頁。

【4】劉建華與劉麗，《鄧小平紀事》，第六〇五～六一九頁；鄧小平，〈當前鋼鐵工業必須解決的幾個問題〉，《鄧小平文選》（一九七五～一九八二），第十八～二十二頁；鄧小平，〈當前鋼鐵

工業必須解決的幾個問題〉，《鄧小平文選》（一九七五～一九八二），第八～十一頁。

【5】泰維斯與孫萬國，《毛澤東主義時代終結：文化大革命時期的中國政治》（*The End of the Maoist Era: Chinese Politics During the Twilight of the Cultural Revolution, 1972-1976*），阿蒙克（Armonk）與紐約：夏波出版社，二〇〇八年，第三一九頁。

【6】泰維斯與孫萬國，《毛澤東主義時代終結：文化大革命時期的中國政治》，第三一五～三二四頁。

【7】《胡喬木傳》編寫組，《鄧小平的二十四次談話》，第一～七頁，本書也包含由政治研究室起草的主要文件；劉建華與劉麗，《鄧小平紀事》，第六〇五～六一九頁；大衛・芬克斯坦（David M. Finkelstein）與瑪麗安妮・基夫萊漢（Maryanne Kivlehan）編纂，《二十一世紀中國領導階層：第四代興起》（*Chinese Leadership in the Twenty-First Century: The Rise of the Fourth Generation*），紐約：夏波出版社，二〇〇二年，第一五三～一五四頁；中共中央黨史研究室，《中國共產黨歷史大事記》，第三六六～三七四頁；李侃如（Kenneth G. Lieberthal）與布魯斯・狄克遜（Bruce J. Dickson），《中國中央與政府會議研究指南》（*A Research Guide to Central Party and Government Meetings in China: 1949-1986*），紐約：夏波出版社，一九八九年，第二三五～二三六頁；泰維斯與孫萬國，《毛澤東主義時代終結：文化大革命時期的中國政治》，第二八二～二九一、三一五～三二四頁。

第十五章

【1】趙曉光與劉杰，《鄧小平的三落三起》，第二一五、二二〇頁。

【2】中共中央黨史研究室，《中國共產黨歷史大事記》，第三七七頁。

【3】劉建華與劉麗，《鄧小平紀事》，第六二一～六二八頁；中共中央黨史研究室，《中國共產黨歷史大事記》，第三七七、三八〇～三八六頁；丁望，《華國鋒——中共領袖》（*Chairman Hua: Leader of the Chinese Communists*），倫敦：赫斯特出版社，一九八〇年，第一〇〇～一二一頁與其他多處；泰維斯與孫萬國，《毛澤東主義時代終結：文化大革命時期的中國政治》，第三二四～三四八頁；胡德平，《中國爲什麼要改革：思憶父親胡耀邦》，北京：人民出版社，二〇一一年，第八十六～一二九頁；韓洪洪，《胡耀邦在歷史轉折關頭》，北京：人民出版社，二〇〇九年，第八十一～一一五頁；中共中央黨史研究室，《中國共產黨歷史》，第二卷（一九四九～一九七八），下冊，北京：中共黨史出版社，二〇一〇年，第一〇二二～一〇三七頁；余瑋與吳志菲，《鄧小平的最後二十年》，北京：新華出版社，二〇〇八年，第十三～十八頁。

第十六章

【1】趙曉光與劉杰，《鄧小平的三落三起》，第二四三頁。

【2】鄧小平，〈堅持四項基本原則〉，《鄧小平文選》，第二卷，一九七五～一九八二年，第一六六頁。

【3】中共中央黨史研究室，《中國共產黨歷史大事記》，第三八三～三八七、三九三～三九五頁。

【4】劉建華與劉麗，《鄧小平紀事》，第六六一～六七八頁；熊式一（S.I. Hsiung），《蔣傳》（*The Life of Chiang Kai-shek*），倫敦：彼得·戴維斯（Peter Davies），一九四八年，第五十四～

六十二頁；《鄧小平與外國首腦及記者會談錄》編輯委員會，《鄧小平與外國首腦及記者會談錄》，北京：臺海出版社，二〇一一年，第四十九～八十一頁；鍾文與文夫，《鄧小平外交風采實錄》，北京：人民出版社，二〇〇四年，第八十五～一二九頁；余瑋與吳志菲，《鄧小平的最後二十年》，第二十五～四十八頁；中共中央黨史研究室，《中國共產黨歷史大事記》，第三九三～三九五頁。

【5】冷溶與汪作玲（主編），《鄧小平年譜：一九七五～一九九七》，北京：中央文獻出版社，二〇〇四年，上下冊，第四一九～四三〇頁；汴・杜文（Ben Dolven），〈蘇州計畫：受傷的自尊〉（*Suzhou project: wounded pride*），《遠東經濟評論》（*Far Eastern Economic Review*），一九九九年七月八日。

【6】中共中央黨史研究室，《中國共產黨歷史大事記》，第三九三頁。

【7】武國友，《中共執政黨建設史（一九七八～二〇〇九）》，瀋陽：遼寧出版社，二〇一一年，第三十二～四十七頁；葉永烈，《鄧小平改變中國：一九七八中國命運大轉折》，南昌：江西人民出版社，二〇〇八年，第四〇二～四四〇頁；朱佳木，《我所知道的十一屆三中全會》，北京：當代中國出版社，二〇〇九年，第七十～九十四頁與其他多處；冷溶與汪作玲，《鄧小平年譜：一九七五～一九九七》，第四二七～四五六頁。

【8】武國友，《中共執政黨建設史（一九七八～二〇〇九）》，第三十二～四十七頁；葉永烈，《鄧小平改變中國：一九七八中國命運大轉折》，第三九五～四〇〇頁；朱佳木，《我所知道的十一屆三中全會》，第七十～九十四頁；冷溶與汪作玲，《鄧小平年譜：一九七五～一九九七》，第四二七～四五六頁。

【9】〈中國「改革發源地」數百張哀傷的面孔〉，新華社，二〇〇八年十一月八日；二〇〇八年十二月，鳳陽縣政府在官網（www. fengyang.gov.cn）以圖文報導紀念館啓用與小崗村經濟改革週年紀念；余瑋與吳志菲，《鄧小平的最後二十年》，第五十一～五十六頁；陳桂棣與春桃，《小崗村的故事》，北京：華文出版社，二〇〇九年，第二十七～四十三頁與其他多處。

【10】劉建華與劉麗，《鄧小平紀事》，第六八四～六八六頁。

【11】劉建華與劉麗，《鄧小平紀事》，第六七九～六八六頁；〈原副主席榮毅仁高齡八十九逝於北京〉，新華社，二〇〇五年十月二十七日。

【12】劉建華與劉麗，《鄧小平紀事》，第六九〇～七一一頁；冷溶與汪作玲，《鄧小平年譜：一九七五～一九九七》，第四七五～四八七頁；鄭德榮等人，《新中國紀事（一九四九～一九八四）》，北京：外文出版社，一九八六年，第七十二頁；熊向暉，〈打開中美關係的前奏——一九六九年四位老帥對國際形式的研究和建議〉，《新中國外交風雲》，第四輯，北京：世界知識出版社，一九九六年，第七～三十四頁；馬若德與沈邁克，《毛澤東最後的革命》（*Mao's Last Revolution*），劍橋市：哈佛大學出版社，二〇〇六年，第三二〇～三二三頁；理查・威爾森（Richard Wilson）（主編），《美國總統訪華》（*The President's Trip to China: A Pictorial Record of the Historic Journey to the People's Republic of China with Text by Members of the American Press Corps*），紐約：班登出版社（Bantam），一九七二年；史蒂芬・安布羅斯（Stephen E. Ambrose），《邁向全球主義：一九三八年以後的美國外交政策》（*Rise to Globalism: American Foreign Policy since 1938*），倫敦：企鵝出版社，一九八八年，第二四五～二四七頁。

【13】劉建華與劉麗，《鄧小平紀事》，第六八六～六八九頁；冷溶與汪作玲，《鄧小平年譜：一九七五～一九九七》，第四九八～五〇三頁；大衛·古德曼（David S.G. Goodman），《北京大街之聲：中國民主運動的詩歌與政治》（*Beijing Street Voices: The Poetry and Politics of China's Democracy Movement*），倫敦：瑪麗恩·博耶斯出版社（Marion Boyars），一九八一年；中共中央黨史研究室，《中國共產黨歷史大事記》，第三九二～三九三、三九七～三九八頁；《鄧小平文選》，第二卷（一九七五～一九八二），第一六六～一九五頁。

第十七章

【1】趙曉光與劉杰，《鄧小平的三落三起》，第二三七頁。

【2】葉永烈，《鄧小平改變中國：一九七八中國命運大轉折》，第四四二頁。

【3】鄭德榮等人，《新中國紀事（一九四九～一九八四）》，第七十六～八十四頁；冷溶與汪作玲，《鄧小平年譜：一九七五～一九九七》，第六六九～六七三頁；中共中央黨史研究室，《中國共產黨歷史大事記》，第四〇四～四一二頁；葉永烈，《鄧小平改變中國：一九七八中國命運大轉折》，第四四二～四五七頁。

【4】鄭德榮等人，《新中國紀事（一九四九～一九八四）》，第七十九～八十頁；中共中央黨史研究室，《中國共產黨歷史大事記》，第四一三、四一五～四一六頁；劉建華與劉麗，《鄧小平紀事》，第七五九～七六六頁。

【5】李侃如，《治理中國：從革命到改革》（*Governing China: From Revolution through Reform*），紐約：諾頓出版社（Norton），二〇〇四年，第一七七頁。

【6】鄧小平，〈中國共產黨第十二次全國代表大會開幕詞〉，《鄧小平文選》，第二卷（一九七五～一九八二），第三九四～三九七頁；「中央顧問委員會第一次全體會議講話」，一九八二年九月十三日；鄭德榮等人，《新中國紀事（一九四九～一九八四）》，第八十九頁；中共中央黨史研究室，《中國共產黨歷史大事記》，第三九三～三九五、四三〇～四三二頁；劉建華與劉麗，《鄧小平紀事》，第八〇四～八一五頁；李侃如，《治理中國：從革命到改革》，第一七七頁；中華人民共和國憲法，一九八二年。

【7】楊繼繩，《中國改革年代的政治鬥爭》，香港：卓越文化，二〇〇四年，第十八～二十五頁。

【8】楊繼繩，《中國改革年代的政治鬥爭》，第十八～二十五頁；楊繼繩，《墓碑：一九五八～一九六二年中國大飢荒紀實》，香港：天地圖書，二〇一〇年，上下冊；楊繼繩，《墓碑》英文版（*Tombstone: The Untold Story of Mao's Great Famine*），倫敦：艾倫・雷恩出版社，二〇一二年；韓洪洪，《胡耀邦在歷史轉折關頭》；趙紫陽，《國家的囚徒：趙紫陽的祕密錄音》（*Prisoner of the State: The Secret Journal of Zhao Ziyang*），倫敦：西蒙與舒斯特出版社（Simon and Schuster），二〇〇九年；李洪林，《中國思想運動史》，香港：天地圖書，二〇一〇年，第三六八～五一六頁；武國友，《中共執政黨建設史（一九七八～二〇〇九）》，第一六九～一七四、一七五～一八三頁。

【9】趙紫陽，《國家的囚徒：趙紫陽的祕密錄音》，第六、八～十四頁，張良（編譯）、黎安友（Andrew Nathan）與林培瑞（Perry Link）（編輯），《天安門文件》，倫敦：利特爾布朗公司（Little, Brown），二〇〇一年，第一七五、二〇四～二〇七、三五四～三六三、三六五、三六八～三七〇頁；羅德明（Lowell Dittmer），〈評論文章〉（*Review*

Article），《中國季刊》（*China Quarterly*），第一六六期（二〇〇一年六月），第四七六～四八三頁；陳仲禮與黎安友，〈再評天安門文件〉，《中國季刊》，第一七七期（二〇〇四年三月），第一九〇～二一四頁；傅高義，《鄧小平改變中國》，第六〇九～六一五、六一六～六三九頁。

【10】中共中央黨史研究室，《中國共產黨歷史大事記》，第五〇九頁。

【11】中共中央黨史研究室，《中國共產黨歷史大事記》，第四九五～五一一頁。

【12】楊繼繩，《中國改革年代的政治鬥爭》，第十八～二十五頁；韓洪洪，《胡耀邦在歷史轉折關頭》；趙紫陽，《國家的囚徒：趙紫陽的祕密錄音》；武國友，《中共執政黨建設史（一九七八～二〇〇九）》，第一六九～一七四、一七五～一八三頁。

第十八章

【1】趙曉光與劉杰，《鄧小平的三落三起》，第三一五頁。

【2】同上，第三五五頁。

【3】劉建華與劉麗，《鄧小平紀事》，第一〇七一頁。

【4】冷溶與汪作玲，《鄧小平年譜：一九七五～一九九七》，第一三三四～一三四一、一三四一～一三四六頁；吳松營，《鄧小平南方談話眞情實錄——記錄人的記述》，北京：人民出版社，二〇一二年；牛正武，《南行紀：一九九二年鄧小平南方談話全紀錄》，廣州：廣東人民出版社，二〇一二年；陳開枝，《起點：鄧小平南方之行》，北京：中國文史出版社，二〇〇八年；中共中央黨史研究室，《中國共產黨歷史大事記》，第四〇七頁；約瑟・費斯密斯（**Joseph**

Fewsmith），《天安門事件後的中國：政治變遷》（*China since Tiananmen: The Politics of Transition*），劍橋市：劍橋大學出版社，二〇〇一年，第五十五～六十三頁；朱鎔基，《朱鎔基講話實錄》，北京：人民出版社，二〇一一年；朱鎔基，《朱鎔基講話實錄》（英文版），北京：外文出版社，二〇一三年。

【5】簡・凡・德・梅德，〈鄧小平之死：中國最後一位「強人」去世〉（*De dood van Deng Xiaoping: China's laatste "sterke man" overleden*），《密碼日報》（*Het Parool*）（一九九七年二月二十日）；〈埋葬鄧小平：天安門廣場上的微妙抗議〉（*Deng Xiaoping begraven: subtiel protest op Tiananmen plein*）（一九九七年二月二十六日）。

【6】一九八三年十月，作者在南京與社會學家周冠三（音譯）及其他江蘇社會科學院成員的討論內容。

【7】普莉西拉・焦（Priscilla Jiao），〈沒有響亮的號角——南巡二十週年〉，《南華早報》（二〇一二年一月二十日）；胡德平，《中國為什麼要改革：回憶父親胡耀邦》；麥克・狄倫，〈中國統治者：第五代掌權（二〇一二～一三）〉，收錄在凱利・布朗（編輯），《中國與歐盟：為商界與投資者提供的真知灼見》（*China and the EU in Context: Insights for Business and Investors*）〔帕爾格雷夫・麥克米蘭（Palgrave Macmillan）出版公司，二〇一四年〕，第一四二～一七七頁。

附錄：重要人物表

博古（又名秦邦憲，一九〇七～一九四六）：中共「二十八個半布爾什維克」的首領，一九三〇年代初期於莫斯科受訓的黨內多數派，毛澤東的政敵。一九三一～一九三五年擔任總書記，後由張聞天接任。一九四六年從重慶搭機前往延安，途中發生空難身亡。

薄一波（一九〇八～二〇〇七）：中央委員會委員，文革期間遭到解職，後來成爲鄧小平的主要支持者。其子薄熙來於二〇一二年爆發重大醜聞。

奧圖．布勞恩（又名李德，一九〇〇～一九七四）：長征初期德籍共產國際軍事顧問，反對毛澤東的游擊戰策略。

蔡暢（一九〇〇～一九九〇）：中共早期黨員，蔡和森的妹妹，活躍於中華全國婦女聯合會，中央委員會委員。夫婿是社會主義經濟要員李富春。

蔡和森（一八九五～一九三一）：中共在法國與中國的早期黨員，妻子是向警予。

陳獨秀（一八七九～一九四二）：參與五四運動的知識分子，中共建黨元老，曾擔任總書記，一九二七年遭到罷免。

陳濟棠（一八九〇～一九五四）：廣西與廣東的國民軍軍官，其實是一九三〇年代的廣東軍閥。

陳錫聯（一九一五～一九九九）：解放軍紅四方面軍與八路軍軍官，活躍於抗日戰爭與內戰。一九五〇年代擔任黨委書記與重慶市長，爲解放軍高階將領與政治家，文革期間掌握大權，後於一九八〇年代遭到鄧小平整肅。

陳希同（一九二〇～二〇一三）：政治局委員，一九八九年六四天安門事件爆發時任職北京市長，一九九八年因貪汙入獄。

陳毅（一九〇一～一九七二）：中共早期黨員，新四軍軍官。曾任上海市長與副總理，一九五八～一九七二年擔任外交部長，在文革中倖存。

陳雲（一九〇五～一九九五）：中共經濟要員，鄧小平的政壇盟友，主張經濟不能離開計畫的指導。曾任國家計畫委員會委員、財政經濟委員會主任。

鄧發（一九〇六～一九四六）：一九三九～一九四二年擔任中央黨校校長。

鄧力群（一九三三～一九九二）：曾擔任劉少奇的祕書。對抗精神汙染的幕後宣傳部長官，在政治研究室與胡喬木密切合作。

鄧楠（一九四五～）鄧小平次女，曾任科學技術委員會政策局副局長。

鄧樸方（一九四四～）：鄧小平長子，於一九六八年文革期間遭紅衛兵逼迫跳樓，導致終生殘疾，後活躍於中國殘疾人聯合會。

鄧榕（又名鄧毛毛，一九五〇～）：鄧小平么女，中國外交官與政府官員，著有《我的父親鄧小平》。

鄧紹昌（又名鄧文明，一八八六～一九三六）：鄧小平的父親。

鄧穎超（一九〇四～一九九二）：中共積極黨員，活躍於婦女組織，周恩來的妻子。

費孝通（一九一〇～二〇〇五）：知名人類學家與社會學家，一九五〇年代晚期被打爲右派分子，其後長達三十多年被禁止從事教學研究工作。鄧小平成爲中共新領導人後爲其平反，以恢復社會學作爲建設現代中國的方針。

馮玉祥（一八八二～一九四八）：陝西軍閥，改信新教後，人稱「基督將軍」，原與國民黨和汪精衛結盟，後對國民黨不滿，向中共靠攏。

福田赳夫（一九〇五～一九九五）：日本自民黨領袖，一九七六～一九七八年擔任內閣總理大臣。

高崗（一九〇五～一九五五）：一九四七年擔任東北局書記，一九五二年擔任國家計畫委員會主席。一九四九年建國後，與饒漱石成爲第一波遭到整肅的對象，被開除黨籍。

胡喬木（一九一二～一九九二）：馬克思主義思想家，一九四〇年代擔任毛澤東祕書。曾任中國社會科學院第一任院長，原本支持鄧小平，後來極力反對改革開放政策。

胡耀邦（一九一五～一九八九）：鄧小平的追隨者，支持鄧小平推行經濟改革。一九八二至一九八七年擔任中央總書記，由於過度自由化的政治主張而遭到清算。他於一九八九年過世，從而導致天安門民主運動。

黃知眞：江西革委書記，文革期間遭到清算鬥爭，後來平反，曾任第十二屆中央委員會委員。

蔣經國（一九一〇～一九八八）：蔣介石的兒子，曾留學莫斯科，在上海掌管經濟。一九四九年後，在臺灣擔任總統，大力推動臺灣的經濟與民主化。

江青（一九一四～一九九一）：曾是演員，一九三〇年代是中共的活躍黨員，後嫁給毛澤東。積極參與制定中國文化政策，活躍於文化大革命。一九八一年一月四人幫遭判刑，多年後於獄中自殺。

江澤民（一九二六～）：上海市委書記，六四天安門軍事鎮壓後，升任中共總書記。他的「三個代表」理論——「中國共產黨要始終代表中國先進社會生產力的發展要求，始終代表中國先進文化的前進方向，始終代表中國最廣大人民的根本利益」遭到外界嘲笑。鄧小平曾批評他缺乏發展經濟的熱情，但他將商人引進黨內，強化了黨的政治基礎。二〇〇二年，胡錦濤當選總書記，江澤民卸任後仍有龐大的影響力。

金維映：鄧小平第二任妻子，鄧小平淪爲政治批鬥的箭靶後，金維映於一九三三年與他離婚。

李光耀（一九二三～二〇一五）：新加坡總理，一九五九～一九九〇年擔任人民行動黨祕書長，後擔任國務資政與內閣資政，人稱「新加坡之父」。新加坡經濟和威權社會政策的幕後推手。

李富春（一九〇〇～一九七五）：中共在法國與中國的早期黨員，與蔡暢結婚。中共組織的老幹部，一九四九年後擔任國家計畫委員會委員，也是政治局和書記處成員。文革期間被打爲修正主義分子，一九七一年平反。

李立三（一八九九～一九六七）：一九二九～一九三〇年勢力龐大的中共領導，由於強迫部隊進攻大城市，妄想激起工人起義而失敗，最後被批爲「李立三路線」。他是毛澤東推動農民游擊戰策略的主要反對者。

李鵬（一九二八～二〇一九）：一九八七～一九九八年擔任中共總理，一九八九年派兵鎮壓六四民主運動而飽受批評。其父早年遭國民黨槍決後，據說周恩來收養他，後來他以工程師專業在政府部門崛起，並在陳雲的提攜下步步高升。

李維漢（一八八六～一九八四）：一九三〇年代擔任中共中央黨校校長。一九四九年後任職全國人民代表大會與中國人民政治協商會議。文革期間遭到清算鬥爭，在鄧小平協助下平反。

李先念（一九〇九～一九九二）：一九八三～一九八八年擔任中華人民共和國主席，後擔任中國人民政治協商會議全國委員會主席。一九二七年加入中國共產黨，一九五四年任副總理，總理是周恩來。工作上與周恩來密切合作，毛澤東一九七六年逝世，李先念成爲逮捕四人幫的要角。在黨內的影響力不容小覷，一九八九年因參與鎮壓天安門事件而飽受批評。

李錫銘（一九二六～二〇〇八）：天安門事件發生時擔任北京市委書記，暗中向上級提議以軍事力量解決天安門危機。

李雪峰（一九〇七～二〇〇三）：中國人民政治協商會議常委，因爲文革時期支持陳伯達和林彪，被劃入反黨集團，鄧小平當權後助其平反。

李宗仁（一八九〇～一九六九）：廣西軍閥，一九四九年擔任中華民國代理總統。

林彪（一九〇七～一九七一）：解放軍受動將領，參與過抗日戰爭及國共內戰，曾任副總理，一九五九年取代彭德懷，擔任國防部長。他是毛澤東的忠心副手，文革期間動員解放軍支持毛主席。一九七一年，林彪發動軍事政變失敗，搭機逃往蘇聯，途中飛機失事身亡。

劉伯承（一八九二～一九八六）：解放軍老幹部及元帥，一二九師指揮官，鄧小平曾在他的部隊擔任政委，二人私交甚篤。他在文革期間支持鄧小平，一九八二年因健康問題退休。

劉華清（一九一六～二〇一一）：解放軍海軍司令，中國海軍現代化的幕後推手。一九八九年六月三日至四日，擔任戒嚴部隊總指揮，宣布天安門廣場進入戒嚴。

劉少奇（一八九八～一九六九）：一九五九～一九六九年擔任中華人民共和國主席。歷經中共地下革命時期，曾引領工人罷工。一九五九年，毛澤東決定釋出部分權力，劉少奇接任國家主席。他是實用及官僚主義者，與毛澤東的衝突日益嚴重，最後導致文化大革命。他在文革中遭到整肅，被紅衛兵虐待後身受重傷，不治身亡。

陸定一（一九〇六～一九九六）：曾任文化部長與副總理，文革期間遭到清算鬥爭。一九七九年鄧小平助其平反，後擔任中央顧問委員會委員。

羅榮桓（一九〇二～一九六三）：解放軍老幹部及元帥，與毛澤東和林彪爲伍。

羅瑞卿（一九〇六～一九七八）：解放軍總參謀長，文革期間遭到批鬥。他是林彪底下的國防部副部長，但不願爲了效忠上級而犧牲軍人的專業素養，後與林彪決裂。

毛遠新（一九四一～）：毛澤民（毛澤東弟弟，一九三〇和一九四〇年代在新建縣工作，後遭人殺害）之子，在軍中擔任政委，曾在一九七五年充當毛澤東與政治局的主要連絡人（當時毛主席的阿茲海默症惡化，無法出席會議）。與江青一伙走得很近，在四人幫受審時也被判刑十七年，據說一九三三年獲釋後在工廠工作，直到退休。

毛澤東（一八九三～一九七六）：一九三五年至一九四二年，某種程度上來說，毛澤東的地位相當於中國共產黨黨主席，他也曾是中華人民共和國國家主席（一九四九～一九五九年，相當於元首）。毛澤東策劃農民革命與游擊戰，於一九四九年爲中共奪下政權，表面上不是獨裁者，但黨內老革命多半效忠於他。大躍進和文革期間，他推動激進政策，如今被定調爲世紀災難，但他依然被奉爲中華人民共和國國父。劉少奇和鄧小平反對毛澤東的政策，兩人務實的改革措施直到他於一九七六年九月逝世後才得以落實。

聶榮臻（一八九九～一九九二）：解放軍老幹部及元帥，文革期間遭到整肅，毛澤東死後獲得平反，擔任中央軍事委員會副主席。在韓戰與中國核武發展中均扮演重要角色，據說一九八九年六月爆發天安門示威活動時，他反對以武力鎮壓。

彭德懷（一八九八～一九七四）：在紅軍擔任作戰指揮官，戰功彪炳，其後於韓戰中擔任中國人民志願軍總司令。最著名的事蹟是任職國防部長期間，在一九五九年的廬山會議中公然反抗多年盟友毛澤東及其大躍進政策。大躍進造成農民窮困，並於一九五九年至一九六二年引發全國大飢荒，導致數百萬人死亡。彭德懷後來遭到清算鬥爭，職務由林彪接任，但他始終是中國人心目中改革派的象徵。

彭眞（一九〇二～一九九七）：中共在山西的早期黨員，一九五一至一九六五年擔任北京市長，也是文革爆發後第一波遭到整肅的高層。鄧小平助其平反，一九八三～一九八八年擔任全國人民代表大會常務委員會委員長。雖然投身法界，卻反對胡耀邦和趙紫陽的自由政策，兩人的仕途主要也是毀於彭眞之手。

秦邦憲：參見博古。

瞿秋白（一八九九～一九三五）：小品文作家、評論家、俄文譯者，左翼作家聯盟知名成員。一九二七年接替陳獨秀，成為中共最高領導人。曾於江西蘇區政府部門任職，一九三五年遭國民黨處決。

饒漱石（一九〇一～一九七五）：一九四九年後，於上海擔任華東軍政委員會主席。與高崗同被控意圖打造「獨立王國」，一九五四年遭到開除黨籍。

任弼時（一九〇四～一九五〇）：解放軍老兵，在湖南及長征期間培養豐富的政治領導經驗。後成為政治局的資深成員，過世時年僅四十六歲。

榮毅仁（一九一六～二〇〇五）：江蘇商賈之子，家道殷實。一九四九年，他選擇留在中國，後來擔任上海副市長，卻在文革期間遭受迫害。鄧小平任命他領導中國中信集團公司（吸引外資的重要機構）。一九九三年，他當上國家副主席，儘管他在一九八九年六月的天安門示威運動中反對使用武力鎮壓群眾。無法確認他是否為共產黨員。

宋任窮（一九〇九～二〇〇五）：解放軍軍人，在一二九師時擔任政委鄧小平的副手。一九七八～一九八三年擔任中央組織部部長，一九八二～一九八五年擔任政治局委員，是鄧小平時代黨內頗具影響力的高層。

園田直（一九一三～一九八四）：一九七七至一九七九年擔任日本外務大臣，積極推動中日維持正常關係。一九三八年加入日本皇軍，服役地點包括中國及太平洋戰區。

田中角榮（一九一八～一九九三）：崛起於自由民主黨，一九七二至一九七四年擔任日本首相。一九七二年，他與周恩來會晤，中日關係自此邁入正常化。數年後，因洛克希德貪汙受賄一案而醜聞纏身，但他繼續留在日本國會，直到一九八九年為止。

汪精衛（一八八三～一九四四）：自一九二七年起，在武漢統領國民黨左派政府，日據時期在南京統領傀儡政府。

王震（一九〇八～一九九三）：支持鄧小平於一九七〇年代復出的八大元老之一，一九四九年率解放軍入新疆，建立中共第一個新疆行政機構。雖然支持鄧小平的改革開放政策，政治上卻是位不輕易妥協的保守派，也是胡耀邦下臺的幕後推手。

魏京生（一九四九～）：西單民主牆民運人士，一九七八年擔任《北京之春》編輯。帶頭向中共要求「第五個現代化」——民主。被控對外國人泄露國家機密而下獄，獲釋後又二度入獄。一九九七年再度出獄，獲准移民美國。

吳邦國（一九四二～）：上海市委書記、副總理、政治局常務委員會委員，以及全國人民代表大會常務委員會委員，二〇一三年卸任。

吳法憲（一九一五～二〇〇四）：解放軍空軍將領，文革時期與江青和林彪爲伍，林彪死後被捕。

吳晗（一九〇九～一九六九）：史學家、民主聯盟成員及北京副市長，其劇作《海瑞罷官》於文革初期飽受批評，並與北京市長彭眞一同遭到清算鬥爭。

吳冷西（一九一九～二〇〇二）：新華社社長，一九五八～一九六六年兼任《人民日報》總編。一九八二年成爲中央委員會委員及廣電部部長。

習仲勛（一九一三～二〇〇二）：解放軍游擊隊領導，一九四九年後中共第一代領導人。曾任副總理，後因支持毛澤東反對的一本書，於一九六二年遭到整肅。一九七八年平反，擔任廣東省革命委員會主任及第一書記。其子習近平於二〇一三年獲選爲國家主席。

閻錫山（一八八三～一九六九）：在日本受教育，自一九一二至一九四九年統領山西的軍閥。名義上與國民黨結盟，但也會和中共合作。

楊尚昆（一九〇七～一九九八）：一九八二～一九八七年任政治局委員，一九八八～一九九三年擔任中央軍事委員會副主席及國家主席。一九八九年六月以武力鎮壓天安門示威群衆的決策者之一。

葉劍英（一八九七～一九八六）：解放軍元帥，中央委員會委員。文革期間依然掌權，毛澤東死後負責逮捕四人幫。

張聞天（一九〇〇～一九七六）：一九三五～一九四三年擔任總書記，但在毛澤東時代他的職責不再重要。一九五〇年代擔任駐俄大使，一九五九年於廬山會議上支持彭德懷，會後遭到鬥爭清算。毛澤東死後獲得平反，早年對黨的貢獻得到遲來的肯定。

趙紫陽（一九一九～二〇〇五）：自一九七五年起在四川推行經濟改革，一九八七年取代自由主義者胡耀邦，繼任總書記。身爲改革派，他同情天安門廣場的示威群衆，因而遭到解職，生命中最後十五年都被軟禁在家中，健康情況逐漸惡化。

周恩來（一八九八～一九七六）：莫測高深、修養深厚又毫不留情的政治家，一九四九～一九七六年擔任總理。旅法期間投入中國共產黨運動，曾就讀黃埔軍校。由於和毛澤東私交甚篤，得以在文革中倖存（儘管江青視他如仇敵），具有絕佳的外交手腕。

朱德（一八八六～一九七六）：自一九二八年起便是毛澤東的老戰友，一九四九年後解放軍最資深的元帥。由於聲譽卓著，又是毛澤東的老友，得以在文革中倖存，但在政治局常務委員會的職務已名存實亡。

鄧小平生平大事紀

一九〇四年：八月二十二日誕生於四川省牌坊村。

一九一五年：考進廣安高等小學。

一九一八年：考進廣安中學。

一九二〇年：離開四川，前往法國。

一九二一年：進入法國勒克索（Le Creusot）的施耐德（Schneider）鋼鐵廠。

一九二二年：進入法國蒙塔基的霍金森（Hutchinson）工廠。

一九二二年：中國共產主義青年團（簡稱共青團）於法國巴黎成立。

一九二三年：在法國塞納河畔沙蒂隆鎮（Chatillon-sur-Seine）度過短暫的學生生涯。

一九二四年：獲選爲旅歐中國共產主義青年團第五屆代表大會執行委員會委員。

一九二五年：搬到巴黎，警方下令逮捕中國革命分子。

一九二六年：與共青團成員搭乘火車前往莫斯科。

一九二六年：就讀莫斯科中山大學（Sun Yat-sen University）。

一九二七年：回到中國，定居西安與武漢。

一九二七～一九二九年：在上海從事地下工作。

一九二九～一九三一年：廣西起義失敗。
一九三一～一九三四年：江西瑞金成立中華蘇維埃共和國臨時中央政府。
一九三四年：加入長征。
一九三七～一九三八年：加入中國北方的八路軍。
一九三九年：在延安與卓琳結婚。
一九三九～一九四九年：領導第二野戰軍。
一九四九年：於重慶擔任中共中央西南局第一書記。
一九五二年：於北京擔任政務院常務副總理，兼任財政部長。
一九五六年：擔任中共中央委員會總書記與組織部部長。
一九五八～一九六七年：大躍進造成慘重的後果，與劉少奇聯手促進經濟發展。
一九六六年：文化大革命開始，被批爲毛澤東的敵人。
一九六九年：被放逐到江西。
一九七四年：回到北京，擔任第一副總理。
一九七六年：天安門四五事件後再次下臺。
一九七七年：擔任中央委員會與中央軍事委員會副主席與解放軍總參謀長。
一九七八年：三中全會接受鄧小平的改革開放政策。
一九八〇年：辭去副總理與解放軍總參謀長職務，以鞏固華國鋒的政治地位。
一九八九年：鎮壓天安門民主運動。
一九九二年：南巡。

一九九三年：《鄧小平文選》出版。

一九九七年：二月十九日逝世，享年九十三歲。

參考文獻

Constitution of the People's Republic of China (adopted 4 December 1982). Available at http://english.people.com.cn/constitution/constitution.html (accessed 14 April 2014).

'Les Schneider, Le Creusot: Une famille, une enterprise, une ville (1836–1960)', exhibition organised by the Réunion des Musées Nationaux and the Musée d'Orsay, 27 February–21 May 1995. (*Le petit journal des grandes expositions*, Hors série.)

Une page d'histoire: Découvrez comment la Chine est entrée dans l'histoire de Montargis. Montargis: Agglomération Montargoise et Rives du Loing. Available at www.agglo-montargoise.fr (accessed 14 April 2014).

Ambrose, Stephen E., *Rise to Globalism: American Foreign Policy since 1938* (London: Penguin, 1988).

Bachman, David, *Bureaucracy, Economy, and Leadership in China: The Institutional Origins of the Great Leap Forward* (Cambridge: Cambridge University Press, 1991).

Barman, Geneviève and Nicole Dulioust, 'Les années françaises de Deng Xiaoping', *Vingtième Siècle Revue d'Histoire*, 20 (1988), pp. 17–34.

Barrett, David D., *Dixie Mission: The United States Army Observer Group in Yenan, 1944* (Berkeley: University of California Centre for Chinese Studies, 1970).

Benton, Gregor, 'The "Second Wang Ming Line" ', *China Quarterly,* 61 (March 1975), pp. 61–94.

—— *Mountain Fires: The Red Army's Three-Year War in South China, 1934-1938* (Berkeley: University of California Press, 1992).

Bukharin, N. and E. Preobrazhensky, *The ABC of Communism* (London: Penguin, 1969).

Chan, Alfred and Andrew Nathan, 'The *Tian'anmen Papers* Revisited', *China Quarterly*, 177 (March 2004), pp. 190–214.

Chassin, Lionel Max, *The Communist Conquest of China: A History of the Civil War 1945–9* (London: Weidenfeld and Nicolson, 1966).

Chen Guikang and Chun Tao, *Xiaogangcun de gushi* (*The Story of Xiaogang Village*) (Beijing: Huawen chubanshe, 2009).

Chen Kaizhi, *Qidian: Deng Xiaoping nanfang zhi xing* (*Starting Point: Deng Xiaoping's Journey to the South*) (Beijing: Zhongguo wenshi chubanshe, 2008).

Cheng Jin, *A Chronology of the People's Republic of China 1949–1984* (Beijing: Foreign Languages Press, 1986).

Cheng Zhongyuan, *Deng Xiaoping de ershisi ci tanhua* (*Twenty Conversations with Deng Xiaoping*) (Beijing: Renmin chubanshe, 2004), edited by 'Hu Qiaomu biography' Editorial Group.

Chi Hsin, *Teng Hsiao-ping – A Political Biography* (Hong Kong: Cosmos Books, 1978).

Deng Maomao, *Deng Xiaoping, My Father* (London: Harper Collins, 1995).

Deng Xiaoping 'Dangqian gangtie gongye bixu jiejue de jige wenti', *Deng Xiaoping wenxuan (1975–1982)*, pp. 8–11.

—— *Deng Xiaoping wenxuan 1975-1982 (Selected Works of Deng Xiaoping 1975-1982)* (Hong Kong: Renmin chubanshe and Sanlian, 1983).
—— *Selected Works of Deng Xiaoping, Volume 1* (*1938–1965*) (Beijing: Foreign Languages Press, 1992).
—— *Selected Works of Deng Xiaoping, Volume 2* (*1975–1982*) (Beijing: Foreign Languages Press, 1992).
—— *Selected Works of Deng Xiaoping, Volume 3* (*1982–1992*) (Beijing: Foreign Languages Press, 1992).
Deutscher, Isaac, *Russia, China and the West: A Contemporary Chronicle 1953–1966* (London: Penguin, 1970).
Dillon, Michael, 'China's Rulers: The Fifth Generation Takes Power (2012–13)' in Kerry Brown (ed.) *China and the EU in Context: Insights for Business and Investors* (Palgrave Macmillan, 2014).
Dittmer, Lowell, 'Review Article', *China Quarterly*, 166 (June 2001), pp. 476–83.
Djilas, Milovan, *The New Class: An Analysis of the Communist System* (London: Unwin Books, 1957).
Dolven, Ben, 'Suzhou project: wounded pride', *Far Eastern Economic Review* (8 July 1999).
Domes, Jürgen, *The Internal Politics of China 1949–1972* (London: Hurst, 1973).
—— *Peng Te-huai: The Man and the Image* (London: Hurst, 1985).
Editorial Committee for 'Records of Deng Xiaoping's meetings with heads of state and journalists', *Deng Xiaoping yu waiguo shounao ji jizhe huitan lu* (*Records of Deng Xiaoping's meetings with heads of state and journalists*) (Beijing: Taihai Press, 2011).
Fallaci, Oriana, *Intervista con il Potere* (Milan: Rizzoli, 2009).
Fei Hsiao-tung, *Peasant Life in China* (London: Routledge and Kegan Paul, 1980/1939).
Fei Hsiao-tung and Chih-yi Chang, *Earthbound China: A Study of Rural Economy in Yunnan* (London: Routledge and Kegan Paul, 1948).
Ferrette, François, *La Véritable Histoire du Parti Communiste Français* (Paris: Demopolis, 2011).
Fewsmith, Joseph, *China since Tian'anmen: The Politics of Transition* (Cambridge: Cambridge University Press, 2001).
Finkelstein, David M. and Maryanne Kivlehan (ed.), *Chinese Leadership in the Twenty-First Century: The Rise of the Fourth Generation* (New York: M.E. Sharpe, 2002).
Frankland, Mark, *Khrushchev* (London: Penguin, 1966).
Gelder, Stuart, *The Chinese Communists* (London: Victor Gollancz, 1946).
Goodman, David S.G., *Beijing Street Voices: The Poetry and Politics of China's Democracy Movement* (London: Marion Boyars, 1981).
—— *Deng Xiaoping and the Chinese Revolution: A Political Biography* (London: Routledge, 1994).
Han Honghong, *Hu Yaobang zai lishi zhuanzhe guantou (1975–1982)* (*Hu Yaobang at a Turning Point in History (1975–1982)*) (Beijing: Renmin chubanshe, 2009).
Hinton, Harold C., 'The Eighth Congress of the Chinese Communist Party', *Far Eastern Survey*, 26/1 (January 1957), pp. 1–8.
Hsiung, S.I., *The Life of Chiang Kai-shek* (London: Peter Davies, 1948).
Hu Deping, *Zhongguo weishenme yao gaige: siyi fuqin Hu Yaobang* (*Why China Needs Reform: Remembering my Father Hu Yaobang*) (Beijing: Renmin chubanshe, 2011).
Hu Qiaomu zhuan bianxiezu (ed.), *Deng Xiaoping de ershisi ci tanhua* (*Twenty-Four Conversations with Deng Xiaoping*) (Beijing: Renmin chubanshe, 2004).

Kampen, Thomas, *Mao Zedong, Zhou Enlai and the Evolution of the Chinese Communist Leadership* (Copenhagen: Nordic Institute of Asian Studies, 2000).

Kedward, Rod, *La Vie en bleu: France and the French since 1900* (London: Allen Lane, 2005).

Khanh, Huynh Kim, *Vietnamese Communism 1924–1945* (Ithaca and London: Cornell University Press, 1982).

Kuang Chen, Pan Liang (ed.) *Women de 1950 niandai (Our 1950s)* (Beijing: Zhongguo youyi chubangongsi, 2006).

Ladany, Laszlo, *The Communist Party of China and Marxism 1921–1985: A Self-Portrait* (London: Hurst, 1988).

Lee, Chae-Jin, *Zhou Enlai: The Early Years* (Stanford: Stanford University Press, 1994).

Leng Rong and Wang Zuoling (chief editors), *Deng Xiaoping nianpu 1975–1997* (*Chronicles of Deng Xiaoping 1975–1997*) (Beijing: Zhongyang wenxian chubanshe, 2004, two volumes).

Levine, Marilyn A., *The Found Generation: Chinese Communists in Europe During the Twenties* (Seattle: University of Washington Press, 1993).

Levine, Marilyn A. and Chen San-Ching 'Communist-Leftist control of the European Branch of the Guomindang, 1923–1927', *Modern China*, 22/1 (January 1996), pp. 62–92.

Li Honglin, *Zhongguo sixiang yundong shi* (*A History of Chinese Ideological Movements*) (Hong Kong: Cosmos Books, 2010).

Lieberthal, Kenneth G., *Governing China: From Revolution through Reform* (New York: Norton, 2004).

Lieberthal, Kenneth G. and Bruce J. Dickson, *A Research Guide to Central Party and Government Meetings in China: 1949–1986* (New York: M.E. Sharpe, 1989).

Liu Jianhua and Liu Li, *Deng Xiaoping jishi* (*Chronicle of the Life of Deng Xiaoping*) (Beijing: Zhongyang wenxian chubanshe, 2011, two volumes).

Liu Jintian and Zhang Airu, *Deng Xiaoping* (Hong Kong: Sanlian, 2003).

Liu Ying, 'Nanwang de sanbai liush jiu tian', *Liaowang* no. 41, (1986).

Lötveit, Trygve, *Chinese Communism 1931–1934: Experience in Civil Government* (Lund: Scandinavian Institute of Asian Studies, 1973).

Luo Guangbin and Yang Yiyan, *Hongyan* (Beijing: Zhongguo qingnian chubanshe, 2011/1961).

Ma Shexiang, *Qianzou: Mao Zedong 1965 nian chong shang Jinggangshan* (*Prelude: Mao Zedong's repeat ascent of Jinggangshan*) (Beijing: Contemporary China Press, 2007).

MacFarquhar, Roderick, *The Origins of the Cultural Revolution 1: Contradictions among the People 1956–7* (New York, Columbia University Press, 1974).

—— *The Origins of the Cultural Revolution 2: The Great Leap Forward* 1958–60 (Oxford: Oxford University Press, 1983).

MacFarquhar, Roderick, Timothy Cheek and Eugene Wu (eds) *The Secret Speeches of Chairman Mao: From the Hundred Flowers to the Great Leap Forward* (Cambridge MA: Harvard University Press, 1989).

MacFarquhar, Roderick and Michael Schoenhals, *Mao's Last Revolution* (Cambridge MA: Belknap Harvard, 2006).

Mao Zedong, *Mao Zedong xuanji* (*Selected Works*), Volume 5 (Beijing: Renmin chubanshe, 1977).

—— *Poems of Mao Tse-tung* (translated and edited by Wong Man) (Hong Kong: Eastern Horizon Press, 1966).

Mu Fu-sheng, *The Wilting of the Hundred Flowers: Free Thought in China Today* (London: Heinemann, 1962).

Niu Zhengwu, *Nanxingji: 1992 nian Deng Xiaoping nanfang tanhua quan jilu* (*Record of the Southern Tour: Complete Record of Deng Xiaopign's Discussions in the South*) (Guangzhou;

Guangdong renmin chubanshe, 2012).
Party History Research Centre of the Central Committee of the Chinese Communist Party, *History of the Chinese Communist Party: A Chronology of Events (1919–1990)* (Beijing: Foreign Languages Press, 1991).
Price, Jane L., *Cadres, Commanders and Commissars: The Training of the Chinese Communist Leadership, 1920–1945* (Folkestone: Dawson, 1976).
Quinn-Judge, Sophie, *Ho Chi Minh: The Missing Years 1919–1941* (London: Hurst, 2003).
Saich, Tony, *The Rise to Power of the Chinese Communist Party* (New York: M.E. Sharpe, 1996).
Saich, Tony and Hans J. Van de Ven (eds), *New Perspectives on the Chinese Communist Revolution* (New York: M.E. Sharpe, 1997).
Salisbury, Harrison, *The Long March: The Untold Story* (London: Macmillan, 1985).
Schoenhals, Michael and Brewer S. Stone, 'More edited records: Liu Shaoqi on Peng Dehuai at the 7,000 Cadres Conference', CCP Research Newsletter No. 5 (1990).
Schram, Stuart (ed.) with Nancy Jane Hodes, *Mao's Road to Power: Revolutionary Writings 1912–1949* (New York: M. E. Sharpe, 1992).
Shambaugh, David, 'The Soldier and the State in China: The Political Work System in the People's Liberation Army', in Brian Hook (ed.) *The Individual and the State in China* (Oxford: Oxford University Press, 1996).
Shi Jian, *Gao Gang 'fandang' zhenxiang (The Truth about Gao Gang's anti-party activities)* (Hong Kong: Wenhua yishu chubanshe, 2008).
Shi Quanwei, *Shihua shishuo Deng Xiaoping* (*Straight Talking about Deng Xiaoping*) (Beijing: Zhongguo qingnian chubanshe, 2011, two volumes).
Tang Qinglin (ed.), *Huishou 1978: Lishi zai zheli zhuanzhe* (*Recollecting 1978: History Turned Here*) (Beijing: Renmin chubanshe, 2008).
Teiwes, Frederick C., *Politics at Mao's Court: Gao Gang and Party Factionalism in the Early 1950s* (New York: M.E. Sharpe, 1990).
Teiwes, Frederick C. and Warren Sun, *The End of the Maoist Era: Chinese Politics During the Twilight of the Cultural Revolution, 1972–1976* (Armonk, New York: M.E. Sharpe, 2008).
Tian Youru, *Zhongguo kang Ri genjudi fazhan shi* (*History of the Development of Resistance Bases in China's War of Resistance to Japan*) (Beijing: Renmin chubanshe, 1995).
Townsend, Peter, *China Phoenix: The Revolution in China* (London: Jonathan Cape, 1955).
Vogel, Ezra F., *Deng Xiaoping and the Transformation of China* (Cambridge, MA: Belknap Press at Harvard University Press, 2011).
Wang Shuzeng, *Jiefang zhanzheng (shang): 1945 8 yue–1948 9 yue* (*War of Liberation Volume 1: August 1945–September 1948*) (Beijing: Renmin chubanshe, 2011, two volumes).
Wang, Ting, *Chairman Hua: Leader of the Chinese Communists* (London: Hurst, 1980).
White, Theodore H. and Annalee Jacoby, *Thunder Out of China* (New York: Sloane, 1946).
Wilkinson, Endymion, *Chinese History: A Manual (Revised and Enlarged)* (Cambridge MA: Harvard-Yenching Institute, 2000).
Wilson, Richard (ed.), *The President's Trip to China: A Pictorial Record of the Historic Journey to the People's Republic of China with Text by Members of the American Press Corps* (New York: Bantam, 1972).
Wortzel, Larry M. and Robin D. S. Higham, *Dictionary of Contemporary Chinese Military History* (Santa Barbara: ABC-CLIO, 1999).
Wu Guoyou, *Zhonggong zhizhengdang jianshe shi (1978–2009)* (*History of the Construction of the Chinese Communist Party as a Ruling Party*) (Shenyang: Liaoning renmin chubanshe, 2011).

Wu Songying, *Deng Xiaoping nanfang tanhua zhenqing shilu – jilu ren de jishu* (*Record of the Reality of Deng Xiaoping's Discussions in the South*) (Beijing: Renmin chubanshe, 2012).
Xinhua (New China News Agency), no author, 'Ba qi huiyi (1927 nian) (7 August Upising 1927)', no date. Available at news.xinhuanet.com/ziliao/2003-01/20/content_697851.htm (last accessed 20 July 2014).
Xiong Xianghui, 'Dakai Zhong Mei guanxi de qianzou: 1969 nian siwei laoshuai dui guoji xingshi de yanjiu yu jianyi' ('The prelude to the opening of Sino–US relations: 1969 study of the international situation by four veteran commanders'), in *Xin Zhongguo waijiao fengyun* (*New China's Changing Diplomacy*) Vol. 4 (Beijing: Shijie zhishe chubanshe, 1996).
Yang Jisheng, *Zhongguo gaige niandai de zhengzhi douzheng* (*The Political Struggles of China's Reform Period*) (Hong Kong: Excellent Culture Press, 2004).
Yang Jisheng, *Mubei: yijiuwuba-yijiuliuer nian Zhongguo da jihuang jishi* (Hong Kong: Cosmos Books, 2010, two volumes).
Yang Jisheng, *Tombstone: The Untold Story of Mao's Great Famine* (London: Allen Lane, 2012).
Ye Xingqiu and Jiang Jingshi, *Faguo yizhan lao huagong jishi* (*Chinese Labourers in France During the First World War*) (Paris: Pacifica, 2010).
Ye Yonglie, *Deng Xiaoping gaibian Zhongguo: 1978 Zhongguo mingyun da zhuanzhe* (*Deng Xiaoping Changes China – 1978: Turning Point in China's Destiny*) (Nanchang: Jiangxi Renmin chubanshe, 2008).
Yu Boliu, *Weiren zhi jian: Mao Zedong yu Deng Xiaoping* (*Between Great Men: Mao Zedong and Deng Xiaoping*) (Nanchang: Jiangxi renmin chubanshe, 2011).
Yu Wei and Wu Zhifei, *Deng Xiaoping de zuihou ershi nian* (Beijing: Xinhua chubanshe, 2008).
Zhang Liang (compiler), Andrew Nathan and Perry Link (eds), *The Tian'anmen Papers* (London: Little, Brown, 2001).
Zhang Suhua, *Bianzhu: qiqianren dahui shimo (1962 nian 1 yue 11 ri – 2 yue 7 ri)* (*Critical Moment: Seven Thousand Cadres Conference 11 January to 7 February 1962*) (Beijing: Zhongguo qingnian chubanshe, 2006).
Zhao Xiaoguang and Liu Jie, *Deng Xiaoping de san luo san qi* (*The Three Falls and Three Rises of Deng Xiaoping*) (Shenyang: Liaoning renmin chubanshe (Liaoning People's Press), 2011).
Zhao Ziyang, *Prisoner of the State: The Secret Journal of Zhao Ziyang* (London: Simon and Schuster, 2009).
Zhong Wen and Wen Fu, *Deng Xiaoping waijiao fengcai shilu* (*Veritable Records of Deng Xiaoping's Elegant Diplomacy*) (Beijing: Renmin chubanshe, 2004).
Zhonggong Chongqing shiwei dang shi yanjiushi, *Zhongguo gongchandang Chongqing difang jianshi* (Chongqing: Chongqing chubanshe, 2006).
Zhonggong Chongqing shiwei dang shi yanjiushi, *Zhongguo gongchandang Chongqing lishi, diyi juan (1926–1949)* (Chongqing: Chongqing chubanshe, 2011).
Zhonggong Chongqing shiwei dang shi yanjiushi, *Zhongguo gongchandang lishi, di er juan (1949–1978) xiace* (*History of the Chinese Communist Party, Volume 2 (1949–1978), Part 2)* (Beijing: Zhonggong dangshi chubanshe, 2010).
Zhonggong Chongqing shiwei dang shi yanjiushi (ed.), *Jianguo yilai zhongyao wenxian xuanbian* (Beijing: Zhongyang wenxian chubanshe, 1994, Volumes 1–17).
Zhu Jiamu, *Wo suo zhidao de shiyi jie sanzhong quanhui* (*The Third Plenum of the Eleventh Central Committee That I Knew*) (Beijing: Dangdai Zhongguo chubanshe, 2009).
Zhu Rongji, *Zhu Rongji jianghua shilu* (Beijing: Renmin chubanshe, 2012).
Zhonggong Chongqing shiwei dang shi yanjiushi, *Zhu Rongji on the Record: The Road to Reform 1991–1997* (Beijing: Foreign Languages Press, 2013).

風雲人物 007

鄧小平

Deng Xiaoping: The Man who Made Modern China

作　　者　麥克・狄倫（Michael Dillon）
譯　　者　蔡心語
發 行 人　楊榮川
總 經 理　楊士清
總 編 輯　楊秀麗
副總編輯　劉靜芬
責任編輯　林佳瑩、黃麗玫
封面設計　王麗娟
封面繪像　莊河源
出 版 者　五南圖書出版股份有限公司
地　　址　106台北市大安區和平東路二段339號4樓
電　　話　(02)2705-5066
傳　　真　(02)2706-6100
劃撥帳號　01068953
戶　　名　五南圖書出版股份有限公司
網　　址　http://www.wunan.com.tw
電子郵件　wunan@wunan.com.tw
法律顧問　林勝安律師事務所 林勝安律師
出版日期　2020年 5 月初版一刷
定　　價　新臺幣480元

國家圖書館出版品預行編目資料

鄧小平／麥克・狄倫（Michael Dillon）著；蔡心語譯. -- 初版. -- 臺北市：五南, 2020.05
面；公分. --（風雲人物；7）
譯自：Deng Xiaoping: The Man who Made Modern China
ISBN 978-957-763-943-1（平裝）

1.鄧小平　2.傳記

782.887　　　　109003176